遇见阅读障碍

教师和家长怎么做

王玉玲◎著
张　旭◎学术顾问

北京师范大学出版集团
北京师范大学出版社

图书在版编目(CIP)数据

遇见阅读障碍：教师和家长怎么做/王玉玲著.—北京：北京师范大学出版社，2023.6(2024.12重印)
(儿童与青少年心理学丛书)
ISBN 978-7-303-28952-3

Ⅰ.①遇… Ⅱ.①王… Ⅲ.①读书方法—儿童教育 Ⅳ.①G792

中国国家版本馆CIP数据核字(2023)第037331号

图书意见反馈　gaozhifk@bnupg.com　010-58805079

YUJIAN YUEDU ZHANG'AI

出版发行：北京师范大学出版社　www.bnupg.com
北京市西城区新街口外大街12-3号
邮政编码：100088

印　刷：	唐山玺诚印务有限公司
经　销：	全国新华书店
开　本：	787 mm×1092 mm　1/16
印　张：	18.5
字　数：	301千字
版　次：	2023年6月第1版
印　次：	2024年12月第2次印刷
定　价：	88.00元

策划编辑：姚祝耶	责任编辑：周益群　姚祝耶
美术编辑：陈　涛　李向昕	装帧设计：陈　涛　李向昕
责任校对：陈　民	责任印制：马　洁

版权所有　侵权必究

反盗版、侵权举报电话：010-58800697
北京读者服务部电话：010-58808104
外埠邮购电话：010-58808083
本书如有印装质量问题，请与印制管理部联系调换。
印制管理部电话：010-58805079

序 一

中国的阅读障碍研究从 20 世纪八九十年代开始，很长一段时间主要是集中于揭示阅读障碍机制的基础研究。然而，与我国香港地区和一些发达国家和地区相比，我国内地的阅读障碍概念的社会普及、立法、诊断、矫治，以及建立全社会支持体系方面还有较大差距，其中创造良好的教育教学环境是建立全社会支持体系中的重要一环。

学校是儿童学习的主要场所，提升学校教师对阅读障碍概念的理解，特别是在小学语文教师中普及，对阅读障碍儿童的成长非常重要。一方面，教师需要提高课堂教学技巧，帮助儿童掌握阅读的学习规律和学习策略，这不但能提高全班学生的学习效率和阅读能力，同时会更大程度地有益于阅读障碍儿童的学习。另一方面，教师在班级教学中要发现和关注阅读有困难的儿童，给予他们更多的练习机会，对孩子的进步及时给予鼓励，对于他们存在的问题适当宽容。还要在班级形成理解和包容阅读障碍儿童的氛围，帮助孩子融入班集体。

学校心理健康教师队伍、特殊教育教师队伍是探索适合阅读障碍儿童的教育教学方法的重要力量。科学研究的重要目的是发现、抽象出核心问题，认识阅读障碍产生的机制和规律，因此需要定义明确，需要简化。例如，基础研究中常常将阅读障碍儿童定义为"智力正常，没有明确的感知觉缺陷，没有注意缺陷"，然而在现实中很少有如此明确地符合定义的孩子。教育面对的是在学校环境下各具特色的孩子，他们可能存在不同侧面的问题，综合导致了学习问题。不同的孩子表现的困难特点不同、底层机制不同、家庭环境不同，需要我们给予全面解决方案，抓住关键特点，以点带面。教育训练需要结合孩子的学校学习情况综合决定训练的策略，不仅仅是训练其各种分解的能力，因此教育层面的综合训练是一个再创造的过程，需要大量的探索。科学研究成果向教育教学转化仍然是一个艰巨的、具有创造性的工作，特别是要探索适合我国现有的教育机构、教师队伍现状的途径。

通常小学阶段是阅读障碍儿童最困难的阶段。在小学阶段，孩子的思维发展还较弱，基本认知缺陷会严重影响他们的识字、写字学习过程，并很容易因此衍生许多其他方面的问题。到了小学高年级或中学阶段以后，情况可能会有一定程度上的改善，他们可以依靠高级的思维推理能力、阅读策略，使用线索等方式去弥补缺陷。国际上，许多在小学时期表现为阅读障碍的儿童可以上大学，成为研究生，成为画家、发明家、企业家，获得物理学博士、化学博士学位。实际上，很多阅读障碍者的成功来自他们的自信和坚持，来自家庭和教育环境的支持。

按汉语阅读障碍5%～10%的发生率，我国学龄期阅读障碍儿童约有700万～1400万人。在出生人口下降的今天，阅读障碍的诊断和干预、提高人口素质，显得尤为重要。在心理学家、教育学家、医生、家长、教师等群体及政府的共同努力下，近期，中共中央办公厅、国务院办公厅印发了《关于构建优质均衡的基本公共教育服务体系的意见》，明确指出，"加强义务教育阶段特殊教育学校建设和普通学校随班就读工作，健全面向视力、听力、言语、肢体、智力、精神、多重残疾以及其他有特殊需要的儿童的特殊教育服务机制"，表现了国家在特殊需要儿童政策立法方面的重要进展，阅读障碍儿童作为有特殊需要的群体走进了人们的视野。后期还有大量的工作要做，还需要更多人的努力，真正落实特殊教育相关法律法规，使千千万万阅读障碍儿童和他们的家庭受益。

本书的作者王玉玲老师在特殊教育领域已经耕耘多年，本书记录了她在儿童阅读障碍教育实践方面做的大量工作。她善于学习理论，并结合教育实际将理论转化为帮助阅读障碍儿童的实践。本书描述了她和她的北京市西城区融合教育中心学习特殊需要教研团队在建立适合我国教育体制的帮助阅读障碍儿童教育教学方面的探索。他们帮助阅读障碍儿童过程中的一个个鲜活的个案，包括对孩子的评估和分析、采取的个性化教育措施以及孩子的可喜变化给人以深刻的印象。书中文字深入浅出，具有很强的可读性，描述的都是教师们在学校遇到的熟悉的个案，相信会对教师和家长有很好的启发性，有很好的推广性。

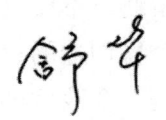

舒华

2023年6月15日

序 二

从事学习障碍领域研究二十年来,有一幕始终镌刻在我记忆中。那是一次被邀下校,去看一个据说有严重学习和行为问题的四年级孩子——然然(化名),在家长、老师,甚至同学眼里,他是千方百计逃避学习、做事磨蹭、令人头疼的学生。坐在然然旁边听课时,我不经意瞥见他手上有墨迹,拿过他的手仔细一瞧,他左手手背歪歪扭扭地写着:"快!"手心写着:"加油!"见我发现了他的秘密,孩子窘迫地缩回手,小声说:"老师,我想好好写字……"尽管已经见过许多"问题"孩子,那一刻还是被深深触动:这些有读写困难和障碍的孩子,被困在现代文明和社会环境造成的沼泽地里,苦苦挣扎,却不被人知。自诩为"接地气"的教育者的我们,该好好思考我们是谁、"问题"孩子们又是谁,我们该怎么做、做什么,才能对这样的孩子有切实的帮助。

我们到底是谁呢?教育实践复杂而多变,身处实践中的教育者,不同于为"求真"站在干爽的理论高地,尽可能中立客观的学术研究者,也无法套用现成的理论研究成果一劳永逸地解决真实的教育问题。面对各不相同的"问题"孩子,依靠口口相传和自己的经验,也常常让我们挣扎在无奈与困惑中。身处真实的教育环境,我们更需要创造性地融合理论修养与实践经验,通过不断反思,生成和丰富自己的"实践性知识",才能在每个当下做出恰当的判断、决策与行动。要做融合教育情境中能支持每位儿童发展的人,我们应该成为在扑朔迷离的问题情境中找寻出路的践行者。秉持这样的理念,多年来,我和玉玲老师,还有她带领的西城区融合教育中心学习特殊需要教研组的每一位老师,面对纷繁复杂的现实问题,一直在努力成为学习者和践行者。

在教育践行者的眼里,所谓的"问题"孩子们又是谁?当我们的视线越过层层偏见垒起的围墙,学习障碍孩子不再是他人眼里一身毛病需要被拯救的"问题"孩子,也不是按程序评估后被分门别类贴上"阅读障碍"

"计算障碍""情绪行为障碍"等标签，以便按方寻药的特殊儿童。就像这本书里的灵灵、强强、廷廷、化化……他们可能遇到了识字或书写上的困难，还可能有注意力的问题、情绪问题，甚至品行问题，但他们更是一个个有着鲜活生命力的孩子，有喜有忧、有渴望有梦想，富有个性特征，有成长变化的无限可能。而我们，愿意和他们站在一起，学着懂得他们、支持他们，从泥泞的沼泽地走向有无限可能的成长之旅。

玉玲老师是我遇到最勤奋的人，她爱孩子、爱老师，总是不知疲倦地想为他们做些什么。这本书就是她在教育实践中，作为善思的学习者和践行者，奉献给同行老师们的礼物。

一路同行，路还长，我们一直在努力！

2023 年 2 月 28 日

自 序

阅读障碍与教师的专业成长

我是一名融合教育教研员，是北京市西城区融合教育中心学习特殊需要教研组的主持人。这个教研组的服务对象包括被认定为特殊教育服务对象的残疾学生，也包括目前暂时没有被认定为特殊教育服务对象的特殊需要学生，如学习障碍、注意缺陷多动障碍、边缘智力、超常儿童等。特殊需要是普遍存在的，只要是老师们感到有困惑的学生，都会进入我们的视野。其中，阅读障碍学生可以说是人数最多、最令教师感到困惑的群体。

本书中的阅读障碍指发展性阅读障碍（developmental dyslexia）。这个概念与教师和家长常说的"阅读上有障碍"有所不同，特指由于神经生理原因导致的阅读困难。在所有特殊需要学生中，阅读障碍学生与学龄儿童总数的比例最高，综合世界多种语言的阅读障碍研究，达到5%～17%，也就是说，平均每个班都可能有阅读障碍学生存在，每位教师都可能遇到过。但他们常常被误解为学习态度不好、习惯不好、练习不足而错过被识别与支持的机会。可以说，阅读障碍学生是教师身边"潜伏"最深的熟悉的陌生人。

我第一次接触阅读障碍学生时，听到他磕磕绊绊的朗读，看到他木然的神情，我和其他人一样认为他是一名"笨"小孩。当得知这个孩子不但不笨，而且瑞文智力测验结果为优秀水平时，我非常震惊。与阅读障碍学生在阅读上笨拙的表现、低成就与低自尊形成强烈反差的，是他们聪慧的内在、巨大的潜能与独特的创造力。然而，为什么我们作为教育专业人士却对这些"视而不见"呢？

一方面，作为教师，无论职前培养还是职后培训都缺少了解阅读障碍的机会。我们的学习多集中在学科、教材、教法上，而对学生的类型与特点的学习却很少。加之，阅读障碍暂时没有被纳入我国特殊教育服务体系，还是我国普通教育与特殊教育知识领域的"双盲区"，我们了解的机会就更少了。另一方面，阅读障碍本身具有复杂性与内隐性，在真实的学校教育情境中往往混杂了各类问题，加大了识别与评估的难度。

然而，正是这些特殊性与重重困难造就了教师阅读障碍专题培训的独特价值。有关学生的知识是教师知识素养中的重要组成。特需学生的相关知识，不仅有助于帮助个别学生，还有助于提升教师的专业评估能力，从独特的视角照见并更新教育理念。在学习特殊需要教研组里，每位接触过阅读障碍相关知识的教师，无不感叹这些知识带给他们巨大的专业成长。其中有刚踏入职业生涯的新教师，也有即将退休的老教师。在帮助阅读障碍学生的过程中，我们如同踏上一段前所未见的新奇的探索之旅，在帮助学生的过程中我们自身不断地更新成长，深深地感受到身为教师独特的职业幸福感。

阅读障碍只是一种差异，这种差异本身不是缺陷，还可以成为一种独特的资源。这种资源不仅仅来自阅读障碍学生本身独特的"天赋"，还来自阅读障碍带给我们固化思维和经验的冲击。它让我们看到"多元"的可能与价值，反思教育公平与高质量的内涵。

正如北京市西城区教育委员会主任蔡冬梅在《民生周刊》采访中所说，融合教育从对阅读障碍等特殊需要儿童的研究入手，深入研究"学生"与"学习"，能够与普通教育研修互为补充，通过教师的专业发展，提升普通学校与特殊教育学校的教育教学质量，促进整体教育的高质量发展。

学校教育情境的阅读障碍评量与干预

与拼音文字阅读障碍相比，汉语阅读障碍更为复杂。而我国阅读障碍研究起步较晚，支持体系尚不健全，无论是基于学术研究成果进行的训练与"矫治"，还是用"听觉阅读"代替视觉阅读的"适应"，都不能完全满足学校的需要。

为此，我和教研组的老师们曾经焦虑到夜不能寐，我们把自己所有的时间都占上，能用的办法都用上：向各领域专家学习，和孩子们一起探索，凌晨爬起来读书……后来，我拥有了第一批阅读障碍学生，他们是我的学生，更是我的老师。走进阅读障碍孩子们的世界，我看到了他们的笨拙，也看懂了他们的聪慧；看到了他们的无助，也看懂了他们的办法；看到了他们的抵抗，也看懂了他们的渴望……他们并不是等待被矫正的对象，不是需要被灌输的容器，而是有困难也有优势、有喜怒哀乐惧、能够主动探索与思考的独具特点的人。

我们深切感受到，阅读障碍学生的困境一方面来自他们自身的"学习障碍"，另一方面却来自一心想要帮助他们的教师与家长对他们的"理解障碍"。教师与家长必须学习新知、改变理念、调整环境，让环境"适应"阅读障碍学生的特点与需要，才能发挥其优势与潜能。对教师和家长提出超其所能的要求并不现实，因此我们研发适用于不同群体的支持策略，让班主任、语文教师、资源教师与家长各司其职、各尽其能、相互配合。

我们逐渐认识到，阅读障碍学生首先是学生，其次才是阅读障碍学生，我们应该关注有阅读障碍的学生，而不是只看到学生的阅读上的障碍。为此，单项训练与矫治还不能完全满足他们的需要，必须探索基于学校教育情境的有机综合的阅读障碍评量与干预模式。这种模式不是各领域资源的简单叠加，不是让教师作为研究成果的复制者，而意味着在各领域资源有机整合的基础上，由教师基于教育实践进行创造性的探索。这要求教师成为一个"杂家"，成为既懂"营养学"，又拥有高超"厨艺"的，阅读障碍学生的专属"厨师"。

这一模式中的评量像是侦探办案，又像是中医诊病。中医不是借助外在的工具，而是通过"望、闻、问、切"这些看似平常的方式洞察病源。教师应该通过观察、访谈、错误类型分析等，这些教师每天都在做的非评量方式，全面深入地了解阅读障碍学生。在这样的评量中，教师本人就是工具。教师本人这一特殊的"工具"让阅读障碍的评估更全面、更敏感、更便捷，但实施难度也更大，评估效果更依赖于评量者本人的素养。然而，换个角度看，正因如此，这种评量更具有独特的价值，对教师的专业成长意义也更大。

作为教师群体，支持阅读障碍学生的"秘诀"在于充分体现教师的专业素养。注重"看见"学生，唤醒学生自身的力量。与传授知识相比，更注重学习策略的形成与学生元认知能力的发展，在引导学生探索自我的过程中，获取持续成长的原动力。注重"看见"教师，发挥教师自身的创造力。教学内容重要，教学方法和教学过程的生成与教师的反思同样重要。教师要让教学过程不是单向的传递，而是双向的发现与滋养。

我们见证了一个又一个奇迹。这些奇迹不仅体现在某一项研究数值上，还体现在学生学业成绩和整个人的精神状态上。老师和家长常说孩子"像换了一个人"。这样的效果正是我们想要的生态学效度，这才是作为教育工作者真正的教育成功。

基于教师专业成长的区域学习特殊需要支持体系建构

与阅读障碍学生之多、需求之大形成对照的是，社会对阅读障碍认知之少与支持体系的不健全。形式流程易搭，专业人才难觅。教师是学习困难支持体系中关键的一环，多年的摸索中我们逐渐形成基于教师专业成长的区域学习特殊需要支持体系（阅读障碍是支持对象中的一类），将学生服务与教师专业培养紧密结合。

这一体系以各领域的专业协作为基础。阅读障碍学生除了存在神经生理原因导致的学习困难外，也多伴随着情绪、行为、社交和心理等方面的问题，同时又具有高度异质性和复杂性。其支持需要各领域的专业协作。北京市西城区为阅读障碍学生提供"立体多维"的支持服务体系。该体系架构以教师为支持主体，同时吸纳了医院、高校、社会机构等多领域多学科的专家，并有家长和志愿者等社会力量的参与。各领域共同为阅读障碍学生提供阅读、其他学业内容、情绪、行为、心理健康、社交等全方位的评估与支持。

当前，阅读障碍干预研究，尤其是教师群体开展的干预研究还非常欠缺。学习特殊需要教研组主张教师既是学员，又是课程研发者。教研组采用"以个案研讨为核心，辐射班级教育教学"的教研模式，架构"学、做、研、讲"一体的教研服务网络。教研组成员任选一名班级中的学习特殊需要学生作为个案进行研究，在个案深入研究的基础上，基于脑科学与"通用设计"理念指导，为具有认知差异性的全班学生提供高效教学，提高班级教学效率与质量。同时开展分层、分类、按需定制式的教研服务以满足教师的差异需求。教研形式除专题讲座之外，还包括个案咨询、巡回指导、案例写作、微课主讲等，"听、问、做、写、讲"逐层深入。

我们尝试将这一模式施用于学校。特殊教育学校驻点支持教师、资源教师与学校骨干教师形成核心支持团队，在区教研组与专家的指导下，为基地校的全校教师提供培训、咨询、巡回指导等服务。在基地校里，普校教师对特殊需要学生的接纳与支持发生了巨大变化：最初，教师一遇到问题就把特殊需要学生"扔"到资源教室；后来，教师主动带着疑问来资源教室咨询学习，人数由少到多，乃至络绎不绝；最后，教师能够自主学习、解决学生问题，资源教室又恢复"清静"。这背后，有各领域各专业的支持力量，有教师巨大潜能的激发，有支持模式的作用。这种支持模式概括起来，就是以教师学习共同体为智库、基于教师专业成长的阅读障碍等特殊需要学生的支持模式。

这一模式让学生支持与教师成长紧密联系在一起。

阅读障碍等特殊需要学生为教师打开了一个通往全新世界的窗口。通过这个窗口，教师获得了关于特殊需要学生、学习过程、通用设计等专业知识的给养，获得了感同身受理解学生的体验，获得了一种以开放的心态接纳差异的态度，获得了一种主动寻求资源、学习、探索的能力。更重要的是，教师获得了一种以求知的兴趣看待问题、与问题共生的习惯与从容。

遇到阅读障碍，遇到特殊需要学生，不慌张、不焦虑，像接受一份礼物一样，欣然接受，猜想里面包裹着什么，怀着好奇之心一层一层拆开它的包装，了解它，探索它，发现它的独特之处。

同时，这一模式还让面向群体、满足差异的教育理念成为可能。在学校情境中，不只有阅读障碍，还有书写障碍、数学障碍、注意缺陷多动障碍、边缘智力、智力超常，以及各类残疾学生等。我们要做的，不只是帮助阅读障碍学生，而是以阅读障碍等特殊需要学生为切入点，为教师补充有关学生的知识，提高教师满足差异需求的能力，助力师德教育与教师专业发展，借助我国特有的教师研修体制的优势，架构对所有学生的多层级的动态支持系统。

本书各章节

本书首先是写给教师的。在阅读障碍等特殊需要学生的支持中，教师是至关重要的，是不可缺失的一环。同时，本书也是写给家长的。家长也是阅读障碍学生支持体系中的重要一环。在学校暂时还不能为阅读障碍学生提供完善的支持之前，家长的作用更加重要，甚至是教师的阅读障碍启蒙者。

希望您以好奇之心打开这本书，踏上一段揭秘阅读障碍学生与我们自身力量的探奇之旅。

本书共 4 章 24 节。每节开篇是简短的引言与热身互动，希望以此方式与您建立连接。正文部分凡有前人研究成果的尽量以脚注形式注明参考文献，帮助您找到出处，进一步学习。在阐释观点的过程中尽量结合实例，呈现如何在具体情境下对阅读障碍学生实施帮助。每节最后的要点小结帮助您回顾本节重要的观点，还有推荐资源，希望能够帮您对阅读障碍的了解更加丰富。

第一章　阅读障碍是什么——认识阅读障碍　带您了解阅读障碍的内涵、表现、原因、优势与误区，并尝试以体验的方式拉近您与阅读障碍学生的距离。

01 匪夷所思的存在——学习障碍　借助印度影片《地球上的星星》中的情节，直观形象地给您呈现阅读障碍学生在课堂中的表现；通过分析，帮您发现在惯常的思维与行为之外，还可以有另外一种思维方式。

02 学习障碍与学习困难　帮您理解阅读障碍的内涵，区分容易混淆的"学习障碍"与"学习困难"这两个概念。

03 阅读障碍的成因　阅读障碍成因研究尚未达成共识，本节力求以深入浅出的方式为您呈现一些相关理论。

04 阅读障碍者也能成功吗　不只看到缺陷，也要看到优势；不只关注如何避免失败，也要看到如何能够成功——这是帮助阅读障碍学生快乐幸福成长的重要的支持原则。请教师和家长重视本节内容。

05 阅读障碍的误区　不少教师和家长都有过这样的体会：虽然听过阅读障碍的相关讲座，阅读过相关书籍，还是看不透自己身边的阅读障碍孩子。本节通过描述真实案例，分享阅读障碍学生的典型表现，帮助您了解与避免常见的误区。

06 理解阅读障碍　真正的理解等于一半的干预。作为长时间陪伴在阅读障碍学生身边的重要他人，教师和家长对他们的理解非常重要。真正理解才能知道阅读障碍学生最需要的是什么。本节设置了一些体验活动，帮助您走进阅读障碍学生的世界。本节同时也给出了识别阅读障碍的线索。

第二章　怎么找到阅读障碍学生——识别与评估阅读障碍　介绍目前已有的阅读障碍评估依据、方法，以及解读评估结果时需要注意的问题。基于北京市西城区的相关经验，分享如何基于学校教育情境识别阅读障碍，如何进行错误类型分析。

07 汉语阅读障碍的标准化评估　分享目前国内常用的阅读障碍评估方法，以及该如何审慎解读评估结果。这些评估方法同时也是训练方法。

08 基于学校教育情境的阅读障碍评量　较为全面地阐释如何基于学校教育情境进行阅读障碍评量的基本观念。

09 风马牛也相及——一些容易混淆或忽视的线索　在第 6 节的基础上，阐释读写之外的阅读障碍识别线索。

10 错误类型分析　介绍对阅读障碍学生进行朗读错误类型分析的思路与具体方法。

11 案例：朗读错误类型分析　这是一个朗读错误类型分析的案例：两个学生对同一篇课文呈现出不同的朗读情况。如何分析这些情况？如何从中获得丰富的评估信息与干预线索？本节将予以呈现。

第三章　怎么帮助阅读障碍学生（一）——从改善环境开始　从班主任、语文教师、家长等不同的角度介绍如何帮助阅读障碍学生，并分别呈现真实的干预案例。

第四章　怎么帮助阅读障碍学生（二）——有针对性的干预　进一步分享资源教师如何进行专业评量与干预、识字教学如何开展，并呈现阅读障碍评估、干预、分心问题的处理及识字个训课等案例。

最后，以学区、学校层面如何进行学习特殊需要支持体系建设的一场微论坛作为附录，也是全书的结尾，从资源整合、教师成长、特教支持等不同角度呈现阅读障碍支持的现实路径。

本书邀请了一些教师和家长执笔撰写部分内容，分工如下。

13 案例："小"手环，"大"力量——班主任与阅读障碍学生的故事（赵昕）

15 案例：当语文教师遇到阅读障碍（谢雅娇）

17 案例：成为中国版的"地球上的星星"——一个阅读障碍孩子家庭的心愿（刘超）

23 案例："包"字族个训课（李玎玲）

附录 微论坛：学区、学校层面如何进行学习特殊需要支持体系建设（张旭、高华、马立梅、王莉萍、尹宝霞）

此外，书中还选用了卢雪飞、陈甜天、方玲老师提供的案例片段。

致谢与展望

这本书得以呈现，要特别感谢北京教育科学研究院特殊教育研究指导中心的专业引导与高度重视；感谢北京市西城区教育委员会与工委高瞻远瞩的顶层设计，让阅读障碍研究与实践得到充分的保障；感谢我的单位北京市西城区教育学院提供平台，让融合教育教研与普通教育教师培训得以充分融合；感谢西城区融合教育中心给予学习特殊需要教研组的鼎力支持。

还要感谢阅读障碍各领域专家。

北京联合大学特殊教育学院张旭博士是带领我们走进阅读障碍世界的人，每次遇到疑难个案，她都会第一时间来到现场给予方法与精神双重层面的支持。多年来，我们并肩作战，对我而言，她既是专家，又是恩师，还是挚友，是精神契合的知己。本书的理念和做法深受张旭博士的影响，不少案例也都经过她的指导，本书还得到她逐字逐句地批改。北京师范大学特殊教育学院张树东教授的学术与人品都令我崇敬，幸运的是，我现在成为了他的博士生，导师的指导和同门的互助给我的阅读障碍研究开启了新的旅程。

北京师范大学李虹教授在阅读障碍的评估、教师培训、学术指导上有求必应，为西城区阅读障碍实践奠定了扎实的基础。北京大学第六医院王久菊博士在推动医教结合上做了大量探索，对西城区阅读障碍支持体系建设起到了重要的支持作用。而这背后，都离不开北京师范大学舒华教授的帮助，她对阅读障碍教师培训与学校阅读障碍实践满怀殷切期望，在阅读障碍的评估与指导方面给予了最大可能的支持。

北京师范大学未来教育学院赵芳媛老师不仅为教研组授课、提供咨询，还付出大量的时间、精力投身于阅读障碍学生汉字教学课程资源的创建中。我们还有幸得到北京教育学院金颖、苏州大学宁宁、中央民族大学段海凤、首都师范大学赵军燕教授、美国儿童注册作业治疗师李海星多种形式持续深入的指导。北京大学心理与认知科学学院孟祥芝副教授的培训课程给了我们极大的帮助。此外，中央教育科学研究所华国栋教授、陕西师范大学赵微教授、北京航空航天大学赵丽波博士、北京师范大学中国教育创新研究院康翠萍博士、北京师范大学心理学院姚梅林教授、北京师范大学教育学部郑国民教授、北京儿童医院张纪水主任医师、北京大学第六医院孙黎教授、原《基础教育参考》家校协同研究中心袁庆祝秘书长等专家的分享也让我们受益良多。致谢专家的名单还可以列得更长。正是专家们无私的鼎力支持，让我们能够有机会整合各领域资源，站在巨人的肩膀上，潜心钻研适用于教师的支持策略。

还要感谢学习特殊需要教研组成员们。教研组从最初1个组十几名教师到如今4个组上百名教师，不少教师一直没有离开过教研组，一路书写着无数感人的故事。即使在老师们最繁忙的时刻，他们依然兴致盎然地投入教研活动之中。他们的敬业、热忱与无穷的创造力，推动着我不断前行。不远的未来，将会看到普校语文教师在支持阅读障碍学生方面的研究，甚至会更进一步看到，教师们通过对阅读障碍的研究，在面向群体、满足差异上的突破。

特别要感谢正在和曾经从事阅读障碍学生筛查、评估、个训、巡回指导的老师们：北京启喑实验学校高华、卢雪飞、陈甜天、沈晓东、胡静、尹引、李若南、王楠、刘可研、唐万洁、徐艳平，北京市西城区培智中心学校李艳杰、吕静、杨文雅、周雨晴，北京市第二实验小学王子荣、班露西，北京市西城区奋斗小学杨佳佳，北京市西城区椿树馆小学卞国栋，北京市西城区复兴门外第一小学李玎玲。他们是稀缺的拥有阅读障碍学生个别评估与训练支持服务经历的教师群体。其中一些教师已经成为不可多得的阅读障碍专家型教师。

感谢北京启喑实验学校、北京市西城区培智中心学校、北京市西城区融合教育资源中心，感谢北京市西城区奋斗小学、北京小学广内分校、北京市西城区西单小学给予的巨大支持！感谢高华、马立梅、王莉萍几位融合教育主管，以及北京市西城区以阅读障碍等特殊需要为主要服务对象的学区资源中心的资源教师方玲，在为阅读障碍学生搭建支持体系中付出的大量心血。

感谢北京师范大学出版社对我们的信任与支持，连续出版我们的两本图书。感谢深深"懂得"阅读障碍的益群副社长，感谢高效而专业的祝耶编辑，为本书更完美地呈现做出的富有创造性的工作。感谢为本书付出过的编辑关雪菁、沈英伦。感谢我们可爱的阅读障碍学生，和你们在一起的时光总是那么快乐美好。还要感谢我们可敬的家长，你们的努力让我动容。要感谢的还有我的家人，是你们理解我、包容我，让我能够潜心做自己喜欢的事。

我的性格决定了对自己的作品永不满足，总觉得还可以更好；何况阅读障碍又是一块非常难啃的骨头。这本书我反复修改，迟迟不能结稿。听我讲阅读障碍的人数已有上万，通过各种途径找到我咨询的教师和家长也难以计数。他们的反馈让我下定决心将本书及早出版。图书完善还有机会，但学生需要各方的支持，他们的时间错过了就无法重来。

也许这本书的出版可以帮助更多的人理解阅读障碍，为更具支持性环境的形成贡献一份力量。我一直相信教师和家长本身蕴藏着无穷的力量，我期待着这本书为您打开另外一个窗口，唤醒您自身的潜能与创造力；期待同人的指导与交流；期待各领域广泛深入的协作；期待我们共同推动包容差异的社会文化，让阅读障碍等特殊需要儿童也能发挥潜能、焕发风采、快乐成长，让每一个学生都拥有一个更有利于持续成长的支持性社会环境。

王玉玲
2023 年 1 月 30 日

目 录

序 一 /舒华 ………………………………………………… 1
序 二 /张旭 ………………………………………………… 3
自 序 ………………………………………………………… 5

第一章 阅读障碍是什么——认识阅读障碍 ………………………… 1

有效支持的前提是深入理解。以惯常经验看阅读障碍，往往感觉匪夷所思，由此产生误解，造成伤害。体验阅读障碍学生的处境是真正理解他们的关键。本章在以案例辅助介绍阅读障碍的内涵、表现、成因、特征的同时，加入体验设计，帮助读者进入阅读障碍孩子的内心世界。

01 匪夷所思的存在——学习障碍 ………………………………… 1
02 学习障碍与学习困难 …………………………………………… 10
03 阅读障碍的成因 ………………………………………………… 21
04 阅读障碍者也能成功吗 ………………………………………… 37
05 阅读障碍的误区 ………………………………………………… 49
06 理解阅读障碍 …………………………………………………… 62

第二章 怎么找到阅读障碍学生——识别与评估阅读障碍 ……… 74

阅读障碍具有内隐性与复杂性，不易被识别与准确评估。如何理解阅读障碍标准化评估？如何通过观察、访谈、错误类型分析这些教师和家长更容易实施的方式敏锐地识别与分析阅读障碍？本章将带您踏上有趣的探案之旅。

07 汉语阅读障碍的标准化评估 …………………………………… 74
08 基于学校教育情境的阅读障碍评量 …………………………… 87
09 风马牛也相及——一些容易混淆或忽视的线索 ……………… 96

10　错误类型分析 …………………………………………… 111
　　11　案例：朗读错误类型分析 ……………………………… 125

第三章　怎么帮助阅读障碍学生（一）——从改善环境开始 …… 136

阅读障碍者的困境不仅来自其自身的学习障碍，还来自环境障碍。作为阅读障碍身边的重要他人，教师和家长本身就具备帮助他们的能力。本章让我们一起走进学校与家庭，看看班主任、语文教师、家长如何为阅读障碍学生营造良好的教育生态环境。

　　12　班主任可以做的事：归属感与动力 …………………… 136
　　13　案例："小"手环，"大"力量——班主任与阅读障碍学生的故事
　　　　　……………………………………………………………… 147
　　14　语文教师可以做的事：适切的支持 …………………… 154
　　15　案例：当语文教师遇到阅读障碍 ……………………… 165
　　16　家长可以做的事：最坚强的后盾 ……………………… 174
　　17　案例：成为中国版的"地球上的星星"——一个阅读障碍孩子家庭的心愿 ………………………………………………… 185

第四章　怎么帮助阅读障碍学生（二）——有针对性的干预 …… 192

目前流行的单项训练不能完全满足学校教育情境的需要，采用更具有生态学效度的有机综合的干预模式，可以更大限度发挥教育者独特的优势。本章将通过一个个真实的案例，展现教师工作者如何用神奇的"魔法"，帮助一个个有特点的阅读障碍学生。

　　18　资源教师可以做的事 …………………………………… 192
　　19　阅读障碍学生汉字怎么教 ……………………………… 207
　　20　案例：分心的孩子这样教 ……………………………… 223
　　21　案例：基于学校教育情境的阅读障碍评估 …………… 229
　　22　案例：基于学校教育情境的阅读障碍干预 …………… 240
　　23　案例："包"字族个训课 ………………………………… 253

附　录　微论坛：学区、学校层面如何进行学习特殊需要支持体系建设
　　………………………………………………………………… 268

第一章 阅读障碍是什么
——认识阅读障碍

01 匪夷所思的存在——学习障碍

匪夷所思的存在

　　正在读这本书的您，也许是一位教师，也许是一名家长，在您脑海中可能浮现出一些读写有困难的孩子，他的问题可用"匪夷所思"来形容。说他"笨"似乎又不笨，甚至有时看起来还挺聪明。也许为了帮助他提高读写水平，您想尽了几乎能用的所有办法，但是依然效果甚微。您甚至怀疑自己的能力，怀疑自己一直信奉的"勤能补拙"。

　　最后您只能把原因归为孩子还不够努力，或者学习态度不认真。您和孩子之间的关系很可能会逐渐发生变化：不谈学习，什么都好；一谈学习，必是一场恶战。明明为了这个孩子，付出了很多的心血，然而换来的却是自信的丧失、关系的恶化，以及无休止的焦虑。

　　如果您处于这种状况，不妨继续往下读。

热身互动

　　如果有学生存在学习困难，您认为最常见的原因有（　　）。【可多选】

A. 智力水平不高(正常范围内偏低)

B. 学习习惯不良

C. 学习态度不端正

D. 学习努力程度不够

E. 学习方法不当

F. 学习动机不足

G. 家庭环境不利

H. 教学不良

I. 学生身患残疾(盲、聋、智力障碍等)

J. 其他(如选此项，请写明原因)

您是否认为从 A 到 I 基本涵盖了造成学习困难的各种原因？甚至坚定地说，根本不存在"其他"原因，智力、习惯、态度、环境、残疾等能够解释绝大多数的学习问题？或者虽然您选择了"其他"，但自己也说不清楚这些学生的问题何在，或觉得这部分学生人数不多？

实际上，还有一个群体真实存在并且人数并不少，这个群体可能是我们的认识"盲区"之一——学习障碍者。

学习障碍者是用我们通常的经验难以理解的一类学生，每个班都有可能存在这样的学生，每位教师都可能遇到过。然而，教师却难以正确理解他们，甚至很难把他们识别出来——虽然他们明明就在身边，即使教师已经阅"生"无数，或者接受过学习障碍的培训。

因为学习障碍确实距离我们惯常的经验太遥远，太匪夷所思，太容易被误解了。

印度影片《地球上的星星》讲述了一个学习障碍孩子的故事，小主人公伊夏在阅读、书写、数学等方面都表现出学习障碍。现在请我们一起通过这部生动的影片走进学习障碍者的世界吧。

第一章 阅读障碍是什么——认识阅读障碍

影片片段：伊夏的数学考试

伊夏缓慢地扫了一遍数学卷子。

其他同学已经开始答题了。

伊夏转动铅笔，对着第一道题目发呆。他足足用了一节课的时间，终于完成了一道数学题，笨拙地在"3×9=_____"这道题后面写上了"3"。这时下课铃声响起，其他题目没有时间做了。

身后的同学疑惑地盯着伊夏，问他考得怎么样。伊夏脸上洋溢着灿烂的笑容，开心地说："当然没问题啦！"

如果您恰好看到或者听说这一幕，您会怎么想？

很可能，我们会认为情况已经很清楚了：一节课只做了一道题，答案还是错误的，本人却沾沾自喜，不是智力有问题就是学习态度有问题。

这是我们很容易做出的推断，当然依照通常经验，这个判断也可能是正确的。

但是，如果我们真的好奇孩子为什么会这样，在他的头脑中到底发生了什么，如果我们不是仅看结果忽略过程，如果我们把伊夏找来问一问，可能会发现在做这道题时，孩子的脑子里发生着多么有趣的变化，从而获知真相。

影片片段：神圣的"任务"

看着"3×9=_____"，在伊夏的眼里，这个题目"活"了起来，乘号（×）变成了大章鱼，3变成标着代号为3的地球。伊夏坐在飞船中，是威风凛凛的舰长。口中兴奋地说道："无畏的伊夏舰长现在要执行一项不可能的任务，他的任务，就是要把第3号星球给拉到太阳系中第9号星球的位置。"

途中遇到了标有"4"的星球正在喷火，原来这是火星。

还遇到一个转着"呼啦圈"的星球，伊夏主动和它问好："玩得愉快吗？"原来这是6号星球——土星。

又遇到一个在闭目养神的星球，伊夏打招呼，对方只半睁了一只眼睛看了伊夏一眼，就又闭上了。原来这是天王星。

最终伊夏将3号星球拉到9号星球的位置，并撞毁了它。伊夏兴奋地宣布："冥王星被摧毁啦！无惧的伊夏舰长找到了答案：3乘9等于3！"

这样一个富有想象力的孩子！难怪伊夏答完题会那么兴奋，在他的头脑中，自己是操控星球的英雄舰长，完成了一件不可能完成的任务。了解到这些细节后，您对伊夏的看法和依照通常经验的判断还会一样吗？了解到伊夏头脑中发生的神奇一幕，我们的想法一定会动摇。

伊夏数学上的表现似乎可以用"笨"来解释：他几乎不理解乘法的含义，把"3×9"想象成3号星球变成9号星球这样一个与乘法完全无关的"任务"；并且，得出"3×9＝3"这样在别人看来一目了然的错误答案，还沾沾自喜；他的书写速度慢、字体大、间架结构不合理，书写动作笨拙……

但是，他似乎又有"聪明"之处：相比同年龄的孩子，他知识面广，知道太阳系行星的准确名称和位置；他拥有天马行空的想象力，火星在他的想象中能喷火，天王星拥有王者般的傲慢，土星外围的光环竟然在他的想象中变成了呼啦圈……

与其讨论伊夏是笨还是不笨，不如说——伊夏是一个匪夷所思的"聪明"的"笨"小孩。

影片片段：英语教师的暴怒

英文课上，学生们都已坐好听讲，伊夏出神地看着窗外的水洼。

女教师说："翻到第38页，看第4章的第3段，我们今天要学的是形容词。""'我们'也包括你，伊夏。第38页、第4章、第3段。"伊夏没有反应。

"你可以专心一点吗，伊夏？"伊夏依然没有反应。

"伊夏！"教师愤怒地提高了声调。

伊夏惊恐地转身面对教师。

教师重复了第三遍："我说的是，第38页、第4章、第3段，把第一句念出来，然后指出里面有哪些形容词。"伊夏看了看周围的同学，然后迷茫地看着教师。

"第38页啦，伊夏！兰巴你就帮一下他吧。"

同桌把伊夏的书翻到第38页。

教师："把第一句念出来，然后告诉我全部的形容词有哪些。"

伊夏起身，低头看着桌子上的书，但没有读。

教师："好吧，我们一起找形容词，你把句子念出来就好。"

伊夏还没有读。

教师有些不耐烦："你只是把它们读出来，伊夏。"

伊夏犹疑地用母语回答："它们在……跳舞。"

全班哄堂大笑。

教师生气地说："说英文！"

伊夏用英文回答："文字在跳舞。"

同学们又笑了。

教师压抑着怒火："它们在跳舞？好，把在跳舞的字念出来。你想搞笑啊？"

伊夏一个字母一个字母地试图发音，但没办法拼出一个完整的单词：W、H、A……

教师急促地大声说："把句子念出来！要正确而且声音要大！"

伊夏依然一个字母一个字母费力地读着。

教师愤怒了，大声吼道："我说要正确而且大声，伊夏。正确而且大声！"

伊夏突然舌头打转："叭叭叭叭叭……"

全班笑得前仰后合。

教师彻底愤怒了："停！真是够了。滚！滚出我的教室！"

如果您是一名教师，是否对此并不感到陌生？班中似乎总有一些"哗众取宠"的学生让教师气到崩溃。

从教师的角度讲，除了最后的愤怒，影片中的这位教师是负责任的：她反复提醒走神的同学，请同伴协助，给发言机会，试图耐心等待……她也用了多种方法试图帮助伊夏：重复指令，根据伊夏的反应调整标准、降低任务难度。然而教师的负责的态度与采取的方法并没有收获预期的效果。

读文章段落并找出形容词，这个任务对一般学生来说原本就不难，根据伊夏的反应，教师又降低要求为"念出来就好"。这个任务看似简单到不能再简单了，可是伊夏依然磕磕巴巴地连一个单词都没拼出来。他的嘴唇一直在嚅动，甚至有些发抖。看得出他试图努力拼读，但是难度很大，他非常紧张，最终只能是读出一个一个的字母，无法把它们拼在一起，甚至说出在别人看来非常荒诞的理由——"文字在跳舞"。老师终于忍无可忍，觉得伊夏想在课堂上"搞笑"，在全班的哄笑声中把伊夏赶出教室。

为什么教师如此负责，又很有经验，但最终没能取得良好的效果？问题出在对学生的理解上。

如果我们也是伊夏的教师，从理解信任的角度出发，对比刚才的场景，我们会看到什么、想到什么……

还可以怎么做

场景一：全班都已经坐好，伊夏还在对着窗外的水洼出神。

影片中教师可能会想：这孩子贪玩，不守规矩，上课铃响了还不坐好，心里不满。

新视角：首先，关注学生的情绪。今天有什么特殊的事情影响到伊夏了吗？如果他经常如此，并不是今天偶然这样，那会不会学生不太喜欢上英语课呢？为什么不喜欢呢？

还可以进一步推测：其他学生都注意到了上课铃，伊夏却仍然全神贯注地看着窗外，会不会他没有听到上课铃？他在注意力转移上是不是有困难？

教师可以看似不经意地走到伊夏身边，轻拍他的肩膀，自然地将其注意力带回课堂。下课后找伊夏聊一聊，进一步了解情况。

场景二：重复几次指令，伊夏充耳不闻，尤其是伊夏已经看向教师后，教师又完整地重复指令："第 38 页、第 4 章、第 3 段，把第一句念出来，然后指出里面有哪些形容词。"伊夏依然迷茫着没有做出反应。

影片中教师可能会想：这么简单的任务，伊夏像个木头一样没有反应，不是真的太笨了，就是故意哗众取宠。想到伊夏很可能是故意的，心中开始升起一股火气。

新视角：伊夏是没注意到我在和他说话吗？我重复了三遍，而且最后一遍他看着我的眼睛，所以至少最后一次他肯定已经注意到我在和他说话了。

既然注意到了为什么还没反应呢？是听了但没听清吗？或者没听懂？

伊夏没有马上反应和指令本身有关系吗？这是一个课堂常见的指令，对其他学生来说听清并记住是没有困难的。但会不会对伊夏来说有些难度？这个指令包含了五项信息：第 38 页、第 4 章、第 3 段、第一句、念出来。会不会他难以记住这么多信息？如果我一步一步说呢？

教师可以尝试缓慢而清晰地说："伊夏，请把书翻到第 38 页。"如果伊夏仍有困难，就走到他身边，确定伊夏听到了这个指令。如果伊夏做到了，表扬伊夏，再依次继续下面的指令："找到第 4 章""找到第 3 段""找到第一句""请把它念出来"。很可能会发现伊夏听懂了并能尝试完成任务。

课后，我们可以带着疑问寻找资料、咨询专家，如果有条件还可以进行相应的评估。可能会发现伊夏存在严重的注意缺陷，所以他难以跟上全班的节奏，不能与其他学生同步关注到重要的指令。还可能发现伊夏存在听觉加工和工作记忆问题，听力没问题并不等于听觉加工没问题，伊夏可能在快速听懂并记住口头多重指令上有困难，这种困难在集体而非一对一的教学环境中表现得尤其明显。

场景三：教师让伊夏念课文，并找出形容词。伊夏迟迟读不出来，只能一个字母一个字母地蹦。还说了非常奇怪的话："文字在跳舞"。

　　伊夏的表现彻底惹怒了影片中的教师，她认为伊夏是在哗众取宠，故意搞笑。

　　新视角：看到伊夏的表现，我们可以反思，是不是刚才教师的严厉态度，让伊夏过于紧张了？伊夏说字母在跳舞，他看到的和常人不一样？伊夏看起来很吃力地把文字读出来，一个一个地蹦出字母，会不会他把这些字母连起来读有困难？

　　我们可以走到伊夏身边和声细语地安抚他。我们可以安慰伊夏，改变任务要求："没关系，我们先听同学读，你听完后回答老师一个问题。"如果伊夏听完同学的朗读能够回答相关问题，说明伊夏在言语理解上没有困难，他的困难在于把文字拼读出来。

　　带着疑问查找资料，请教专业人士。我们可能会发现，伊夏存在"视觉加工"问题。视力正常不代表视觉加工没问题，他的中枢神经系统的视觉加工可能出了问题，大脑中的视觉物象与常人看到的有所不同。

　　面对伊夏"匪夷所思"的表现，如果我们按照新的视角分析和行动，我们的心态会平和很多，不会因"以为"学生故意捣乱而大发雷霆。在应对过程中也会体验到教师职业带给我们的幸福感和成就感：教师的专业成长能帮助我们准确找到学生学习问题的原因，并精准地帮助他，这让人兴奋。

　　正是这个"匪夷所思"的孩子，给我们打开了一扇通往全新世界的窗口，这个世界就是——学习障碍。

　　学习障碍学生的困境一方面来自他们自身的"学习障碍"，另一方面却来自一心想要助力他们的教师与家长的"理解障碍"。影片中教师的做法看似符合常规操作，但教师因不理解伊夏的困难产生的明显不耐烦、不信任的情绪，对伊夏造成了强烈的影响，使得他对英文课可能已经产生了焦虑甚至恐惧的心理。这种恐惧形成了人为的障碍，让孩子感觉自己被孤立，让他感觉面对强大的学习障碍缺乏援军，孤军作战，甚至让他连"战一战"

的勇气和意愿都丧失了。

如果了解学习障碍，教师和家长能做出专业的应对，有学习障碍的孩子就可以避免因误解而遭受学习障碍之外的二次伤害。

身为教师，作为家长，要将主观判断从客观事实中剥离出来，看到真实发生的事实，眼里有孩子，不以个人的主观推测臆想事实。避免与伊夏的教师一样，虽然"看"了却并没有真正"看见"。

阻碍我们真正"看见"学生的，是我们缺少专业知识与已有的成见和偏见。专业知识可以通过学习弥补，已有的成见和偏见造成的先入为主的判断更应引起我们的警惕。

要点小结

1. 学习障碍学生的困境一方面来自他们自身的"学习障碍"，另一方面却来自一心想要助力他们的教师与家长的"理解障碍"。

2. 我们常常"看"了，却并没有真正"看见"。

3. 阻碍我们真正"看见"学生的，是我们缺少专业知识与已有的成见和偏见。

4. 身为教师，作为家长，首先要将主观判断从客观事实中剥离出来，看到真实发生的事实。

推荐资源

印度电影《地球上的星星》。

02　学习障碍与学习困难

隐藏最深的"潜伏者"

如果问一位有过教学经验的老师是否教过学习障碍学生,他们通常会不假思索地回答当然教过,日常教学中经常会遇到这样的学生。但如果继续追问会发现,教师们口中的"学习障碍"并非心理学与特殊教育学领域特指的"学习障碍"。实际上,目前我国多数中小学教师还难以从专业视角掌握"学习障碍"的内涵。即使有的教师听说过"学习障碍",甚至参加过学习障碍培训,也很难将学习障碍学生尽早识别出来。学习障碍学生就像是隐藏得最深的潜伏者,明明在眼前,却一直被忽略和误解。

热身互动

您认为"学习困难""学习障碍"的含义一样吗?(　　)

A. 一样。
B. 不一样。

在多数人的头脑中,这两个名词是可以混用的,都可能用于描述由于智力或者各种原因造成的学业困难或障碍。虽然在汉语语境中并没有对这两个概念内涵进行清晰的专业界定,但不同名词的混用会影响我们对学生情况做更为具体深入的分析。因此有必要对"学习障碍"到底是什么这个问题"追根究底"。

古怪的病例

19 世纪中叶,医生开始注意到一些特殊的病人。

1892年，著名的瑞士裔法国神经学家约瑟夫·德杰琳（Joseph Dejerine）发现了一位无法阅读却会写字的病人，这个病例给人们的日常经验带来了冲击。通常我们会认为读是写的基础，会读未必会写，但会写一定会读。但是，这个特殊的病人打破了人们的固有思维——能书写却不能阅读。德杰琳通过解剖，发现病人左右脑之间的连接有障碍，他认为这可能是造成病人怪异表现的原因之一。[①]

早期对这类失读症患者的研究虽然并非等同于对学习障碍者的研究，但可以帮助我们意识到：我们的脑远比我们想象的更复杂。

在一般人的经验里，只要勤于练习，就能够学会阅读。1872年，英国医生威廉·布劳德本特（William Broadbent）通过对10位失语症患者的观察，注意到了一例经历脑损伤后失去阅读能力的病例，打破了人们的固有思维。

1895年，苏格兰眼科医生詹姆斯·欣谢尔伍德（James Hinshelwood）首次报告了一例具有先天性"字盲"的小男孩，他学习数学正常，具有音乐才华，但在记忆单词上非常困难。这个病例让人们很疑惑。这个小男孩能正常学习数学，数学对推理要求很高，他在音乐方面也有过人的才华，可见这是一个智力正常，甚至可能超常的孩子，然而，对于常人来说简单的识字，对他来说却无比艰难。欣谢尔伍德经过研究后，认为大脑中有专门的区域负责阅读，这种在阅读上有特殊困难的孩子可能大脑的相应区域已经受损。

可以说从数学和音乐方面来看，他不笨，甚至可以说"聪明"；但是从单词记忆来看，他却又非常"笨"。看起来，这个无法阅读的病例非常像本书所讲的"阅读障碍"。

学习障碍的界定与理解

随着这类匪夷所思的案例的增加，除了医学界人士，心理学家也逐渐对这类人群开始关注。

---

① 刘翔平. 学习障碍儿童的心理与教育[M]. 北京：中国轻工业出版社，2019：4.

1963年，一些"知觉障碍儿童"家长找到心理学家塞缪尔·柯克(Samuel Kirk)，希望他给即将成立的此类儿童全国性组织命名，尽管柯克本人并不赞成给任何儿童贴上标签，他还是在演讲中建议使用"学习障碍(Learning Disability)"术语来称呼这一特殊群体。也借由这一契机，1964年1月，学习障碍儿童家长和专业人士在美国芝加哥倡议成立了学习障碍儿童协会(Association for Children with Learning Disabilities，ACLD)。柯克也被公认为"学习障碍之父"，他指出：

学习障碍是指由于可能的脑功能失调和(或)情绪或行为的困扰，而非智力落后、感觉剥夺，或者文化或教学等因素导致的言语、语言、阅读、拼写、书写或算术过程中的一项或多项的落后、失调，或延缓。①

这个"学习障碍"概念与我们现在的理解并不完全一致，对"学习障碍"的探索一直持续至今，其定义也几经修改。

美国学习障碍联合委员会认为，学习障碍是一个概括性的术语，涉及一系列异质性障碍，表现为在习得和运用听、说、读、写、推理或数学能力方面存在显著性的困难。这些障碍对个体来说是内在性的，且被认为是由于中枢神经系统功能失调造成的，而且有可能发生在生命的各个阶段。自我规范行为、社会认知、社会互动方面的问题常常与学习障碍同时存在，但是这些问题本身并不导致学习障碍。②

《精神障碍诊断与统计手册》(DSM)是美国及世界多数国家诊断心理障碍的官方指南。其中第五版于2013年发布，将"特定学习障碍"归于具有生物学起源的神经发育障碍，表现为学习和学术性技能习得上的困难，并提

---

① 邓猛. 从美国学习障碍定义演变的角度探索其理论分析框架[J]. 中国特殊教育，2004(4)：63.
② 丹尼尔·哈拉汉，詹姆士·考夫曼，佩吉·普伦. 特殊教育导论[M]. 肖非，等，译. 北京：中国人民大学出版社，2010：164.

出了医学诊断特定学习障碍的四条标准：①

A. 学习和使用学业技能的困难，尽管针对这些困难存在干预措施，仍存在至少1项下列所示的症状，且至少持续6个月。

  1. 不准确或缓慢而费力地读字（例如，读单字时不正确地大声或缓慢、犹豫、频繁地猜测，难以念出字）。

  2. 难以理解所阅读内容的意思（例如，可以准确地读出内容但不能理解其顺序、关系、推论或更深层次的意义）。

  3. 拼写方面的困难（例如，可能添加、省略或替代元音或辅音）。

  4. 书面表达方面的困难（例如，在句子中犯下多种语法或标点符号的错误；段落组织差；书面表达的思想不清晰）。

  5. 难以掌握数觉感、数字事实或计算（例如，数字理解能力差，不能区分数字的大小和关系；用手指加个位数字而不是像同伴那样回忆数字事实；在算术计算中迷失，也不能转换步骤）。

  6. 数学推理方面的困难（例如，应用数学概念、事实或步骤去解决数量的问题有严重困难）。

B. 受影响的学业技能显著地、可量化地低于个体实际年龄所预期的水平，显著地干扰了学业或职业表现或日常生活的活动。

C. 学习方面的困难开始于学龄期，但只有在对那些受到影响的学业技能的要求超过个体受限的能力时，才会完全表现出来。

D. 学习困难不能用智力障碍、未矫正的视觉或听觉的敏感性不足、其他精神或神经病症障碍、心理社会的逆境、对学业指导的语言不精通，或不充分的教育指导来更好地解释。

看起来有些复杂，我们可以将"学习障碍"简化为以下几点。

(1) 前提：智力正常。

---

① 美国精神医学学会. 精神障碍诊断与统计手册（第五版）[M]. 张道龙, 等, 译. 北京：北京大学出版社, 2021：29—30.

(2)原因：属于生物学起源的神经发育障碍，并非神经病症障碍、心理问题、环境不良、教学不力等。

(3)表现：存在特定领域的学习困难，学业表现差于同龄学生。

(4)类型：表现在阅读、书写、书面表达、数学计算、数学推理等单一或多个学业领域，根据困难涉及的领域多少及其严重程度，学习障碍可以分为轻、中、重三种程度。

(5)学习障碍为概括性的术语，涉及一系列异质性障碍，不同学习障碍个体的具体表现特征不同。

简言之，造成学习障碍的原因可以从三个层面来理解。(1)学习障碍非主观原因造成。不想学习、不够努力、情绪问题等主观因素，很可能在学习障碍者身上存在，也会让学习障碍者表现更差，但这些都不是造成学习障碍的原因，反而更可能是学习障碍的结果。(2)学习障碍并非外在的客观原因造成的。学习环境不好、教学方法不当，包括练习不足等因素会影响学生的学业表现，但并不是造成学习障碍的直接原因。(3)造成学习障碍的直接原因是个体生理原因，即中枢神经的发育障碍。也就是说造成学习障碍的根本原因不是外因，而是内因，是学习障碍者本人无法自控的客观的生理原因。因此学习障碍难以通过一般性的措施，如改变学习态度、增加练习次数得以改善。

对教师与家长来说难以理解之处在于，一般人习惯将"神经发育障碍"理解为大脑有问题，而想到大脑问题往往等同于智力有问题，但学习障碍学生的智力却正常，这种情况让人费解。神经发育障碍目前还找不出明确病因。学习障碍、注意缺陷多动障碍、抽动症、孤独症谱系障碍都属于神经发育障碍，虽然可以到医院诊断，但诊断方式还不能像其他病症一样通过验血、拍片等方式找到病因、病灶，而是通过患者的行为表现判断。这种诊断方式相应地也就产生了主观性的问题：教师或家长的主观认识、学生诊断或评估当天的状态与表现，都可能影响诊断的结果。知道这一点，我们就要明白，当拿到一份诊断结果时，要保持审慎的态度，要做进一步细致深入的观察分析。

从学习障碍的具体表现类型上看，学习障碍可能出现在阅读、书写、书面表达、数学计算、数学推理等单一或多个学业领域，"学习障碍"是一个概括性的术语，涉及一系列异质性障碍。各领域的障碍，如阅读障碍也可以根据个体行为特点的具体表现细分为不同类型。因此，并非诊断为学习障碍后，就能够立刻得到完善的治疗与干预方案。诊断只是起到鉴定作用，为充分了解学生，还需要进一步做全面深入的评估，其中既包括由各领域专业人士进行的标准化评估，也包括由教师与家长进行的评估与观察，后面是本书介绍的重点。

经过上面的分析，对教师和家长来说，学习障碍可能更容易理解了。我们时刻要牢记：学习障碍是一种神经发育性障碍，不是因为笨或者懒。想一想《地球上的星星》中的伊夏——智力正常，在阅读、书写、数学等方面存在困难，其困难属于神经发育障碍而非不努力、练习不足等。建议我们时刻牢记这样一个概括——"聪明的笨小孩"。还要调整好心态，清楚欲速不达，求人不如求己。不要完全倚仗外力来解决自己的学生与孩子的学习障碍问题，而是让阅读障碍者本人和教师、家长本人也积极参与到学习障碍的评估与干预中来。

同时，教师和家长还应特别注意以下两点。第一，有的学习障碍学生学业水平并没有显著低于同龄学生，但显著低于其智力水平所应达到的标准。比如智力超常学生的学业水平应显著高于同龄学生，因此即使他们的学业水平与同龄学生相当，没有表现出显著落后，也存在学习障碍的可能。随着年级的升高，他们学业落后的程度很可能越来越严重，直到显著落后于同龄学生。第二，不应只孤立地关注学习障碍学生的行为表现，而应结合学生所处的生态环境对他们的行为功能进行整体评估。

实际上，个体之间的差异普遍存在，每个人都可能或多或少有相对不足之处，当这些不足不困扰其正常的学习、工作与生活时，就不是需要解决的问题。比如注意缺陷多动障碍者容易分心，但在原始狩猎时代，这种特质不但不是一种问题，反而是一种优势，更善于发现风吹草动、潜在的危险，更利于生存。所以说，注意缺陷多动障碍是一种文化依赖性疾病，只有在要求学生长时间静坐、选择性注意听讲的环境中，才成为一种问题。阅读障碍也同样，在只能通过书面文字阅读获取信息时，才成为一种严重困扰；但当信息获取途径多样化后，阅读并非人们获得知识的唯一途径，可以通过语音转换等方式获取信息。这样的视角强调神经发育障碍在社会职能方面的特点，而不是囿于其固有的病理性，这为我们如何看待与对待阅读障碍打开了一个全新的思路。

教育领域中的学习障碍

学习障碍的发生率说法不一，多数的说法是10%。也有研究表明，国际各种语言的阅读障碍发生率为5%～17%。虽然目前学习障碍者在人群中所占的具体比例说法不一，但一致的是学习障碍者在特殊教育服务对象群体中的占比是最高的。西方对学习障碍的研究最早可以追溯到19世纪初[1]。美国是学习障碍问题研究最早、发展最快的国家，也是最早将学习障碍纳入特殊教育对象的国家。1972年，美国通过了《全体残障儿童教育法》，将"学习障碍"儿童列为十类特殊教育服务对象之一。[2] 自从美国正式将学习障碍作为法定的残疾类别之后，在美国被鉴定为学习障碍的人数急剧增长，并发展成为美国最大的残疾类别，超过50%的残疾学生属于学习障碍。[3] 我国台湾地区在1977年颁布的"特殊教育推行办法"中，首次将学习障碍纳入特殊教育服务的对象；1984年通过的特殊教育有关规定正式保障了学习障碍者接受特殊教育的权利。[4] 我国大陆地区对学习障碍的研究在20世纪80年代末真正开始，对此，曾有如下表述：研究成果不系统、研究人才奇缺[5]；多停留在理论探索阶段，可操作性的实证干预研究少，

---

[1] 邢丽丽. 学习障碍儿童离特殊教育对象还有多远？——论我国学习障碍立法的可能性与现实性[D]. 西安：陕西师范大学，2013：6.

[2] 邢丽丽. 学习障碍儿童离特殊教育对象还有多远？——论我国学习障碍立法的可能性与现实性[D]. 西安：陕西师范大学，2013：8—9.

[3] 邓猛. 从美国学习障碍定义演变的角度探索其理论分析框架[J]. 中国特殊教育，2004(4)：58.

[4] 邢丽丽. 学习障碍儿童离特殊教育对象还有多远？——论我国学习障碍立法的可能性与现实性[D]. 西安：陕西师范大学，2013：9.

[5] 刘翔平. 学习障碍儿童的心理与教育[M]. 北京：中国轻工业出版社，1999：18.

医学、教育、心理等各个领域未能开展有效的合作[①]；家长对学习障碍的定义与理论了解甚少，教师对学习障碍的认识不足，基于教学的行动研究缺乏[②]等。而近年，上述状况已经有了较大的改变。

我国虽然目前还没有完全将学习障碍纳入特殊教育服务的对象，但在许多地区已经开始积极推进。1989 年，《国务院办公厅转发国家教委等部门关于发展特殊教育若干意见的通知》提到，各地要继续创造条件吸收包括学习障碍者在内的少年儿童入学，并努力使他们受到适当的特殊教育。这标志着学习障碍作为一个特殊教育的类别和研究领域在我国确定了下来。[③] 教育部对党的十三届全国人大一次会议第 7240 号建议内容就是关于学习障碍的，学习障碍儿童的教育问题得到了教育部及相关部门的高度重视。随着国内对学习障碍问题的关注，一些机构和专家围绕学习障碍儿童的教育问题，在专题研究、教研评估、服务保障等方面开展了相关工作。北京市已将学习障碍儿童的教育问题纳入经费和服务保障[④]。2015 年，北京市西城区将学习障碍纳入融合教育服务对象。江苏省在"十四五"期间将学习障碍学生纳入特殊教育服务对象。

学习障碍最初被医学发现，后来被心理学领域学者关注，直至现在进入教育领域的视野中。可以看出，对学习障碍的支持也确实需要跨领域的协作，这种协作不是简单地复制粘贴，而是发挥各自优势的一种协作。本书就是主要面向一线教师与家长，分享在教育领域我们所做的一系列探索。

学习障碍与学习困难

在日常话语中，人们对学习障碍的理解是扩大化的，可能把特定学习障碍、智力落后、情绪障碍、言语或语言损伤、听力损伤、视觉损伤、注意缺陷多动障碍、发育迟缓等造成学业落后的原因都视为学习障碍，造成

[①] 邢丽丽. 学习障碍儿童早期干预研究综述[J]. 绥化学院学报，2012(1)：170.
[②] 胡金萍，张倩. 学习障碍儿童干预方法的研究进展[J]. 绥化学院学报，2018(10)：136.
[③] 王书荃. 我国学习障碍研究的现状和存在的问题[J]. 现代特殊教育，1999(5)：21.
[④] http://www.moe.gov.cn/jyb_xxgk/xxgk_jyta/jyta_jijiaosi/201901/t20190103_365819.html

了对学习障碍内涵理解的混乱。① 在相关语境中,"学习障碍""学习困难""学业不良"等术语经常界定不清,混淆使用②,这是需要格外注意的。

我国的法律法规及文件中,"学习困难"并不是作为一个术语来使用的,至今还没有明确的定义,有时只是表明在学习中有困难的含义。学术研究中则理解多样,含义差异较大,主要有如下几种:学习困难等于学习障碍;学习困难包含学习低效、学业不良、学习障碍;学习困难等于学业成绩不达标;学习困难包含学习障碍和其他身心障碍导致的学习困难;学习困难即学习系统通道受阻和存储能力不足;学习困难是心理障碍。对学习困难的众多理解展现出了我国普通学校教育人员、特殊教育研究人员、心理学研究人员、医疗卫生工作者的多角度研究成果。综合起来主要存在三个研究维度:因果关系维度、内外影响因素维度、严重程度维度。详见图 2-1。③

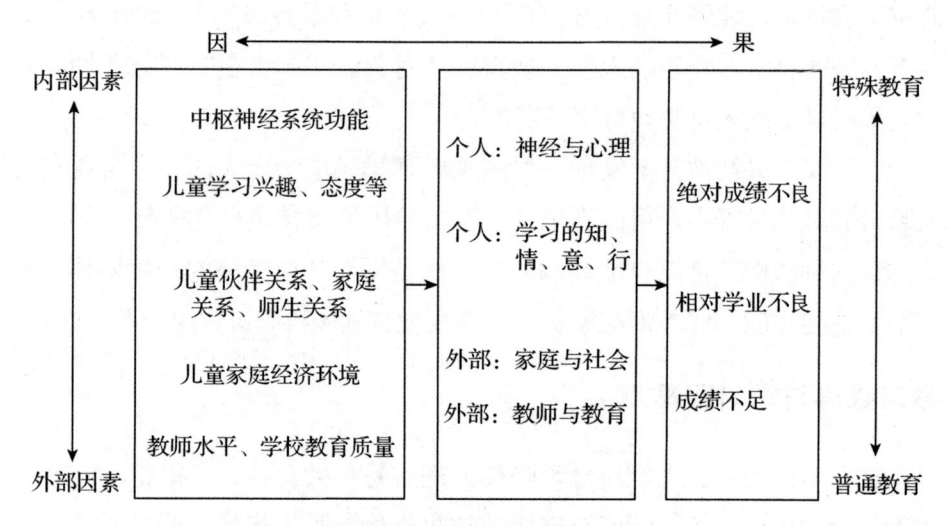

图 2-1 我国学习困难的综合性多角度分析

从图 2-1 中可以看到,我们所看到的阅读障碍学生的成绩不良是结果,

---

① 毛荣建. 学习障碍儿童教育概论[M]. 天津:天津教育出版社,2007:12.
② 邢丽丽. 学习障碍儿童离特殊教育对象还有多远?——论我国学习障碍立法的可能性与现实性[D]. 西安:陕西师范大学,2013:44.
③ 姜晓宇. 学习困难教育援助系统研究[M]. 北京:科学出版社,2017:11—22.

其原因有内部与外部之分，其中内部因素中的中枢神经系统功能问题导致的学习困难是学习障碍，属于特殊教育服务对象。也就是说学习障碍不仅需要普通教育的关注，还需要特殊教育的支持。

我们不妨简单理解：学习困难可以包括任何原因引起的学习问题，其中只有由脑功能失调引起的学习困难才是学习障碍。同时，还有一部分学习障碍可能在某个时段没有被认定为学习困难。尤其是一些障碍程度较轻、智商较高的学习障碍学生，年级低时虽然存在学习困难，但学业表现可能是正常的。随着年级的升高，他们的学业困难才越来越明显而被发现。这就是作为教师与家长需要具有一定的专业敏感性，早日识别学习障碍，避免等待失败的原因。

所以，在判断学习障碍时，不仅要看这名学生的学业表现是否落后于同龄人，还要看其学业表现是否落后于其本人的智力水平。换句话说，他是否有潜力，但潜力难以施展。

即使从理论上来说，学习障碍者的特点很明确，但实际上，教师和家长仍然难以将身边的学习障碍孩子区分出来。让问题更加复杂的是，学习障碍者还常合并其他问题，如注意缺陷多动障碍、情绪行为问题和心理问题等，所以在真实的个体身上，很难将学习障碍与学习态度、学习努力程度等原因造成的学习问题区分清楚。

本书致力于在真实的教育教学情境中，对学习障碍中最典型的障碍类型——阅读障碍进行研究，探索如何发挥教师与家长自身的优势，做我们能做且擅长做的事。

要点小结

1. 学习障碍是一个概括性的术语，涉及一系列异质性障碍，表现为在习得和运用听、说、读、写、推理或数学能力方面存在显著性的困难。这些障碍对个体来说是内在性的，且被认为是由于中枢神经系统功能失调造成的，有可能发生在生命的各个阶段。

2. 个体差异是普遍存在的，每个人都或多或少有相对不足之处，当这些不足不影响其学习、工作与生活时，并不成为困扰的问题。

3. 学习障碍者在各类特殊教育服务对象群体中的比例是最高的。

4. "学习障碍""学习困难""学业不良"等术语经常界定不清，混淆使用，这是需要格外注意的。

推荐资源

姜晓宇. 学习困难教育援助系统研究[M]. 北京：科学出版社，2017.

03 阅读障碍的成因

"看不见"的阅读障碍

各类学习特殊需要学生中，阅读障碍学生可能算得上是人数最多的、理解起来难度最大的、最容易被误解的、教师身边"熟悉的陌生人"。我们很容易看见有阅读障碍的孩子表现出的学习问题，但不容易看到其背后的原因，更难以在复杂情境中区辨各种因素之间的关联。阅读障碍学生很容易被贴上"不努力""不认真"等标签，一直"潜伏"在阅读困难的队伍中，延误早识别、早干预的时机。

热身练习

以下对阅读障碍的判断中，您认为对的画"√"，错的画"×"。
1. 阅读障碍是一种阅读理解能力不足的表现。　　　　　　（　　）
2. 阅读障碍主要是学习习惯与学习态度不良导致的。　　　（　　）
3. 阅读障碍是视觉方面的问题导致的阅读困难。　　　　　（　　）

上面几个问题如果您都画"√"，说明您可能对阅读障碍还存在误解，建议您详细阅读本节内容。

不少教师和家长将阅读障碍的原因归结于习惯问题或态度问题，也有的教师和家长将原因归结于眼睛有问题，带孩子去医院眼科检查，往往一无所获。实际上，阅读障碍不是直接由学生主观的习惯与态度问题导致的，也不是——至少不仅仅是视觉加工的问题。在念出字母时往往把"b"念成"d"，或把"saw"念成"was"，这是文字加工的问题，而非视觉缺陷所导致①，至少并非仅仅由于视觉缺陷所致。

阅读障碍：字词识别与言语理解

对阅读障碍的研究起源于拼音文字，拼音文字阅读障碍比例为5%~17%。汉字是表意文字，学者们曾经认为汉语中并不存在阅读障碍。随着研究的深入，已经证明，几乎所有的语言和文字系统中都存在阅读障碍，汉语同样存在阅读障碍。近年来有研究指出，汉语阅读困难发生率大幅上升，这可能与数字时代电子产品的使用有关，大量使用拼音输入法有可能导致阅读困难发生率上升②。

在人类漫长的演化历史中，阅读的出现只有几千年。人类并没有专门为阅读进化出特定结构，而是再利用了一部分已有的脑回路来负责这种新的文化活动。③

换句话说，阅读是需要后天学习的，但并非人人都能用通常的方法顺利地学会阅读。

即使一个人智力正常甚至超常，做其他任何事情都表现不错，看非文字的事物都没有任何困难，但仍然可能存在阅读障碍。

简单阅读观认为阅读理解包含了两个相对独立的认知加工过程：解码（decoding）和言语理解（linguistic comprehension），如果将解码（字词识别）与言语理解这两种基本认知能力转换为两个坐标，都分成"良好"和"落后"两个方向，就可以建构一个四象限的空间，把阅读情况分成4种类型④。（见图3-1）

您以前对"阅读障碍"的理解是什么？请在下面这四个象限中选择：一为字词识别和言语理解均良好，二为字词识别落后而言语理解良好，

---

① Sally Shaywitz. 战胜读写障碍[M]. 吕翠华, 译. 台北：心理出版社，2014：38.
② 卫垌圻, 曹慧, 毕鸿燕, 等. 发展性阅读障碍书写加工缺陷及其神经机制[J]. 心理科学进展，2020(1)：75.
③ 斯坦尼斯拉斯·迪昂. 脑与阅读[M]. 周加仙, 等, 译. 杭州：浙江教育出版社，2018.
④ https://mp.weixin.qq.com/s/u3Kjn4yEa7JyvpApH76Olw

三为字词识别和言语理解均落后,四为字词识别良好但言语理解落后。

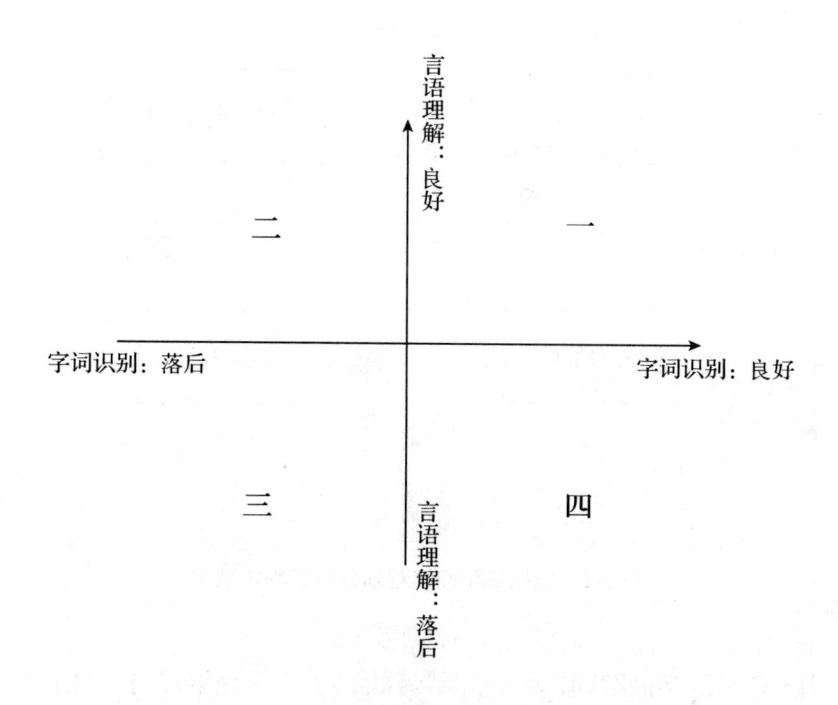

图 3-1 根据简单阅读观划分的类型四象限

很明显,处于第一象限言语理解和字词识别都良好的属于正常儿童;处于第三象限言语理解和字词识别都落后的是全面落后儿童,比如智力障碍儿童。

在不了解阅读障碍的情况下,不少人会选择第四象限(字词识别良好但言语理解落后),以为"阅读障碍"顾名思义就是在理解上存在困难。然而实际上典型的阅读障碍在第二象限(字词识别落后而言语理解良好)。伊夏正是这种情况,他连将课文中的句子读出来都很困难,但是这不代表他的言语理解有困难。

```
                        言
                        语
                        理
                        解
                        ：
                        良
                        好
                        ↑
      ┌─────────┐       │       ┌─────────┐
      │ 阅读障碍 │       │       │ 正常儿童 │
      └─────────┘       │       └─────────┘
                        │
 字词识别：落后 ─────────┼───────── → 字词识别：良好
                        │
      ┌─────────┐       │       ┌─────────┐
      │ 全面落后 │       │       │ 理解缺陷 │
      └─────────┘       │       └─────────┘
                        言
                        语
                        理
                        解
                        ：
                        落
                        后
```

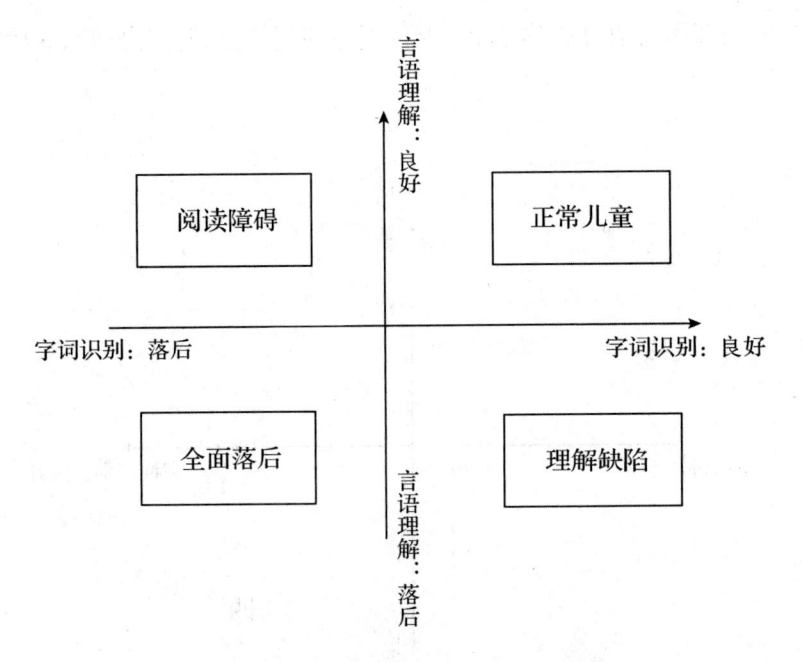

图 3-2　根据简单阅读观划分的四种类型①

相比落后的字词识别，阅读障碍者的口头语言理解没有问题，甚至理解程度非常高，他们在高层次推理技能也有同样表现。② 也就是说，对阅读障碍学生来说，一般人看来相对简单的字词识别是他们很难跨越的障碍；而一般人看来难度更大的言语理解、高层次推理，却相对字词识别容易得多。这正是阅读障碍学生给我们"聪明的笨小孩"这种矛盾印象的原因。

对教师和家长来说，很容易将理解缺陷和阅读障碍混淆。

有的教师和家长会说，我的学生（孩子）也不是完全不能辨识字词，他们能读出来，只是读得很慢；问读了什么，他们无法说出来。这是不是说明他们的阅读问题出在阅读理解而非字词识别？

---

① https://mp.weixin.qq.com/s/u3Kjn4yEa7JyvpApH76Olw
② Sally Shaywitz. 战胜读写障碍[M]. 吕翠华，译. 台北：心理出版社，2014：38.

实际上未必如此。

大脑对书面语言的识别是多层次加工的，在字词被理解之前，必须先进行字词的解码，若底层有加工缺陷将阻碍更高级的语言处理功能，从而妨碍对词语语义的提取及对文字的理解。[1] 也就是说，虽然在涉及理解与意义的语言历程完整无损，但因为通常只有在辨识字词后才能进入理解[2]，所以字词识别的不准确和速度慢会影响高层理解，并不是高层理解本身有问题。

换一个不是很恰当的比方。假设我们阅读理解本身是没有问题的，当积累了一定的汉字后，字词识别能够自动化，阅读理解也能像言语理解一样快速而准确。但当我们刚学习一门外语，字词还不是很熟悉时，有的单词不认识，有的单词识别很慢，一边读一边猜，读懂了后面的忘记了前面的，每读一句都异常困难。这并不能说我们的理解能力不足，而是因为词汇量不足、单词识别没有达到自动化的水平，影响了我们对整句的理解。当然这仅仅是一个不恰当的比方，阅读障碍者字词解码困难是有神经生理原因的，并非习得水平低。

看到大脑在阅读

影像学研究已经确定了至少两条用于阅读的神经回路：一条回路用于初学阅读者，缓慢地读出单词；另一条是用于熟练阅读者的快速回路。顶颞系统适用于新手读者，要先把单词拆分开，并把字母与相应的声音联系起来；而枕颞区是熟练读者使用的通道，对单词整体模仿的反应几乎是即时的。[3]（见图3-3）

---

[1] 刘芳梅. 儿童阅读障碍神经心理机制的研究进展[J]. 国外医学（妇幼保健分册），2022(5)：231.
[2] Sally Shaywitz. 战胜读写障碍[M]. 吕翠华，译. 台北：心理出版社，2014：53.
[3] 萨莉·施威茨. 聪明的笨小孩[M]. 刘丽，康翠萍，等，译. 北京：北京师范大学出版社，2019：90—91.

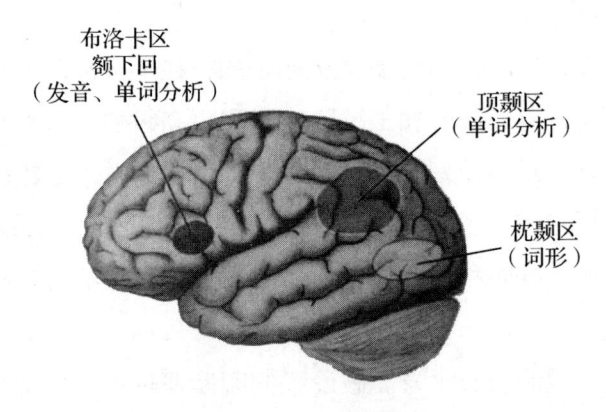

图 3-3　大脑阅读系统

影像学研究显示，阅读障碍者与阅读熟练者大脑激活模式明显不同。阅读时，阅读熟练者会激活大脑后部，一定程度上也会激活大脑前部，阅读过程是自动发生的，不需要有意识的思考或努力。而阅读障碍者大脑后部神经回路激活不足，他们在分析单词和将字母转换成声音方面有了最初的困难，即使长大以后，他们仍然是阅读缓慢而不流畅的读者。（见图3-4）[1]

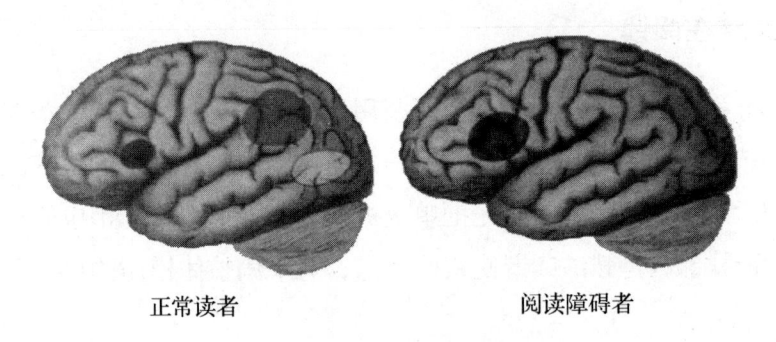

图 3-4　阅读障碍者的神经特征

对阅读障碍学生来说，也可能在大脑右半球建立代偿通路，让他们可以准确但缓慢地阅读。所以，更准确地说，应当把阅读障碍看作是另一条

---

[1] 萨莉·施威茨. 聪明的笨小孩[M]. 刘丽, 康翠萍, 等, 译. 北京：北京师范大学出版社, 2019：93—95.

发展道路，而不是一种无法克服的学习障碍[1]。

除发现阅读障碍者特定脑区存在异常外，还发现阅读技能受损和脑区连接异常之间存在着密切的联系，但这两个究竟哪个是阅读障碍最为根本的原因以及它们之间的关系是什么目前尚不清楚[2]。

上面的研究结论是基于拼音文字阅读障碍研究得出的，其结论具有跨语言的一致性。当然，不同语言也会有所差异。和英语母语者相比，汉语母语者阅读时需要征用更多的脑区，比如会用到左侧额中回和后顶叶区域，这些区域通常与空间信息的处理和认知资源的协调有关系。[3] 联系汉字的特点就可以明白为什么。相比英文，汉字是表意文字，既与语音相关联，又具有独特的空间表征方式。

教师和家长可能发现阅读障碍学生读课文速度非常慢，而且即使一些认识的、非常常见的字词也读得很慢。比如"你""的"这类常见的汉字。如果询问阅读障碍学生，他可能会告诉你，在看到字词时，不能第一时间读出来，不确定自己是否认识，要等一等才能知道。原因正如上所述。普通读者能够"自动"识别的字词，阅读障碍者则需要经历类似"手动"识别的过程。也有些学生速度没有那么慢，但是错误非常多，这是另外一种类型。但也有些学生表面上看阅读速度比较快，但经过仔细观察和访谈学生，可能会发现，这是学生的一种掩饰策略，他并没有真正解码文字去读，而是凭着想象在"编"。

越来越多的发现

阅读障碍致病机制是心理学、教育学、神经科学等多个领域的热点研究问题之一，在分子遗传学、脑机制、认知加工、语言学层面均有相关的

---

[1] 经济合作与发展组织. 理解脑：新的学习科学的诞生[M]. 周加仙，等，译. 北京：教育科学出版社，2014：110.

[2] 冯小霞，李乐，丁国盛. 发展性阅读障碍的脑区连接异常[J]. 心理科学进展，2016(12)：1864.

[3] 经济合作与发展组织. 理解脑：新的学习科学的诞生[M]. 周加仙，等，译. 北京：教育科学出版社，2014：106.

研究发现。

目前已达成共识的研究结论有——

阅读障碍是一种具有神经生物学基础的发展障碍。

大脑某些区域的功能变异是阅读障碍发生的神经基础。

不同文字系统所形成的大脑主要功能区基本相同，但又并不完全相同。

但是再进一步追问：汉语阅读障碍的成因是什么？汉语阅读障碍核心缺陷是什么？结论并不一致，甚至具体到哪些学生属于阅读障碍，由于研究者秉持的定义和评估工具不同，结论也可能有所不同。

作为教师和家长，我们的探索和理论研究学者们的不同在于：我们的目的是在可操作的层面帮助现实中的孩子，而不是进行纯粹的理论探索。可能汉语阅读障碍深层机制的研究还需要一个较长的过程。研究可以等，但孩子不能等。他们就在我们身边、在我们眼前，他们亟须帮助。

所以，建议教师和家长不要囿于理论，可搁置争议、兼容并学。凡是具有神经生物学基础的阅读困难学生，都可以纳入我们的视野。不管从理论或标准诊断角度是否会被认定为阅读障碍儿童，阅读障碍的相关知识都有可能帮助他们。越来越多的甚至结论不同的阅读障碍成果的出现，能够为我们如何帮助学生提供更多的研究思考，不妨多听、多学、多实践。

帮助阅读障碍者的过程中，要特别注意摒弃简单思维的影响，不能认为某种单一的策略或方法就可以解决阅读障碍问题。阅读障碍者是异质性非常强的一个群体，他们之间的个别差异很大，需要具体问题具体分析。我们不应止步于判断学生是否属于阅读障碍者，而是看到造成学生阅读困难的原因有哪些，整体考虑该如何帮助他们。

具体来说，关于阅读障碍的成因与核心缺陷研究，可以简单归结为语言特异性理论和非语言特异性理论两类[1]。

---

[1] Vellutino, F. R., Fletcher, J. M., Snowling, M. J. & Scanlon, D. M. Specific reading disability (dyslexia): what have we learned in the past four decades? [J]. Journal of Child Psychology and Psychiatry, 2004(1): 2—40.

语言特异性理论

语言特异性理论认为阅读障碍者的言语信息表征及加工存在缺陷。

拼音文字条件下的发展性阅读障碍的研究一致表明,语音加工缺陷是阅读障碍的主要缺陷,其研究主要围绕语音意识缺陷和语音短时记忆缺陷展开。①

语言系统分很多层级,其中高层级包括语义、语法和话语等成分;最底层是语音模块,专门用于处理语言中的不同声音元素,而阅读障碍就是语言系统中的语音模块受损造成的。② 语音模块的缺陷会损害解码能力,与此同时,理解所必需的所有高级功能都是完好无损的,因此阅读障碍儿童在形成概念、理解文字方面的功能并没有缺陷。

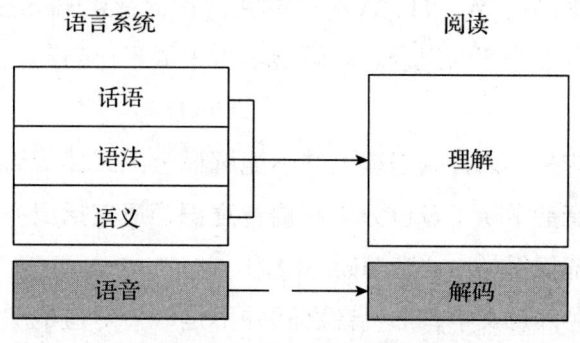

图 3-5　阅读障碍的悖论③

为什么语音模块的缺陷会损害解码能力呢?以下以英文为例说明。

看起来,阅读似乎是从字形直接到字义的加工过程,实际上,大脑的加工并不是直接从字形到字义,中间还有字音的环节。阅读需要"进行语音转换"。

---

① 孟泽龙,张逸玮,毕鸿燕. 发展性阅读障碍亚类型研究进展[J]. 心理发展与教育,2017(33):115.
② 萨莉·施威茨. 聪明的笨小孩[M]. 刘丽,康翠萍,等,译. 北京:北京师范大学出版社,2019:49.
③ 萨莉·施威茨. 聪明的笨小孩[M]. 刘丽,康翠萍,等,译. 北京:北京师范大学出版社,2019:5.

阅读并没有融入人类的基因，人类的大脑中没有专门的阅读模块。人类阅读需要借助语言模块。为此，读者需要把书面文字转换为语言代码——音素代码(语言系统唯一识别和接受的代码)[1]。

　　在解码一个单词之前，还必须进行一系列的心理与大脑的运作。大脑先将每个字母串分离开来，然后重组成一个由单个字母、双字母、音节、词素构成的层级结构。我们感觉阅读毫不费力，只不过表明这些分解与重组阶段已经变得完全自动化、无意识了。[2]

　　对阅读障碍孩子来说，语言系统中的音韵模块出现了小故障，阻碍了他们音素意识的发展，进而影响他们将口语单词切分成更小的声音单元。对音素的界定不那么清晰，使这些孩子很难破译阅读密码。

　　伊夏英语课上嘴唇嚅动，一个字母一个字母地试图发音，但没办法拼出一个完整的单词："W、H、A……"这可以用语音意识缺陷来解释。他难以将英文单词有效分解与组合。对同龄学生来说早已自动化的阅读，对他来说困难重重。

　　需要注意的是，语音缺陷理论并不能解释全部阅读障碍现象。从语言学角度来看，音韵学除了音位分类和语音意识，还包括很多方面，发展性阅读障碍不可能仅仅是由语音障碍造成的。[3]

　　汉字是一种表意文字，形、音之间并不是一一对应的关系。因此，我国学者研究认为，与拼音文字相比，语音意识在汉语阅读中的作用没有那么显著[4]，语音意识可能不是汉语阅读障碍的主要缺陷，汉语阅读障碍表现出多种认知缺陷，主要为正字法意识缺陷、语素意识缺陷、快速命名缺陷、语音意识缺陷。[5]

---

　　[1] 萨莉·施威茨. 聪明的笨小孩[M]. 刘丽，康翠萍，等，译. 北京：北京师范大学出版社，2019：59—60.
　　[2] 斯坦尼斯拉斯·迪昂. 脑与阅读[M]. 周加仙，等，译. 杭州：浙江教育出版社，2018：244.
　　[3] 刘丽婷，颜文靖. 发展性阅读障碍的理论及其认知神经科学研究[J]. 重庆广播电视大学学报，2010(8)：80.
　　[4] Ho CS, Chan DW, Lee SH, Tsang SM, Luan VH. Cognitive profiling and preliminary subtyping in Chinese developmental dyslexia[J]. Cognition, 2004(1)：43—75.
　　[5] 刘丽，何茵. 汉语发展性阅读障碍的认知神经机制研究及教育启示[J]. 教育发展研究，2018(12)：64—66.

正字法是文字的形体标准和书写规则，正字法意识是指儿童对汉字构件组合规则的意识。一些汉字结构复杂、笔画繁多，并且无法直接通过发音记忆字形，因此正字法规则的习得对儿童来说具有挑战性。语素意识是指儿童对词汇语素结构的理解和认知加工能力。语素是语言中最小的音义结合体，汉字字形与字音之间没有严格的对应规则，但字形与字义之间则有比较明显的对应关系(比如"江""河""湖""海"都有一个表义的形旁"氵")，因此语素意识对汉语阅读者而言可能更为重要。快速命名主要考察儿童对熟悉刺激加工的自动化程度，有研究发现快速命名任务对于汉语阅读流畅性的影响最突出。[1]

正字法意识、语素意识、快速命名将在第 7 节"汉语阅读障碍的标准化评估"中结合实例详细介绍。

一般感知觉缺陷理论

非语言特异性理论认为阅读障碍主要是由更底层的视觉、听觉加工等认知能力发展不完善或损伤造成的[2]。这里举我们最容易理解的两类代表性理论：一般感知觉缺陷理论和小脑缺陷理论。

一般感知觉缺陷理论认为，阅读障碍者语言层面的缺陷只是外在表现，更基本的感知觉加工缺陷才是导致阅读障碍的真实原因。有研究发现，汉语发展性阅读障碍儿童在阅读加工的各个环节，如视知觉、听知觉、注意力方面等均受损害[3]。对阅读影响最大的两种感知觉是听觉与视觉。

听觉加工

研究者发现阅读障碍在运动知觉、平衡、触觉等多种感觉通道都存在加工异常，可能反映了不同感知觉异常背后还存在共同的内在机制——时

---

[1] 刘丽，何茵. 汉语发展性阅读障碍的认知神经机制研究及教育启示[J]. 教育发展研究，2018(12)：64—66.
[2] 黄晨，赵婧. 发展性阅读障碍的视觉空间注意加工能力[J]. 心理科学进展，2018(1)：72.
[3] 卢珊. 发展性阅读障碍儿童认知特征与脂肪酸代谢的研究[D]. 武汉：华中科技大学，2007：2.

间控制问题。① 其中，听觉加工障碍观点认为阅读障碍不仅仅局限于语言学的语音加工领域，在非语言的快速听觉加工方面也存在障碍。

听觉时间加工缺陷是一种产生于基础感知觉层面、具有跨语言一致性的一般感知觉缺陷，可能是阅读障碍语音缺陷背后的原因。听觉时间加工缺陷不仅会干扰语音加工，导致难以操纵形—音对应关系，从而影响阅读；而且还会干扰注意的分配和动态转换，导致关键的语音信息很难被及时捕捉，进而降低阅读效率。不过，目前对于阅读障碍的听觉时间加工缺陷研究还有许多问题没有得到充分解释。②

我遇到过这样一名学生，刚上一年级时，各科老师反映孩子能规规矩矩地坐在椅子上，但是对老师的指令木木的，总是没有反应。经过测试，孩子推理能力水平接近优秀。孩子反映听不清老师在说什么，尤其是英语课。每天上课老师都会说"Stand up"，他听不清，只是按照机械记忆，知道每天这个时候老师说的应该是这个内容。家长也分不清孩子只是听英语有困难，还是听汉语也有困难，或是区辨其他声音都有困难。日常生活中每次叫孩子，他都半天才有反应，家长想当然地认为是孩子没有认真听。就孩子自己来说，因为其他非语音声音一般并不要求准确听辨，孩子也无从比较不同种类声音听得清和听不清有什么区别。

视觉加工

近些年，媒体宣传总会突出阅读障碍者的视觉问题。像伊夏说的"字母在跳舞"，还有人说看不清楚文字，文字是闪烁的，还有人看到的文字不完整……这些特点确实让人印象深刻，而且和阅读的关联看起来也很直接。

20世纪80年代初提出的视觉加工巨细胞缺陷理论一定程度上能解释上述现象。这一理论的核心观点是，阅读障碍者视觉神经系统中的巨细胞功能缺陷，导致阅读障碍者的眼动异常、眼球控制异常、运动知觉能力异

---

① 孟祥芝，周晓林，曾飚，等. 发展性阅读障碍与知觉加工[J]. 心理学报，2002(4)：439.
② 王润洲，毕鸿燕. 发展性阅读障碍的听觉时间加工缺陷[J]. 心理科学进展，2021(7)：1231—1235.

常，造成视像混乱不清，对某些视觉信息加工困难，进而影响阅读。[1]

近年来学者们对"视觉拥挤效应"有较多关注。所谓视觉拥挤效应，是指由于周围其他刺激的存在，使得对中央凹及外周视觉区域内目标刺激的识别受损的现象。[2] 我们可以这样理解：阅读时，需要在一行行文字中准确识别每个文字，但周围的文字会造成干扰，影响准确地阅读。就好比在拥挤的人群中，我们不太容易找到想找的人一样。

此外，阅读障碍的注意缺陷主要发生在选择注意和注意转换上。在视觉选择注意上，有的阅读障碍学生存在"左视野忽视"现象，同时右视野存在阅读干扰信息的抑制能力不足。研究者指出，右视野过度干扰相比左视野忽视对阅读所起的作用可能更大[3]。许多研究者试图通过注意缺陷来整合阅读障碍患者在知觉加工的各种缺陷，进而在基本感知觉功能缺陷和高级的语言认知加工过程之间建立连接[4]。实际上，这种"左视野忽视"属于视觉加工问题。具体原因还需要从医学角度进一步探索。

有一位阅读障碍孩子曾这样描述类似的感受："我不喜欢看书，那些字都挤在一起，密密麻麻的不舒服""这两张图有差别吗？看起来是一样的啊，都是黑乎乎的一片""看时间长了感觉书在动"……了解阅读障碍之前，教师和家长听到孩子说类似的话，很可能会忽略，或不满孩子胡说八道。了解相关知识后，我们反而要引导孩子说出更多自己的感受。

实际上，和听觉问题一样，孩子能说出来的也会很有限。有些视觉问题是读书时间较长之后才出现的，孩子为避免这种不良的感受会逃避阅读，真正的问题被学习态度掩盖。教师和家长都将精力放在如何端正孩子学习态度、激发阅读兴趣上，往往发现不了背后真正的原因。

---

[1] 罗艳琳，陈昭燃，彭聃龄. 阅读障碍的巨细胞系统缺陷理论之争[J]. 心理科学进展，2008(3): 497.

[2] 郭志英，谭珂，宋星，等. 视觉复杂性和字间距调节汉语发展性阅读障碍儿童的视觉拥挤效应：来自眼动的证据[J]. 心理与行为研究，2018(5): 603.

[3] 曾飚，周晓林，孟祥芝. 发展性阅读障碍的注意缺陷研究现状[J]. 心理发展与教育，2003(2): 92—94.

[4] Hari R, Renvall H. Impaired processing of rapid stimulus sequences in dyslexia[J]. Trends in Cognitive Sciences, 2001, 15: 525—532.

有一些阅读障碍专家会建议家长先带孩子去医院检查一下，这个思路是对的。然而我们也要知道，医院检查没有问题并不代表真的没有问题。一方面我们如果没有说清楚孩子的情况，只做一般的检查是没办法检查出来的；另一方面我国目前多数医院的眼科医生可能还没有关注到这一层面。

小脑缺陷理论

在探查阅读障碍病因的研究中，不仅有与大脑相关的成果，有研究表明，阅读障碍也与小脑异常有关，但到目前为止仍不清楚两者的具体关系。小脑在阅读障碍中可能发挥着多种功能，且小脑异常与阅读障碍可能互为因果。[①]

小脑主要负责运动，技能自动化出现问题一般指向小脑，阅读障碍者小脑结构异常（小脑体积减小、不对称性缺失），在阅读准确性、流畅性、阅读理解等多项测验上的得分与小脑激活程度呈显著负相关，表明小脑在快速流畅阅读中可能发挥着潜在的重要作用。[②] 小脑缺陷理论直接从脑机制的角度解释阅读障碍的成因，认为小脑功能失调影响了运动技能或自动化水平，进一步导致发音技能与拼写等多方面的加工困难，最终影响阅读。[③]

伊夏动作不协调，扣扣子、绑鞋带困难，可以用小脑功能异常来解释。伊夏很难参与同龄孩子痴迷的球类运动，因为他很难接住球，无法将"大小""距离""速度"相互关联，等他反应过来已经晚了。另外，伊夏书写速度慢、动作笨拙、朗读的准确性和流畅性不足这些都可能与小脑有着直接或间接的关联。

生活中我们还经常听到的一个词是"感觉统合失调"。但同时以"阅读障碍""感觉统合"作为关键词，检索到的核心期刊论文并不多。有研究认为阅

[①] 李何慧，黄慧雅，董琳，等.发展性阅读障碍与小脑异常：小脑的功能和两者的因果关系[J].心理科学发展，2022(2)：343.
[②] 孟红霞.发展性阅读障碍的小脑缺陷理论[J].佳木斯职业学院学报，2021(10)：49—50.
[③] 卫垌圻，曹慧，毕鸿燕，等.发展性阅读障碍书写加工缺陷及其神经机制[J].心理科学进展，2020(1)：75—76.

读障碍与感觉统合有关，儿童感觉统合失调时前庭功能失衡，当头部运动时眼睛在空间视物不稳定，导致阅读中容易出现跳行、漏行等。对事物的结构和空间知觉障碍导致难以辨别图像的细微差异，因而感觉统合失调可能带来阅读、学习的困难。[①] 但关于感觉统合训练对阅读障碍是否有效目前还缺少一致的实证研究支持，甚至关于感觉统合理论本身也还存在一些争议。

"感觉统合"这个词我们更多是从社会培训机构听到的。我也经常被教师和家长提问感觉统合训练到底对帮助阅读障碍学生有没有用。了解小脑缺陷理论和运动书写障碍会知道，书写困难、阅读障碍可能都与小脑功能失调有关系。但目前不少社会培训机构的感觉统合训练充其量只能算是感觉刺激，还称不上感觉统合。在没有足够研究结论支撑的情况下，建议我们可以保持空杯的心态，学习、了解，甚至实践，同时一定抱有批判鉴别的眼光。

关于阅读障碍的成因机制还有其他的说法，比如视觉空间认知障碍、工作记忆障碍和元认知能力障碍等几大假说[②]。上面某些理论所阐释的可能未必是阅读障碍本身，或者并不只存在在阅读障碍学生身上。但上面这些情况确实是阅读障碍学生常见的问题，即使未必是阅读障碍的本质缺陷，至少可以理解为是某些阅读障碍学生经常合并的问题。这些理论为深入而全面地理解阅读障碍、有效帮助阅读障碍学生提供了有价值的参考。

要点小结

1. 阅读障碍不是习惯与态度问题，是客观生理问题。
2. 发展性阅读障碍的困难主要在于底层的字词解码，而非阅读理解。
3. 应把阅读障碍看作是另一条发展道路，而不是一种无法克服的学习

---

① 韩娟，石淑华，时俊新，等. 汉语阅读障碍儿童感觉统合能力评定研究[J]. 中国学校卫生，2007(4)：330.

② 赵微，方俊明. 阅读困难儿童认知加工过程研究的理论分歧[J]. 陕西师范大学学报：哲学社会科学版，2004(4)：123-127.

障碍。

4. 阅读障碍的成因与核心缺陷，可以归结为语言特异性理论和非语言特异性理论两类。

5. 语音缺陷理论被认为是拼音文字系统阅读障碍的核心缺陷，汉语阅读障碍的核心缺陷研究结果尚不一致。

6. 我们不应止步于判断学生是否存在阅读障碍，而是看到造成学生阅读困难的原因有哪些，整体考虑该如何帮助他们。

推荐资源

斯坦尼斯拉斯·迪昂. 脑与阅读[M]. 周加仙，等，译. 杭州：浙江教育出版社，2018.

04　阅读障碍者也能成功吗

阅读障碍者也能成功吗

看到阅读障碍者的种种表现，教师、家长，甚至阅读障碍者本人可能都会陷入迷茫甚至沮丧之中。尤其在了解阅读障碍的发病机制后，可能会更加担忧：阅读障碍者的困扰如此之大，他们能成功吗？如果我的学生或者孩子是阅读障碍者，是不是意味着他的人生就只能放弃了呢？

热身练习

以下均是大家熟悉的成功人士，他们中是阅读障碍者的有（　　）。【可多选】

A. 科学家爱因斯坦

B. 童话作家安徒生

C. 苹果公司创办人之一乔布斯

D. 艺术天才巴勃罗·毕加索

E. 动画大师华特·迪士尼

他们无一不是有名的成功人士，令许多人羡慕。

他们之中也有阅读障碍者吗？您会不会认为他们都不是，或者只有几个人是？

答案是，根据目前的信息，他们都是阅读障碍者。当然有些人现在已经难以确认他们是否确实有阅读障碍（比如爱因斯坦、毕加索、安徒生），认为他们属于阅读障碍者只是后人的推测。

他们是各个领域的精英，有科学家、作家、商业精英、艺术家，他们不但没有被看起来可怕的阅读障碍打败，反而获得了常人难以企及的成就。

患有阅读障碍的还有英国前首相丘吉尔、美国前总统肯尼迪等。

患阅读障碍的成功人士远远不止于此，这个名单可以拉得很长。还有宜家创始人英瓦尔·坎普拉德、福特汽车公司建立者亨利·福特、"拳王"穆罕默德·阿里、脱口秀主持人乌比·戈德堡、著名导演史蒂文·斯皮尔伯格……

这个人数远比我们想象的要多。伦敦城市大学的朱莉·洛根（Julie Logan）的研究报告指出，相当一部分成功的企业家都是阅读障碍患者，该比例达到三分之一，许多过去几十年来最著名的创业者都榜上有名。

更不可思议的是，他们也可以从事与阅读密切相关的工作，安徒生就是一位作家。阅读障碍者也可以成为教师。我本人就至少接触过5位教师认为自己是阅读障碍者，只不过他们之前没有听说过阅读障碍，不知道自己为什么和别人不一样。了解阅读障碍后才恍然大悟，实际上自己就是阅读障碍者。

如此看来，阅读障碍并没有禁忌从事的职业。他们能够从事任何一个职业，并且能够表现出色。

这是为什么呢？可能有三种原因：

（1）虽然阅读障碍是负面因素，但只是特异性障碍，仅仅影响读写；如果其他能力超强，依然能够成功。

（2）阅读障碍者具有某些特殊的优势与潜能。

（3）阅读障碍是一种"值得经历的困难"，在与缺陷做斗争的过程中能够学到平常学不到的东西，这种缺陷反而成为了一种巨大的优势。[1]

---

[1] 马尔科姆·格拉德威尔. 逆转[M]. 王占华，译. 北京：中信出版社，2020：77.

阅读障碍者的特殊优势

绝大多数人对阅读障碍者的第一印象可能是负面的。但其实阅读障碍者也有让人羡慕的独特优势。

香港特殊学习障碍协会网站这样描述阅读障碍者的"独特"之处（见图 4-1）：目光远大、放眼远处；对不同的事物特别敏感；强烈空间感；图像思维；高度创造力；跳出框框的思考方法；擅于多向思维。[①] 这里的每个特点，看起来都散发着与众不同的光芒，令普通人羡慕不已。

* 目光遠大、放眼遠處（Seeing the bigger picture）
* 對不同的事物特別敏感（Finding the odd one out）
* 強烈空間感（Good spatial knowledge）
* 圖像思維（Picture Thinkers）
* 高度創造力（Highly creative）
* 跳出框框的思考方法（Thinking outside the box——problem solving）
* 擅於多向思維（Skilled at multidimensional thinking）

图 4-1 特殊障碍的独特之处

正如并非每位阿斯伯格综合征患者都能像电影《雨人》中的主人公那样具有超强的照相记忆，也并非每一位阅读障碍者都具有上面所有突出的优势。但阅读障碍者确实与众不同，只是程度与具体表现有所差异。值得注意的是，这些优势目前还远未被教师和家长当作一种优势而被关注，更多是当作一种"怪异"的表现，甚至当作障碍的一部分。包括阅读障碍本人也一样，他们未必意识到自己具有上述优势，或者即使意识到了也没有觉得是自己的优势，反而觉得是羞于启齿的事情，似乎是自己阅读不好的伴随表现。

读者中存在阅读障碍的朋友，不妨重新静下心来，探索一下您的身上是否隐藏着一些不为自己所知、所懂的优势。

---

① https://asld.org.hk/認識學障/特殊學習障礙/讀障的優勢/

阅读障碍学生最怕在课堂上被当众叫起来朗读课文；成人也一样，他们怕朗读，怕发言，因为不少场合的发言都需要照稿念以示正式。然而也有一些阅读障碍者对我说，正是因为存在阅读困难，会迫使他们形成脱稿发言的独特风格。

因为没有文稿可参考，需要提前做更充分的准备，需要把想表达的内容在脑子里反复考虑，反而更容易跳出框框，多向思考，"放眼远处"，更富有创造力。在发言过程中，不是看稿子而是看听众，这样更容易关注到听众的反应并随时调整，更具有"敏感性"，互动感更好。

跳出框框思考、多向思维、放眼远处、创造力、良好的互动感这些能力无疑是任何职业都需要的。尤其是政治家和商业人士，他们更需要深远地看待眼前的问题，更需要摆脱惯性思维、多角度分析问题、抓住关键、解决复杂问题。阅读障碍者所具有的能力正好能够帮到他们。苹果公司创始人乔布斯被认为是计算机业界的标志性人物，1998年苹果公司推出个人电脑iMac，创新的透明外壳设计使得产品大卖，并让苹果公司度过财政危机。也许正是阅读障碍所具有的优势帮助了他和像他一样的成功人士。

不少阅读障碍学生都描述，自己在阅读时，脑子中呈现的是生动的画面，好像自己的大脑在把文字转换成画面。这正是"图像思维"的生动表现。这种特点是否帮助阅读障碍者在某些领域获得了独特的优势？达·芬奇是意大利文艺复兴画家、科学家、发明家，被认为是罕见的跨界奇才，是"文艺复兴时期最完美的代表"，他的杰作《蒙娜丽莎》无人不知。这样一位旷世奇才被后人认定患有注意缺陷多动障碍与阅读障碍。

达·芬奇是否患有阅读障碍，今天已经无法查证，但马来西亚插画作家文斯·洛不但能确定是阅读障碍者，而且他的经历与作品都与阅读障碍有极大的关联。让我们通过《他患有阅读障碍症，曾加入帮派，如今靠"乱画"成为著名插画家》这篇报道的节选来了解一下他[①]。

---

① https://baijiahao.baidu.com/s?id=1669535697016651867

最初，他感到非常不安，甚至一度堕落到加入街头帮派，又过了很长一段时间，才逐渐接受自己患有阅读障碍的事实。一直以来，文斯·洛都想知道为什么在别人看来非常容易的阅读、拼写，自己做起来却总是异常困难。在找到答案后，他决定用涂鸦艺术让更多的人了解阅读障碍症，而不只是简单地给这个群体打上"笨"的标签。文斯·洛的作品很快在国际上引起了轰动，英国的《每日邮报》和美国的《赫芬顿邮报》都报道了他的经历。在社交媒体上，他还拥有了来自世界各地的追随者。文斯·洛的人物肖像画完全由看起来是"自由流动"的墨水笔迹组成，无数紧密缠绕的曲线塑造出了富有艺术性的图画。

很多时候，我们所以为糟糕的事情，或许可以转变为人生中的惊喜。就像文斯·洛，因为有阅读障碍，他难以用语言准确表达自己的内心，在漫长的摸索中，他发现艺术是一种能够流畅抒发感受的方式，由此，他走上了学习艺术的道路。可以试想，如果没有阅读障碍，文斯·洛可能这一生都不一定会接触艺术，更别提凭借自己的涂鸦作品取得今日的成就。当然，这并不是说文斯·洛需要感谢阅读障碍，他要感谢的，是那个一直在尝试新表达方式的自己。

阅读障碍本会是困扰文斯·洛一生的病症，但他却把这一劣势转化成了作画的"优势"。他把自己眼中的文字用杂乱无章的线条表现出来，使人们能够理解阅读障碍症患者看书时的感受。巧妙的是，这些"乱七八糟"的涂鸦最后形成了栩栩如生的肖像。此外，文斯·洛画不同的人物时所使用的线条也有一定的差别，因为他想通过呈现人物不同的表情和姿态来表达他想讲述的故事。例如，查理·卓别林的幽默肖像是用弯绕的曲线绘成，营造出一种嬉戏的感觉，而摇滚吉他手 Slash 则用锯齿状的笔触体现出他狂放的性格。

值得经历的困难

特殊优势强调的是先天因素，本身就是优势；"值得经历的困难"则承认阅读障碍是一种困难,但在与困难相处的过程中,经过后天的磨砺成为一种独特的财富。"值得经历的困难"的概念由美国心理学家罗伯特·布约克和伊丽莎白·布约克(Robert & Elizabath Bjork)提出。

传统的观点认为劣势就是人们应该避免的东西,这是一种阻碍,或者一种困难,会让你变得越来越不好,但事实并不总是如此。

美国超级大律师大卫·博伊斯(David Boies)的故事[①]

小时候,博伊斯喜欢看漫画书,因为这类书有许多图片,容易看懂。但看书对他并非易事,一直到今天,他一年也许就只能读一本书。相比之下,他看很多电视,什么节目都看,因为电视"在动,是彩色的";直到今天,身为著名的律师,他的词汇量仍然有限,通常都使用简单的词语和简短的句子。

博伊斯高中毕业时并没有什么远大的志向。他的成绩很差,毕业后早早在建筑公司找到了一份工作,还做过一段时间的会计。但自从他的第一个孩子出生之后,他开始真正为自己的将来做考虑了。当时,妻子从社区大学带回了一些宣传册,博伊斯记得自己小时候对法律特别着迷,于是决定去读法学院。

要学法律就必须会阅读,因为要阅读大量的案例,以及学术分析资料。而对博伊斯来说,阅读是一件很难的事,而他竟然去学法律!这个想法看起来太疯狂了。

决定学法律后,博伊斯在一所小型的私立学校修了几门课,然后想办法把自己送进了西北大学法学院,随后又转学去了耶鲁法学院。上了法学院就意味着阅读量更大了。他的阅读障碍并没有消失,读大量文件很困难。怎么办?他想办法找到了一些重大案件的总结,这些总结提炼出了美国最高法院对案件的观点,内容不过一两页,通过阅读这些总结他让自己跟上学习进度。

[①] 马尔科姆·格拉德威尔. 逆转[M]. 王占华,译. 北京:中信出版社,2020:71—92.

此外，他还是一个很好的听众。"听是我这辈子最重要的事。我要学会听，因为这是对我唯一有效的学习方式。"他坐在了法学院的教室里，其他人奋力做笔记的时候，他把听到的东西都记了下来。

他的记忆力非常好，一个主要的原因，就是他很小就开始锻炼自己的记忆力，注意力特别集中，能记住妈妈给他念的内容。也许他做不了一个高效的读者，但他会听！

博伊斯知道自己的优点和缺点在哪里。成为律师之后，他并没有选择去公司当律师，因为公司律师要看堆成山的文件，还要理解脚注里每一个字的意思。

相反，他成了一名诉讼律师，这是一份可以让他独立思考的工作。他把要说的东西都记了下来。出庭期间，当他遇到一个念不出来的单词时就会结巴，这时他便会停下来，像个孩子一样拼出那个词。但他在盘问证人时，却表现得异常完美，因为他不会错过证人发言的任何细微变化，比如措辞的微妙之处。证词的每个细节他都能清晰记忆，不管是发生在一小时、一天还是一周之前。

"毫无疑问，如果我能读得快一些，那很多事做起来就容易了。"博伊斯说，"但换个角度来看，因为我阅读能力不行，所以我只能通过专心听讲、问问题来学习。这就意味着我必须简化问题，直接提取出问题的本质。这种做法具备强大的力量，因为在庭审时，法官和陪审团都没有时间、精力去深究案件。我的一个优势就是将这些案件以通俗的方式展现出来，好让他们明白。"

而他的对手都是善于阅读的"学者型"律师。他们列出了案件的所有可能性分析，但这往往让他们陷入细节，不能以简单、通俗的方式去表达观点、说服观众。

博伊斯最初只有高中教育程度，而且是阅读障碍者，最终却成为世界上最著名的律师之一。他身上有一些值得注意的特质，也许正是这些特质不但没有让阅读障碍击败他，反而造就了他，造就了"他们"——阅读障碍者。

兴趣与动机。博伊斯之所以能够成为知名的律师，与小时候就对法律痴迷有极深的关系。强烈的动机让他能够克服重重困难，坚持到底。

勤奋与毅力。律师是离不开读写的一个职业，作为阅读障碍者博伊斯花在读写上的精力是常人难以想象的。葛瑞米·哈蒙德（Graeme Hammond）是一名外科名医，认为读写障碍让他因祸得福，因为阅读困难赐予他无限的毅力，他的一生都在努力奋斗①。

关注优势。发展阅读之外获取信息的优势通道，比如看电视、倾听，而且有意识地练习倾听能力与记忆力，分析要点，捕捉细节……美国弗吉尼亚州前州长加斯顿·卡佩顿（Gaston Caperton）相信：阅读障碍是一项"极大的资产"，使他拥有更好的直觉力、成为更具独创性的思考者，而且有更多创造力。他相信由于读写障碍，他培养出更多同理心，并对别人有更多了解。②

勇于争取，把握时机。阅读障碍者不怕失败，已经没有什么害怕失去的，更加勇于争取。好莱坞制片人布莱恩·格雷泽（Brian Grazer）高中成绩不佳，软磨硬泡缠着老师再给他一次机会，屡次成功。这让他产生做可以推销自己的事的信心。

上面所说的重要能力并非阅读障碍者独有，而是所有人都可能拥有的关键能力。只不过阅读障碍者在常人很容易完成的读写任务上需要花费的精力过大，他们从刚开始接触读写就遇到了人生难以克服的巨大障碍。这种经历可能过早地"打败"了一些人，同时也成就了一些人，让他们比常人更早地学习面对困难、扬长避短、抓住机遇的方法。

作家安徒生的故事

安徒生的童话风靡世界，却很少有中国读者知道他的写作之路异常坎坷，可以说他是在不断抵制否定与嘲笑的过程中成长起来的。其中原因很

---

① Sally Shaywitz. 战胜读写障碍[M]. 吕翠华，译. 台北：心理出版社，2014：370.
② Sally Shaywitz. 战胜读写障碍[M]. 吕翠华，译. 台北：心理出版社，2014：374.

多。在安徒生生活的时代,人们并没有阅读障碍的概念,今天看来,阅读障碍正是造成安徒生作家之路的重大困扰之一。他的自传生动地描绘了这些情况(以下引号内的内容摘自《安徒生自传:我的童话人生》[①])。

安徒生创作的第一部戏剧作品因为文法错误被嘲笑。"因为没有一个人帮我,拼写上几乎没有一个单词是正确的。"他被建议"再上一遍文法学校",于是17岁的他和小孩子一起学习,"有时连名字的发音都出错"。

即使上过文法学校,即使异常勤奋,即使已经"始终如一地按照既定的拼写规则尽力拼写",安徒生在写作《步行记》时依然感到"某些方面停滞不前,甚至退步,最明显是表现在语法上"。"人们把这些错挑出来,唠叨个没完,还不时取笑我、指责我。与此同时,却对我优美的诗意描写视而不见。我很清楚,他们读我的诗歌只是为了要挑语言上的错,或查看我经常使用哪个词和同样的表达。"

当安徒生将《即兴诗人》呈献给克里斯蒂安王子时,王子说,书中尽是草率马虎的拼写,读者会因此而忘掉到哪儿去寻找作者的才华;这样的印刷错误真把一本好书给糟蹋了。

虽然国内的评论多是嘲笑与指责,但安徒生并没有放弃写作,因为他"能感到自己内心精神上的创作欲望"。他异常痴迷写作,有着"显而易见的天赋和坚持不懈的努力"。

他的作品在国外引起热烈反响,与在丹麦国内形成鲜明对比。他"越来越多地得到来自海外的广泛赞誉",甚至"在国外,哪怕最挑剔的评论家都对我的书给予好评"。为什么会出现这种奇怪的现象呢?可以想见,安徒生作为一名阅读障碍者犯的拼写错误,在翻译成另外一种文字时都被修改过来了。译本读者们看到的更多的是作品的内容,而不是文字形式上的错误。而他在本国却迟迟得不到认可的一个重要原因是,本国人能够清晰地看到他的文法错误,文字层面的错误遮蔽了他的才华。

安徒生披荆斩棘,终于在丹麦本土文学界获得承认后,他感到"内心晴

---

① 安徒生. 安徒生自传:我的童话人生[M]. 傅光明,译. 上海:上海译文出版社,2019:39—454.

空万里，一片澄碧"。"心情归于平静之后意识到，我所经历的一切，甚至包括生活中的苦难历程，对于今天的发展和幸福来说，都是必要的。"他决定写一部自传，"仿佛是为下一代人而写"，会"简明地讲讲上帝让我接受些什么考验，让我克服些什么，将会极大地鼓舞许多在奋斗的有天赋的人"。

安徒生的童话给无数经历挫折与痛苦的人带去温暖和希望，这正得益于他披荆斩棘、不断反省净化的人生经历。可以说，他的一生简直就是他的童话《丑小鸭》的缩影。

因为安徒生曾经在出版新书时请人重新校对，所以我们也不能验证他后来拼写错误是否减少了。但是能断定的是，他在才华方面的探索从未停止，最终他领悟到，正是所经历的苦难成就了他。

独特的"礼物"

香港特殊学习障碍协会网站上有这样一幅图(图4-2)，呈现了读写障碍者的两极分化：35％不能完成学业，50％的在监狱的青年有读写障碍，60％的在戒毒或戒酒的青年有读写障碍；反之，35％的有成就的企业家、40％的白手起家的富商、50％的美国太空总署职员有读写障碍。

图 4-2 读写障碍的优势——一线之差①

---

① https://asld.org.hk/認識學障/特殊學習障礙/讀障的優勢/

差距天壤之别、触目惊心。

障碍相同，为何发展如此悬殊？可以做这样的解释——

所谓障碍的生理因素本身只是"差异"，甚至可能是潜在的优势。"环境"不良才最终导致"障碍"。

"环境"中最重要的一条莫过于重要他人的态度：教师与家长的态度。

在我所接触的成人阅读障碍成功者中，谈到关键因素，首先提到的就是家人或者教师的理解和支持，他们没有因为阅读表现出的匪夷所思的问题被嘲讽、被抛弃，而是被完整地"看到"，发现自己的优势与能力，得到足够的肯定与鼓励，甚至得到暖心的策略支持。

正确看待阅读障碍，发展优势，引导学生与阅读障碍"和平共处"非常重要。

有人曾使用"gift"一词来描述阅读障碍，这个词同时有"天赋"与"礼物"两个含义。虽然很难机械地说明阅读障碍到底给人们带来了什么天赋，但从阅读障碍成功者身上，确实看到他们都接纳了自然赠送给他们的这份特殊而珍贵的"礼物"。他们甚至认为正是这个给他们带来麻烦乃至苦难的礼物，才成就了他们。

这可以给老师和家长一个启迪：发现阅读障碍时，不必沮丧，不必惊慌，不必着急摆脱；可以静下心来，像接受一份礼物一样，欣然接受，猜想里面包裹着什么，怀着好奇之心一层一层地拆开它的包装，了解它，探索它，发现它的独特之处。

同时，不要只看到阅读障碍学生目前在阅读上的困扰，而是"完整"地看到一个人，放眼一个人长远的成长与成功。阅读技能只是成功路上的一项技能，请不要放弃其他的，甚至更重要的品质与能力的培养。

不要因为阅读障碍而放弃优势与兴趣的探索，成就一个人的不是短板，往往是他的优势。当阅读障碍者感到自己有价值时，他才有余力与阅读障碍和解，有兴趣探索这是一份怎么样的特殊礼物。自信，不放弃优势与兴趣，成就更好的自己，是阅读障碍者成功的关键。

要点小结

1. 阅读障碍者也能成功。阅读障碍者能从事任何一种职业，并表现出色。

2. 阅读障碍者可能拥有"独特"的优势：目光远大、放眼远处；对不同的事物特别敏感；强烈的空间感；图像思维；高度创造力；跳出框框的思考方法；擅于多向思维；等等。

3. 阅读障碍也可能成为一种"值得经历的困难"。

4. 阅读障碍也可以是一份"礼物"，一种"天赋"。

5. 阅读障碍的生理因素本身只是"差异"，甚至可能是潜在的优势。"环境"不良才最终导致"障碍"。

6. 不要因为阅读障碍而放弃优势与兴趣的探索，成就一个人的不是短板，往往是他的优势。

推荐资源

马尔科姆·格拉德威尔. 逆转[M]. 王占华, 译. 北京：中信出版社, 2014.

安徒生. 安徒生自传：我的童话人生[M]. 傅光明, 译. 上海：上海译文出版社, 2019.

05　阅读障碍的误区

与真相擦肩而过

如果问教师：伊夏那样的阅读障碍学生是否曾出现在您的班级？许多人可能会不假思索地说没有。然而按照阅读障碍者在人群中的比例来看，每个班级都有可能出现。实际上，他们一直在我们身边，我们每天都能见到，但他们不被我们察觉。他们就像隐藏最深的"潜伏者"，很难"识破"身份。为什么？并非他们潜伏的"演技"有多么高超，而是我们不了解他们。掌握阅读障碍的知识易，真正理解阅读障碍学生难。正是阅读障碍本身的复杂性与我们对阅读障碍的误解，让我们一次次与真相擦肩而过。

热身练习

回忆一下，面对一名阅读上存在严重困难的学生，您是怎么想的？（　　）【可多选】

A. 年级低时，读写问题开始显现，想：学生刚接触阅读和书写，经验不足，大了就好了。

B. 随着年级升高，读写问题越来越严重，想：必须加倍练习才能跟上。

C. 看到学生抗拒读写时，想：因为学生学习态度不端正，所以阅读问题难以改善。

D. 如果学生很努力，依然学不好，想：这个学生是不是智力有问题？

E. 其他。（如选此项，请写明原因）

也许上面的 A、B、C、D 选项您都做了选择，这些正是常见的教师与家长对阅读障碍学生的误解。低年级时，教师和家长常常觉得孩子的问题不大，只是缺少阅读的经验，错失了及早发现与干预的良机；随着年级的升高，孩子读写困难越来越大，孩子的抵触情绪也越来越大。教师和家长一直执着于纠正孩子的学习态度，认为他们的学业困难都是由于学习态度造成的。忘记了透过学习态度看看背后发生了什么。

以我们对一般学生的了解，重复练习能够解决一切学习困难，不怕学得慢，就怕不学习。然而对阅读障碍学生来说，他们即使付出了几倍于普通学生的努力，可能依然学业状况不佳。这时，教师和家长容易怀疑孩子是否存在智力问题。

这并不是谁的错，因为阅读障碍还没有被广泛了解，而且阅读障碍的隐蔽性与复杂性非常强，很难及早发现，很难在缺少专业支持的情况下准确判断。同时，阅读障碍学生多伴随着态度、行为、心理等各种问题，以至于很难判断学生阅读问题到底是不是由于这些问题直接导致的。

需要反思的是，为什么阅读障碍学生多同时伴随着这些问题呢？为什么阅读障碍学生智力正常，但是他们的学业表现过差，甚至在阅读上的表现比班中智力障碍学生还要差？为什么一些学习障碍学生更多的精力不是用在学习上，而是用在对抗教师与家长上，他们拒绝阅读，不交作业，考试卷一片空白？这样的表现单纯用"障碍"是不能解释的。或者说如果仅仅是因为阅读障碍，他们不至于表现如此之差。

我认为其中一个重要的原因是误解。误解带来的伤害并不亚于障碍本身。本节将以案例的形式介绍典型的阅读障碍学生表现及教师和家长的误解，帮助我们打破误区。

未被及时看到的表现

一说"阅读障碍"，教师和家长脑海中浮现的经常是做不出阅读题，理解有困难，实际上阅读障碍者并非理解有困难，而是记字困难、阅读流畅性差。记得慢、忘得快；朗读时速度慢，准确度低，停顿、语气、情感表现力等韵律感不足。记不住字，自然也就写不出来，有的还会伴随听写困难：即使是认为自己能写出来的汉字，也无法像其他同学一样自如地写出来。

普通学生觉得毫不吃力的汉字记忆对阅读障碍者而言十分费力，好不容易记住了，第二天一听写又写不出来。有的教师和家长用"鱼的记忆只有7秒"来形容阅读障碍者记忆汉字的困境。他们并非记忆力差到极点，他们在记忆其他事情上是正常的，只是特定性地记不住文字。

朗读时的速度慢、正确率低、情感表现力差也是阅读障碍学生的表现。这似乎不难理解，不认识的文字过多，自然没办法流畅地朗读。但如果细致分析会发现，他们和单纯由于识字不多而导致的朗读表现力弱不同。阅读障碍学生似乎每个字读起来都不容易，即使认识的文字也是如此。

孩子的识字和朗读的问题在学前就已经展现出来，但很容易被教师和家长误认为是识字量少、朗读经验少而产生的普遍现象。直到上小学后需要正式书写汉字，尤其是随着年级的增高，同龄学生的汉字书写越来越流畅，阅读障碍学生的问题才逐渐被关注到。但此时，他们往往已经从单纯的阅读障碍发展到合并有情绪行为问题、心理问题，甚至还可能被认为是有品行问题了。导致这种结果的可能一方面是他们一次次努力不见效果后的自我保护，另一方面则是周围人长期的误解甚至嘲讽造成的，这之中有家长、教师、同学等对阅读障碍学生来说的重要他人。

没有接触过阅读障碍的人可能会觉得奇怪，有了阅读障碍的知识不就能识别了吗？在我所接触的接受了阅读障碍培训的教师和家长中，有不少人对这个群体的认知会"反复"，即接触到专业知识后似乎理解了阅读障碍，但在遇到真实阅读障碍学生后，又开始忍不住指责学生学习态度不好。在准确理解阅读障碍学生的道路上有着重重陷阱，需要我们具有一双慧眼，越过误区，发现真相。

误区一：是智力有问题吗？

阅读障碍学生智力是正常甚至超常的。但他们中相当数量的人学业表现不佳，甚至倒数第一，还有人和倒数第二相差几十分。并且有的学生语文、英语、数学三门主科都是如此，他们的表现让人忍不住怀疑：这个孩子会不会有点儿笨？

退缩的明明

明明(化名)，一年级入学开始在主科学习上就表现出明显的不适应，与其他学生相差甚远。主科成绩稳定全班倒数第一，倒数第二能够及格，他却常常40多分，甚至更低。

课堂上朗读课文时，明明常常站起来一声不出，等半天也不说话。听写时磨磨蹭蹭，找不到听写本，有时候同学都帮他翻出作业本放到课桌上了，他又塞回桌洞里。打开作业本，刚写俩字，别人已经写完8个词了。明明每天的课堂作业都写不完，总是带回家写，晚上写作业要写到11点多。

即使和老师一对一读课文，他的声音也非常小，无论是学过的还是没学过的，都是如此。一让他读书就用手不停抠抽屉下面。一次，要求给"该"字组词，他一口气写了"该拍""该死""该打""活该"这些发泄情绪的词语。造出的句子是这样的："昨天我在家里写作业被家长臭揍一顿……"

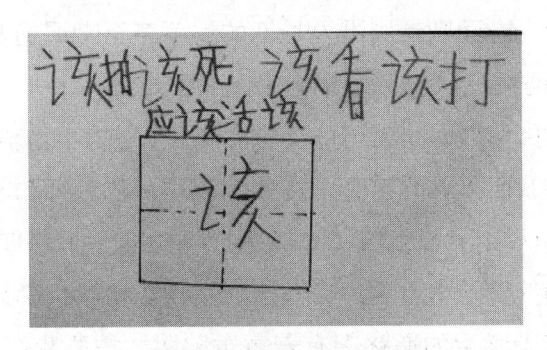

图5-1　明明用"该"字组词

明明常表现出精神高度紧张。有段时间不停地搓手，反复用湿纸巾擦手，一包湿纸巾很快就用完了，把手上的皮都擦破了。表演课本剧时心情紧张、情绪激动，他拿着剧本缩到墙角，坐在地上，大喊着："我耽误了大家的时间——"如有人和家长聊天说到他的名字，被他听到，他会立刻回头问:"是我又哪儿做错了吗?"

明明的家长非常重视孩子的学习,所以明明在家里几乎所有的时间都用来应付学业,没有玩的时间。上个训课时,二年级的他对老师说:"我很孤独,我可以和亮亮(另一位阅读障碍学生,化名)一起玩会儿吗?"

班主任很负责任,对明明要求严格,也很用心。但在明明已经表现出进步时,班主任依然不满意,焦虑于明明难以跟上同龄人的节奏。

不用说,明明的老师和家长,甚至明明本人也认为学业差是因为自己太笨了。然而,智力筛查结果却令人大吃一惊:明明的瑞文推理测验结果为优秀水平。进一步评估,确认明明存在阅读障碍,同时伴随数学障碍。这两种障碍让他在语文、英语、数学这三门主科上都困难重重。

明明对周围有着敏锐的觉察力,能力与表现反差如此之大,令他本人也非常困惑,自我效能感过低,久而久之形成低自尊。

误区二:只是因为练习不够多吗?

阅读障碍是一种神经发育性障碍,大脑具有可塑性,孩子年龄越小,这种可塑性越强,所以"早发现,早干预"非常重要。这是教师和家长都知道的。但早发现并不容易。一方面,因为低年级读写还比较少,问题暴露得不够明显;另一方面,一些惯性思维容易让我们进行错误归因,延误干预时机。其中最常见的误区就是:孩子还小,练习少,长大了就好了。

不喜欢阅读的小力

小力(化名),刚刚升入小学二年级。他说自己喜欢数学,不喜欢语文。让小力读课文时,他皱着眉头说:"我不喜欢读书,这些字看起来太挤了,很不舒服。诗歌那样一行一行、字少点儿的还行。"请学生们读一张 A4 纸上的汉语词语,其他同学很轻松就读完了,小力读了几行就开始喘粗气,满面是汗。用时是其他同学的 2~3 倍。

和小力接触的短短这几分钟，我怀疑小力可能存在阅读障碍。首先引起我警觉的就是他对读写的兴趣极低，再听他描述"字看起来太挤了""诗歌那样一行一行、字少点儿的还行"，让我想到他会不会存在视知觉问题。让小力朗读词语时，他朗读得很慢，很吃力，甚至大汗淋漓，我不禁怀疑他存在字词解码的困难。

于是，我对教师和家长进行了访谈。

小力的语文老师也是班主任，老师反映小力语文学习比较吃力，但数学成绩很好。语文的困难集中在识字和阅读上，对书写有畏难情绪，但完成得还可以。小力朗读课文速度总是很缓慢，有时还会重复、跳行、丢字、改字，停顿比较多，朗读很不流畅，经常靠猜测读出字音，常有读字读半边的情况。但目前语文成绩还过得去，如果家长抓得紧，孩子的表现就会好一些。更需要关注他的反而是情绪行为问题和社交问题。小力经常和同班同学发生冲突。

小力的家长非常关注孩子的学习，每天都带着孩子复习，发现孩子汉字当时能记住，但很快就会忘记，得不断地重复记忆。家长认为孩子识字和阅读有困难，主要是因为从小读书少，认字的机会少；一、二年级刚接触汉字，孩子一时不适应，以后慢慢就好了。询问得知家长很重视阅读，学前班时就坚持每天给孩子读绘本，累计达上千本。

访谈后可发现，小力是阅读障碍的可能性更大了。小力数学成绩很好，可以基本排除小力有智力问题。采用瑞文推理测验进行测试，结果显示为"优秀"。小力的阅读水平与同龄学生、与自身智力水平相比都存在较大的差距。采用北京师范大学舒华教授课题组的阅读能力评估工具进行测试，证实小力符合阅读障碍的评定标准。

从访谈可以看到，低年级时教师和家长容易低估学生的阅读问题。

小力的班主任老师认为，虽然小力学业困难比较明显，但学业成绩还可以，只要家长配合，保持学业成绩没有问题，反而是情绪行为问题更需要关注。教师并没有意识到小力阅读问题的严重性，以及阅读问题与情绪行为问题之间的关联。

误区三：只是因为态度有问题吗？

有一些学生，机灵劲儿外露，教师、家长从未怀疑过孩子笨。但是他们的学习，特别是与阅读高度相关的科目和内容总是不尽如人意。随着年级的升高，他们的读写问题越来越凸显。这时学生往往表现出对阅读的强烈排斥，想种种办法逃避。教师和家长都认为他们的主要问题是"懒"，是学生不肯努力。只要努力，学习成绩提高就没有问题。于是采取督促、批评、奖惩的方式，但效果甚微。甚至教师和家长越是"用心"，学生抵触情绪越大，有的逐渐演变为情绪行为问题、心理问题，甚至品行问题。

不写作业的强强

强强（化名），三年级。上课不听讲，下课不和同学玩，回家不写作业。甚至如果有人从他身旁经过，和他还有一臂多远的距离，他都会警觉地以为对方要侵犯他，而挥舞起拳头。强强喜欢看书，课上课下都抱着一本书，尤其喜欢军事类图书。

教师反映强强不笨，只是不想学习。因为强强酷爱读书，老师认为他阅读没问题，甚至很好。但细致观察会发现，他并不喜欢朗读，如果勉强读出来，也容易出错，比如把"1879年"读成"1978年"。问他书的内容，常常只是一知半解，了解个大概。

家长因为是英语方面的专家，要求强强在家里大量练习英语。家长认为孩子的英语不差，但孩子的英语学业表现总是不理想。强强自己说他实际上听不太清楚单词的发音，只是因为听得实在太多了，能根据听清的部分、联系上下文猜测语义。比如他会把"friend"和"family"两个单词混淆，但根据上下文情境发现之前的猜测有误，从而及时调整。

后来了解到，他出生在一个充满斥责与怒吼的家庭环境中，父亲很少回家，妈妈情绪不稳定，经常大吼。别的学生很快就能完成的作业，他每天在家要写到晚上十一二点。随着年龄的增长，家长越来越难以控制住他，就出现了后来的不交作业、不服从规范、排斥交往等状况。

心思不在学习上的灵灵

灵灵（化名），老师反映每天到校后，灵灵前十分钟都难以进入学习状态，一直走神。上课后也频繁走神。不抄笔记，不写作业。有说谎的毛病，被认为品行有问题。

灵灵难以完成语文作业，作业要老师催，答应写但总是不写，甚至为此说谎：告诉家长作业已经完成了，告诉老师作业本忘带了。老师找到家长当面对质时，她会承认错误，承诺改正，但只要教师和家长一松懈，就恢复常态，周而复始。

朗读课文的作业灵灵基本不做，即使一对一的情况下，也想方设法蒙混过去。朗读时容易出现错误，经常重复，而且总是在读正确的情况下重复，表现得非常不自信。读英语时问题最突出，甚至张开嘴巴，嘴唇抖动不敢发音，即使朗读简单的句子也会读错。写作文时总会因为汉字不会写而卡住，甚至每句都有不会写的字，有时达到每句两三个。

家长认为灵灵不笨，就是学习不专心，总是马虎。家长习惯在一旁喋喋不休地指责："这么简单的字都不会写！""这么简单都能念错！""这么点作业还写不完！""你看看，又走神了！怎么就不能专心点儿！"……如果读不好会遭到严厉的惩罚，比如大量罚抄，甚至打骂。

教师认为灵灵不笨，主要问题就是不专心，如果认真听讲，她能学好。

经评估，灵灵属于阅读障碍合并数学障碍，推理智力优秀，视知觉存在一定的问题。

强强和灵灵一个表现得强硬，一个表现得柔弱；一个向外攻击，一个默不作声。但他们也有共同点：心思都没放在学业上，对完成学业有一定的抵触甚至抗拒情绪。追溯其学习态度不良的根源，教师和专家都归因于原生家庭问题。但追溯到原生家庭后，也容易导致教师的判断止步于学习态度上，认为学生只是家庭环境不理想导致学习态度不良。实际上两个孩子的学习困难都是有客观原因的，并非仅仅是主观上的学习不努力。

态度背后究竟发生了什么

究竟发生了什么，让聪明的孩子自认为很笨，不愿意努力？

究竟发生了什么，让原本单纯的学习问题演变为情绪行为问题、心理问题甚至"品行问题"？

我们习惯将态度视为"因"，去解释学业表现这个"果"。但实际上因果是相互的：态度是"因"，也可能是"果"，是在无数次尝试失败后习得的一种自我保护。

无缘无故不想学习、不想得到认可的学生很少，那为什么有的学生存在明显的学习态度问题？只是因为"懒"吗？

如果孩子表现得不积极，甚至不在乎，很有可能是某种困难阻碍了他，很可能是无数次努力依然无效后的放弃或者自我掩饰。

一些看起来学习态度不端正的学生（不仅仅是阅读障碍者），很可能都曾经与普通学生一样尝试努力学习，但是无论如何努力，他们与其他学生依然相差很远，他们感到沮丧、无助。他们不知道为什么自己竭尽全力，依然进步不大。他们可能会开始怀疑：是不是我很笨？我再努力也无济于事，于是，表现得像强强一样，一边与过于强大的"障碍"做抗争，一边高度警觉地抵御来自外界的"羞辱"。他们敏感、焦虑，处于惶恐之中。

1967 年，美国心理学家塞利格曼提出了"习得性无助"（learned helplessness）这个概念。塞利格曼设计了一个实验，实验中把狗关在笼子里，只要蜂音器一响，就给狗施加电击。起初，为了逃避电击，关在笼子里的狗总是试图逃出笼子，但尝试了各种办法都不能逃出笼子避免电击。渐渐地，狗发生了变化，蜂音器响后，即使打开笼门，狗也不会逃走，而且在电击没有出现时就先倒在地上呻吟和颤抖，不再努力挣扎，绝望地等待痛苦的来临，这就是习得性无助。

习得性无助是避免失败的一种极端形式，习得性无助的学生认为不管自己做什么，都注定会失败或毫无意义，反复经历失败的学生可能会形成一种"防御性悲观主义",以保护自己不受消极反馈的影响。[①]

阅读障碍学生得到的消极反馈,一方面来自困难本身,另一方面可能来自教师、家长等重要他人的误解。灵灵存在多重障碍,对她来说从黑板上抄写作业本身就存在困难,要按照普通学生的作业量完成读写作业更是困难重重;写作业时,她不仅得不到积极的支持,还要听家长在耳边不断地数落,甚至被严厉地责罚;完成作业后,还要承受来自教师的负面评价。本身的阅读困难,再加上阅读时不愉快的记忆——家长的唠叨与严惩、教师的批评……让她对阅读感到无助的同时更感到厌恶。她说,最大的心愿就是学校不存在了,天天不用上课。

强强与灵灵的情况类似,并表现出更多的向外攻击,常与同学发生冲突。也许因为灵灵和强强智力水平相对较高,更善于掩饰学业困难;也许因为灵灵的家庭环境与强强的攻击行为更容易解释他们的无心学习。所以教师乃至有的专业人士都将问题集中在学习态度上,没有进一步深入探索。

是什么阻碍了我们的视线

认为阅读问题不用担心,只不过是练习得少、长大了就好了的想法,绝非偶然,而是相当普遍的,尤其是在低年级教师和家长中常见。甚至不少已经诊断为阅读障碍的学生,教师和家长仍然觉得没什么大问题。然而随着年级的升高,读写量的增加,学业问题越来越突出,教师和家长才开始着急,不知所措。

这种情况很容易理解,因为在低年级确实存在阅读障碍与大脑成熟较晚并存的情况,需要更专业的分析才能正确判断。作为家长,在社会普遍缺少对阅读障碍认知的情况下,遇到阅读障碍孩子自然难以深入探求真相;作为教师,即使对阅读障碍有所了解,也未必能将理论知识与班级的学生表现联系起来,理论知识并不能自动转化为实践能力,加之现在班额较大,教师精力有限,很容易错过一些重要的细节。

---

① 罗伯特·斯莱文. 教育心理学理论与实践[M]. 吕红梅,姚梅林,等,译. 北京:人民邮电出版社,2018:284.

下面总结几点我们容易忽略的地方。

首先，语文成绩未必是学生真实水平的体现。一方面因为低年级考试内容比较简单，另一方面因为考试内容可能提前练习过。而且，高智商的学生在阅读存在困难的情况下，也可能利用种种办法掩盖困难。加上近些年低年级不仅不进行书面考试，书面作业也很少布置，尽早发现阅读障碍的难度又增加了。这些要求教师和家长的敏感性更强。

其次，看到学生问题容易，做正确分析不易。这是教师普遍反映出的问题，学生的行为表现可以看到，但揭示真相进行解释并不容易。小力的家长承认孩子识字与阅读困难较大，但认为这属于正常情况。家长没有意识到自己颠倒了因果：认为孩子不喜欢阅读，导致阅读能力不佳。但实际上可能相反：阅读能力不佳，所以不喜欢阅读。

最后，情绪行为问题与学习困难可能有内在的关联。如果仅仅在学业上有困难，这样的阅读障碍学生容易被忽略；出现情绪行为问题、受到严重困扰甚至影响班级的学生才容易被教师发现。教师常说：相对于学习，我更关心他的情绪行为问题。实际上，学习问题与情绪行为问题可能同时存在于"阅读障碍"孩子身上。研究表明，相当一部分学习障碍学生会合并注意缺陷多动障碍，伴随情绪行为问题、心理问题等。教师和家长需要做好心理准备，要真正有效地支持阅读障碍学生，对这类学生的了解要全面，不仅要在阅读、书写等学业方面，还需要在其他方面理解他。

此外，需要时刻谨记："看见"学生并不像我们想象的那么容易。教师认为小力阅读有困难，但书写不存在问题。实际上小力书写也是有困难的，他对我说"考试时要疯了一样地写才能答完"。家长认为小力书写确实有些吃力，但是没什么大不了的，考试考得好是理所当然的。教师和家长的这些看法给小力造成巨大的心理压力，成为他情绪问题的一个重要来源。

误解：比障碍更可怕的伤害

教师和家长在批评孩子学习态度问题时，需要看到的是，学生不良的学习态度，很可能正是家长和教师"培养"而成的。

对学生的特殊需要缺乏了解导致错误归因。教师和家长有一种错误的观念：那些看起来还挺机灵的学生有学习能力，他们在读写上存在的问题主要是因为不想学习，只要他们态度端正了，好好努力学习了就没问题。学生自己能感知读书写字的困难，但并不知道发生了什么。甚至也会怀疑：也许自己只是不够热爱学习，缺乏动力。他们难以安心地阅读，难以感受阅读的乐趣。

当孩子表现为学业落后或者学习态度不良时，他们最常得到的是批评，甚至还有家长的打骂。打骂并不能让孩子的学习态度变好，甚至产生相反的效果：学习与打骂形成刺激配对，孩子一学习就会条件反射地回忆起家长的打骂，从厌恶打骂泛化成厌恶学习。有的家长也意识到打骂这种方式不好，但是难以抑制自己的情绪。此时，要提醒自己：仅仅发泄自己的情绪，并不是教育。

打骂不仅对孩子产生心理上的深远影响，还可能产生生理上的影响。在孩子生长发育的关键期，很可能还会产生不可逆的严重影响。比如强强母亲在家里经常歇斯底里，会因为一件小事突然大发雷霆。歇斯底里的喊叫是孩子本能排斥的，他拒绝接收到听觉信息，可能影响听知觉的正常发育，为阅读埋下隐患。

强强看起来极具有攻击性，实际上，他的不安全感非常强烈。同时，很可能他同时伴有感觉统合的问题，所以无论从心理还是生理上，对他人近距离的接触本能排斥，影响到同伴交往。读书似乎是逃避现实世界的一个途径，喜欢军事类的图书也许是他宣泄压抑情绪的一个窗口。

阅读障碍学生本身学习上困难重重，没有得到家长和教师的理解，反而一直遭受指责和批评。误解的危害性不亚于阅读障碍本身。往往越是"聪明"的孩子得到的指责越多。智力水平较高的学生会被教师和家长赋予更高的期待，更容易认定为是态度问题导致了学业不良。

阅读障碍也只是一种差异，差异普遍存在。真正让情况变糟的也许不是阅读障碍，而是环境。

相比"障碍"，更可怕的是学生重要他人的"误解"。

中国残疾人事业先行者邓朴方有句名言："人们对于残疾人不是不理解，而是不了解；不是不人道，而是不知道。"

知道误解是什么，才能更好地避免误解，为阅读障碍学生营造更适宜的成长环境。

要点小结

1. 阅读障碍常见的误区有：阅读困难学生只是读得少，长大了就好了；阅读困难学生是智力有问题；阅读困难学生只是不用心，学习态度不端正。

2. 态度是"因"，也可能是"果"，是在无数次尝试失败后习得的一种自我保护。

3. 学生不良的学习态度，很可能正是家长和教师"培养"而成的。

4. 相比"障碍"，更可怕的是学生重要他人的"误解"。

推荐资源

纪录片《我不是笨小孩》。

第1集主要内容：校校从小就是大家的开心果，他不仅聪明伶俐，而且善于沟通。但是上学后他的学习成绩却一直不是很理想，甚至上到五年级了，很多在低年级学过的汉字却还不会写，这与他较高的智商极不匹配。

第2集主要内容：群晓是个自我要求很高的孩子，学习从来不需要家长监督，可他偏偏有阅读障碍问题。为了守护群晓的心理健康，妈妈带着他四处奔波游学，一家人过着双城生活。

第3集主要内容：若汐的学习成绩长期不理想，从来没有得到过一张奖状，是个经常被老师忽略的孩子。父母得知若汐的问题在于阅读障碍后，给她举行了一场独特的颁奖仪式。

06　理解阅读障碍

熟悉的陌生人

每位教师可能都遇到过阅读障碍学生，每位阅读障碍孩子的家长与孩子朝夕相处，然而他们却更像是我们身边熟悉的陌生人，我们虽然熟悉他们，但并不理解他们。阅读障碍本身的内隐性与复杂性增加了对阅读障碍理解的难度，我们与阅读障碍者之间的差距也成了难以深入理解的鸿沟。我们对阅读障碍群体的陌生感并不容易单纯通过知识上的补充得以消除。本节将尝试通过一些体验活动拉近我们与阅读障碍之间的距离。

热身练习

您对阅读障碍学生在识字、阅读方面表现出的问题的看待是(　　)。
【可多选】

　　A. 虽然有困难，但只要用心学习一定能改变
　　B. 阅读障碍改变不了，只能听天由命
　　C. 阅读障碍者也有优势，不用改，把劣势转化为优势
　　D. 其他(如选此项，请写明原因)

A、B、C 选项正好代表了常见的三种面对阅读障碍的态度。

A 选项认为努力能解决一切问题，学生的困难归根结底还是努力不够造成的。当知道学生是阅读障碍时，他们的反应是焦虑，必须加倍努力才行。

B 选项认为困难是客观存在的，再努力也没有用，采取"躺平"的态度。

C 选项则关注学生的优势，忽视劣势，认为自己这样的心态是正确的，

有利于学生健康全面地发展。

　　这三种态度都存在一些问题。虽然阅读障碍是一种客观存在的困难，但并非仅靠主观努力就能够克服，面对这种困难教师和家长也并非无能为力，不必"视而不见"。阅读障碍者并不是不能阅读，只是有其特殊性。了解其特殊性，采用适当的方式，阅读障碍学生也可能较好地阅读。但绝不是通过机械的练习和简单的努力，而是需要找到适当的方法。

　　作为教师和家长，我们对阅读障碍者误解的原因可能是多方面的。一方面，阅读障碍本身具有内隐性、复杂性，难以理解；另一方面，真实的教育情境中阅读障碍的表现很复杂，孩子还会存在学习态度等问题。但更主要的可能还是教师和家长没有理解孩子行为表现背后的原因，不能将对阅读障碍背后机制的理论成果运用于具体的情境。对教师和家长来说，孩子的表现和对他们的评估结果难以联系起来。其中有一个非常重要的原因，就是我们和阅读障碍者之间的距离。我们难以看见他们的困难，难以感同身受，常常不自觉地用自己"普通"的经验去解释阅读障碍者"特殊"的情况。

　　本节将分享阅读障碍者的典型表现，帮助您将其作为识别阅读障碍的重要线索。同时，采用一些体验式的方式帮助您理解阅读障碍。请注意：这些体验方式也许并不严谨，仅仅是为了帮助我们与阅读障碍者建立连接。

记字困难

　　记字困难是阅读障碍学生的典型表现。

　　有些学生在记忆汉字时非常困难，记得慢，却又忘得快。有的老师和家长的表述特别生动，说"脑袋就像漏斗一样，总是记不住学习过的汉字""好像是磁盘坏掉了一样，就是没办法储存在大脑里"……

　　具备一些阅读障碍常识的老师，可能会从上述学生的表现联想到，有研究表明阅读障碍学生存在工作记忆的问题。但这并不准确。一方面，从我们所接触的阅读障碍学生来看，并非所有阅读障碍学生工作记忆都存在问题；另一方面，心理学领域的工作记忆概念和老师、家长常说的日常的记忆力有关联，但并不一样。

更重要的是，阅读障碍学生的记忆问题往往特异性地表现在记忆文字方面，不能简单地用一般性的工作记忆或者记忆力来解释。有的学生记忆钢琴琴谱，一遍就能记得差不多，两三遍就能牢牢记住不忘，然而记忆汉字却异常艰难。有的学生特别沮丧地说，自己的记忆力没有问题，可是不知道怎么回事，偏偏就是记不住汉字，好不容易以为记住了，可第二天就忘记了一半，再过两三天忘记的更多了，过一两周几乎就全忘了，好像没学习过似的。

如何理解呢？

我们做一个体验游戏①：请认真"阅读"图 6-1 的阿拉伯文，努力记住它并默写下来——

من طلب شيئا وجده

图 6-1　一段阿拉伯文

您花了多少时间看这段文字？准确率是多少？再过两天还能记住它吗？

如果您没有学过阿拉伯文，您是不是感觉这几乎是一项难以完成的任务？每次我在讲座中请老师们现场体验，老师们几乎连尝试都不想尝试，直呼这个任务不可能完成。

那么，您如果看图 6-2 这段文字呢？

心之所在，事之所成

图 6-2　一段中文

您是不是觉得这根本不用花时间记忆，简直太简单了！

而图 6-2 正是图 6-1 阿拉伯文字的中译文。

---

① 此创意受到北京联合大学张旭副教授和北京市展览路第一小学李焱老师的启发，图片由李焱老师提供。

为什么同一含义的文字掌握起来难度反差这么大？

文字是音、形、义的结合体，是需要学习的语言符号。如果看到字形，不了解读音和含义，不了解部件的含义、书写标准，就难以将其作为文字去记忆。在我们眼中它们只是弯弯曲曲、没有任何意义的线条，只能靠死记硬背，所以很难记住，并且容易遗忘。

请记住让您记忆这些阿拉伯文字的感受。

如果我告诉您只要努力就能记住。您会怎么想、怎么做？您可能感觉很委屈、很压抑，但又没办法抗拒，就只能反复抄写。如果继续让您记忆，而且记忆的数量越来越多，您会招架不住，越来越无助。终于有一天，您会完全"罢工"。

这种感受某种程度上类似阅读障碍学生在记忆汉字时的感受。记忆汉字时，我们眼中汉字是由部件和笔画组成的。但我们没有学过阿拉伯文，在我们眼中阿拉伯文不能拆分成部件和笔画，不像是文字更像是图画，没有办法将它们转换成有意义的文字。

对于大多数学生来说，他们不需要教师费力地教导就能够将汉字的音、形、义整体记住。但阅读障碍学生在记忆文字时存在特异困难。心理学研究发现：阅读困难儿童不善于对汉字的结构进行合理的拆分，不能借助字形结构的意识来帮助识记，习惯于把字当作一个没有意义的图形，没有将汉字及其构成部件的字形与字音和字义紧密联系起来。[1]

了解这一特点，也等于发现了如何让汉语阅读障碍学生记住汉字的秘密：帮助阅读障碍学生将他眼中无意义的"图案"拆分为有意义的部件，在部件的组合中将汉字的音、形、义建立关联，进行有意义的加工。

朗读错误多

相当一部分阅读障碍学生的朗读错误很容易给人留下深刻的印象。他们经常读错、丢字、增字、前后颠倒，甚至可能串行。教师与家长描述这

---

[1] 刘翔平，李红文，杜雯翀，等. 阅读困难儿童的字形结构理解能力研究[J]. 中国特殊教育，2004(3)：78.

类学生会说"朗读时好像不长眼睛一样,根据想象去读,而不是这个字的读音去读""读词语准确性还好,读句子就更差,句子越长表现越差"。

在为他们做全面评估时,常会发现他们多合并注意缺陷、视知觉问题、感觉统合等其他问题。他们给人的印象往往是不认真。常人很难理解,如果认真阅读了为什么会出现这么多的错误。

我们不妨再做一个小游戏来模拟一下阅读障碍学生的感受。

请您扫描二维码,用最快的速度说出页面中两组汉字的颜色。注意不是读出汉字字音,而是呈现出来的颜色。

您是否感觉第一组读起来非常轻松,而第二组比第一组困难很多、极易出错?为了避免出错,您不得不放慢第二组的朗读速度。

扫码做小游戏

为什么呢?

因为第一组汉字的颜色与汉字本身的读音相同,正常朗读即可。

而第二组汉字颜色与汉字本身的读音不同,我们会总是有一种想要读出汉字本身读音的冲动,需要不断地抑制住这种冲动,这会让朗读的速度慢下来,即使如此,有时还会出错。

刚才体验的是心理学经典的 Stroop 任务实验范式,是测量抑制控制能力的一种测验。有研究表明:汉语阅读困难儿童存在抑制控制能力的缺陷,并且抑制控制能力独立于语言加工技能,对汉语儿童阅读困难能起到预测作用。[1]

阅读心理学认为,我们在阅读过程中存在海量的并行加工[2],当一个字词出现时,与它看起来相似的其他词语也可能被激活。需要根据字词本身的线索与上下文准确判断字词,并抑制其他无关的字词。

如果学生抑制能力不足,就很容易出现类似您读第二组数字时的感受。

比如当阅读障碍学生看到"放"这个字时,与其字形相近的"牧"、读音

---

[1] 赵丽波,林婉洁,袁姗姗,等. 汉语阅读困难儿童的抑制控制能力研究[J]. 中国特殊教育,2018(2):37.

[2] 斯坦尼斯拉斯·迪昂. 脑与阅读[M]. 周加仙,等,译. 杭州:浙江教育出版社,2018:52.

相近的"方""房"、语义相似的"分"等字都会被激活。如果抑制能力不足就可能读错。正如我们难以抑制住汉字本身的读音将其颜色读错一样。

如何帮助他们"抑制"读错呢？可以想办法将阅读时受到的干扰降到最低，如调整朗读材料减少视觉拥挤效应。另外，还可以引导学生自主探究并体验适合本人的抗干扰策略。

朗读速度慢

还有一些单纯阅读障碍的学生，他们并没有伴随注意缺陷多动障碍，没有伴随严重的行为问题，没有阅读之外其他的学业困扰，他们很容易被忽视。

我接触过一些这样的单纯阅读障碍的学生，即使阅读障碍评估结果显示为阅读障碍，有着 20 年阅读障碍研究经验的专家也会不敢轻易确认，几经周折，反复评量，才敢最终认定：这应该就是传说的单纯的阅读障碍学生。这样的学生并非不存在，只是因为他们的问题更为隐蔽，更容易被忽视。

这些学生最突出的问题除了识字量少之外，就是朗读速度慢。他们的朗读生动地诠释了什么是"字词解码困难"。

阅读障碍学生朗读所用时间可能数倍于同龄学生。听他们朗读感觉是一个字一个字地往外"蹦"。有的学生甚至大口喘气，读完一张 A4 纸上的词语会满头大汗。如果我们事先不知道文本的内容，只听他们读，很可能也难以记住文本内容，似乎变得对文本无法理解。这就是为什么一些只是字词解码困难的阅读障碍学生会被误认为阅读理解有问题的重要原因。

如果询问他们为什么不能更快地把汉字读出来，他们会说每碰到一个字都需要等一等，好像头脑要想一想。有的时候多等一会儿，就能把这个汉字的读音想出来。但是他们本人也无法提前预知哪个字能读出来，哪个字不能读出来。如果等的时间足够长，认识的汉字基本上是能准确朗读出来的，但是自己都嫌读得太慢了，所以有的时候会胡乱猜测。

这种现象如何理解？

阅读障碍者大脑激活模式与一般读者不同，阅读障碍者不能使用自动解码字词的脑区，而是使用"手动"方式解码字词的脑区，因此速度更慢。(回顾第 3 节阅读障碍的成因"看到大脑在阅读"部分)

此外，双通道理论也可以解释。

普通读者阅读时，有两条信息加工通路共存并互相补充：语音通路和词汇通路。当单词发音规则、不常见或是第一次看见时，我们会优先利用"语音通路"进行加工，先将字符串解码，然后转换为语音，最后尝试提取这种发音模式的意义；相反，当我们看到很常见的或者发音很特殊的单词时，会采用直接通路，即词汇通路进行阅读加工，先识别单词并提取词义，然后再利用词义信息去提取它的发音(见图 6-3)。[①]

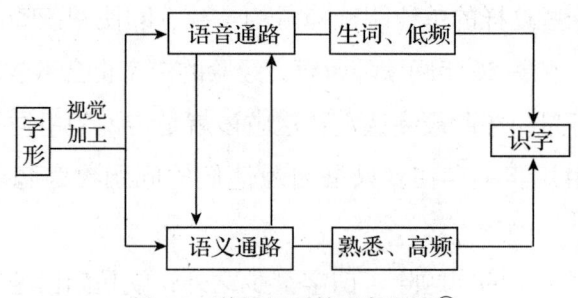

图 6-3　单词识别的两条通路[②]

拼音文字阅读障碍者似乎其中一条通路被阻断了。深层阅读障碍(deep dyslexia)也称为语音阅读障碍(phonological dyslexia)，虽然能识别单词的意义，但难以准确大声读出不常见的单词，即使这个单词的拼写是规则的，看起来似乎从字形到语音的阅读通路被阻断了，信息通过从字形到语义的通路进行加工；相反，表层阅读障碍(surface dyslexia)无法对词义直接提取，必须慢慢地读通文本，念出所有的单词，看起来似乎从字形直接到语义的通路被阻断了，但从字形到语音的转换通路依然可以正常运行。[③] 对

[①] 斯坦尼斯拉斯·迪昂. 脑与阅读[M]. 周加仙，等，译. 杭州：浙江教育出版社，2018：46.
[②] 北京联合大学张旭副教授课件.
[③] 斯坦尼斯拉斯·迪昂. 脑与阅读[M]. 周加仙，等，译. 杭州：浙江教育出版社，2018：46—48.

表层阅读障碍者而言，需要利用大脑前部区域(布洛卡区)进行发音，通过嘴唇、舌头和声带体会一个单词的形成过程，进而发展出对单词声音结构的意识。① 而对深层阅读障碍者而言，默读则是更好的选择。

双通道理论自提出以来面临一些质疑和挑战。② 另外，汉语不同于拼音文字，拼音文字的研究成果不完全适用汉语。但这一理论可以给我们一些启发：阅读障碍也许并非只有一种模式，帮助他们的方式也不应该只用一种思路。

书写困难

受拼音文字阅读障碍研究的影响，国内一些阅读障碍专家认为听写困难是阅读障碍的临床表现，将"听写错误多"作为阅读障碍识别的重要线索。③ 书写问题确实比朗读问题更容易被发现。阅读上的困难可能容易被其他行为遮蔽，比如避免单独朗读，或者提前强化练习朗读内容等。而书写问题很难掩饰，尤其在考试这种有时间压力的情况下，书写问题马上会凸显出来。

需要注意的是，"听写上存在困难"和"听写困难"是不同的。阅读障碍学生识字量低，不认识汉字自然写不出来，这是"听写上存在困难"。但是还有一些学生，即使认识某个汉字，能够迅速读出来，但是依然无法将其写出来，这种情况是"听写困难"。听写困难(spelling difficulties)是指儿童拼写能力明显落后于同龄儿童的现象，是发展性书写障碍(developmental dysgraphia)的一种表现。④ 所以，认为汉语阅读障碍学生普遍存在听写困难这种表述是不严谨的。

---

① 萨莉·施威茨. 聪明的笨小孩[M]. 刘丽，康翠萍，等，译. 北京：北京师范大学出版社，2019：95.
② 党敏. 汉字阅读中语音和语义信息交互作用的神经机制[D]. 西安：陕西师范大学，2018：4.
③ 王久菊，孟祥芝，李虹，等. 汉语发展性阅读障碍诊断与干预的专家意见[J]. 中国心理卫生杂志，2023(3)：185-191.
④ 美国精神医学学会. 精神障碍诊断与统计手册(第五版)[M]. 张道龙，等，译. 北京：北京大学出版社，2021.

汉字作为表意文字，比表音文字更容易产生听写困难。

拼音文字本身是由字母组成的，读与写的关联相对密切：如果不能拼读单词、记不住单词，自然就很难写出来；而如果能够拼读、能够记忆单词，也比较容易写出来。如果学生不认识汉字，当然也无法默写出来，这一点中文书写困难与拼音文字是一样的。但即使对普通学生来说，也存在即使比较熟悉某个汉字却依然不能准确写出的情况。

听写困难属于书写困难的一种情况，书写困难可以依据标准划分为不同的类型。如德尔(Deuel)把发展性书写障碍分为动作型书写障碍、视空型书写障碍和语言型书写障碍[1]。其中动作型书写障碍具有不协调和失用两个主要特征，在抄写、听写和自发作文中都有困难；视空型书写障碍的主要特点是视觉空间障碍，具体表现为书写部位的定向障碍、位置错误等；语言型书写障碍表现为语言产出和理解困难。[2]

实际上，学生的书写困难常常是混合型的。

图 6-4 是一位小学三年级学生抄写的一段课文，不规整，汉字的空间布局不合理，尤其是最后三个字"色草地"，一个比一个靠上，最后一个"地"字只占用了空格上半部分不到 1/2 的空间。学生似乎难以掌控空间布局。

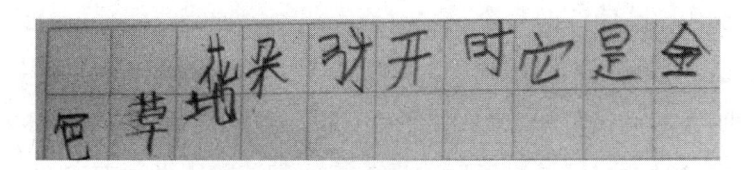

图 6-4　某小学三年级学生的书写作业

虽然是抄写，竟然也会写错，把"张"的右边写反了，用专业术语说，属于镜像书写中的一种。镜像书写可以简单理解为在镜子中看起来是正确的，而实际上的书写正好相反。镜像书写在低年级出现并不奇怪，但到了

---

[1] Deuel RK. Developmental dysgraphia and motor skills disorders[J]. Journal of Child Neurology，1995(1)：6－8.

[2] https://www.ets.org/disabilities/documentation，2015-04-02

小学三年级仍然大量出现就有些反常了。这类学生很可能存在视知觉、视动整合、精细动作等方面的问题。

这种表现确实很难理解，所以教师和家长一般会认为孩子不认真，练习得太少。

我们来尝试做一个体验练习。请您一定按照下面的要求跟着一起做：

(1)准备一个可以写字的本子，准备一支笔；

(2)把本子放在自己的头顶上；

(3)一只手扶着本子，另一只手在本子上写"奖"字(本子在您的头顶上)；

(4)给自己写的字作出评价。

有一次，在上百名教师的培训现场，我请一位教师这样写"奖"字。她在书写的过程中感到非常吃力，一边写一边自言自语："从哪儿下笔啊""左右怎么写啊""是不是摞一块儿了"……最后，果然有的笔画重叠在一起，有一部分还写成了镜像。

图 6-5 教师写"奖"字

写完后询问教师感受，她说不知道怎么定位，左右混淆想不清楚。这就类似一部分书写困难学生的感受，他们书写时难以判断空间关系，找不准空间位置，加上手眼协调能力弱，就算是知道也控制不好用笔，于是写出了歪歪扭扭的汉字。

当时，书写的教师本人看到自己写的字后懊恼地说："太丑了！太丑了！"而全场响起了热烈的掌声，我问为什么鼓掌，教师们说："已经写得很好了！""她已经很努力了！"

我问现场的教师："我们之所以鼓掌，是不是看到了她很努力？但当我们的学生交上来这样一份作业，我们会怎么想？我们会肯定他已经很努力了吗？很可能我们认为他没有认真写，在偷懒，可能不但不肯定他，反而让他加倍练习。"

为什么差别这么大呢？是否理解使然。

经过这个体验，您的感受应该和我一样——不要随意否定学生；要看到学生的学习结果，更要看到他的学习过程，对学习过程中的艰难感同身受。此外，还要分析学生书写困难的原因，才能够对症下药。如果只是因为不能辨识汉字而写不出来，只干预汉字记忆就可以了；如果能够辨识汉字依然写不出来，就需要增加特殊的方法帮助学生将字形表征出来；如果是在抄写的情况下依然写得错误百出、不够美观，可能需要感知觉方面的训练。

看完本节，相信您会有种感觉：我和阅读障碍学生的距离更近了，我更容易理解他们了。随着我们对阅读障碍学生理解的深入，帮助他们的方法自然而然地"生长"出来了。的确如此，对阅读障碍学生的理解、评估与干预之间有着密切的内在联系。理解是根本，评估是主干，干预则是枝叶。如果真正理解阅读障碍学生，全面深入地评估，干预策略就可能会自然地"生长"出来，可以表现为各种不同的方式。千万不要舍本逐末。

要点小结

1. 阅读障碍虽然是一种客观的困难，但面对这种困难我们并非无能为力。

2. 阅读障碍学生习惯于把字当作一个没有意义的图形，没有将汉字及其构成部件的字形、字音、字义紧密联系起来。

3. 有研究发现，汉语阅读困难儿童存在抑制控制能力的缺陷。阅读心理学认为，阅读过程中存在海量的并行加工，需要抑制住其他无关的字词。

4. 阅读障碍者大脑激活模式与一般读者不同。

5. 并非所有阅读障碍学生都存在书写困难，也并非所有书写困难学生都是阅读障碍者。

6. 不要随意否定学生，要看到学生的学习结果，更要看到他们的学习过程，对他们学习过程中的艰难感同身受。

7. 理解是根本，评估是主干，干预则是枝叶。如果真正理解阅读障碍学生，全面深入地评估，干预策略就可能会自然地"生长"出来。

推荐资源

萨莉·施威茨. 聪明的笨小孩[M]. 刘丽，康翠萍，等，译. 北京：北京师范大学出版社，2019：1—102.

第二章　怎么找到阅读障碍学生
——识别与评估阅读障碍

07　汉语阅读障碍的标准化评估

评估的重要性

可能一些教师和家长会跳过这一节，认为评估的专业性太强，和自己关系不大，自己只掌握一些支持的方法就可以了。建议教师和家长一定认真学习本节，不要跳过。实际上，评估非常重要。打个比方，感冒等小病可以不去医院，直接去药店买药；但是对于疑难杂症，最关键的是要做出准确的诊断。对症才能下药。药店的药很多，关键是知道用哪一种。教育方法也很多，用对了才有效。对教师而言，评估是专业性的充分体现；作为家长，了解如何评估才不至于盲目行动。

热身练习

以下这些概念您了解的有(　　)。【可多选】

A. "智力—成就差异"模式

B. 语音意识、语素意识、正字法意识

C. 快速命名意识

D. 阅读能力评估

E. 阅读相关认知能力评估

以上选项中的词汇是本节的关键词。"智力—成就差异"模式是国内各类阅读障碍评估中运用广泛、相对容易实施的一种方式；阅读能力评估是对识字、阅读流畅性等阅读能力的一种评估；语音意识、语素意识、正字法意识、快速命名意识是对汉语阅读障碍相关认知能力的评估。

了解这些内容，对教师和家长来说是非常重要的。一方面，阅读障碍训练方法与评估方法是相通的，了解具体的评估方法也就懂得了如何进行训练。另一方面，具体了解阅读障碍评估过程，才能理解评估结果对学生意味着什么，看懂评估结果，有针对性地制订干预方案。

"智力—成就差异"模式

"智力—成就差异"模式在 20 世纪 60 年代到 90 年代被视为学习障碍评估的"黄金准则"。"智力—成就差异"模式就是将智力与阅读能力之间差异达到一定程度的学生认定为阅读障碍。主要采用年级水平差异模式、标准分数比较模式和回归差异模式进行鉴别。已发表的研究文章有不少都采用这种方式，在缺少工具的条件下容易实施。

"智力—成就差异"模式评估出来的一定是阅读障碍吗？

不一定。

这种鉴别方式评估出的"阅读困难"，可能包括了阅读障碍和其他原因造成的阅读困难。所以使用这种方式进行阅读障碍评估时要清楚，评估出来的学生本质上存在的是阅读困难，而不是阅读障碍。要确定学生是否具有阅读障碍，还需要排除学习动机不足、练习不足、学习环境不良、教学不利中的某项或某几项原因导致的阅读困难。

此外，"智力—成就差异"模式也可能造成一部分阅读障碍者不能被及时发现。比如一些智力水平相对较高的学生在低年级段的阅读困难被掩盖，由此产生"等待失败"的问题。

另外,"智力—成就差异"模式不能揭示学习障碍的心理过程缺陷的实质,难以诊断因不同的心理加工缺陷而造成的不同类型的学习障碍,不能帮助我们根据具体的学习障碍类型制订矫正计划。①

医院阅读障碍诊断

当教师或者家长怀疑学生有阅读障碍时,第一个反应会问到哪个医院可以做诊断。儿童医院、综合医院的儿科一般都能开出"学习障碍"的诊断证明。但需要注意的是,目前医院所开证明中的"学习障碍"是泛指学习上存在困难的所有情况,包括本书中所提到的学习障碍,也包括智力落后或者其他感官原因导致的学业落后,以及所有不明原因的学业落后与学习困难。目前少有医院可以开"阅读障碍"的诊断,截至2022年年底,北京仅有北京大学第六医院能够进行阅读障碍的评估,且属于科研项目还没有普遍应用于临床。

2022年,来自全国20个单位的34名心理学、精神病学、教育学和康复医学专家,针对阅读障碍的临床表现、诊断流程及干预形成统一意见。诊断流程见图7-1。②

第一阶段是识别阶段,由教师和家长提供识别线索,主要是语文成绩、对阅读的态度、记字和听写的表现。

第二阶段是筛查阶段,由家长填写筛查问卷,如果测试结果小于临界值,评估结束;如果大于临界值,对学生本人进行阅读能力测验,包括汉字识别、字词朗读流畅性、阅读理解等。

第三阶段是临床资料收集阶段,即排除标准阶段,判断智力是否正常、是否得到充足的学业指导、是否伴随其他精神或神经病性障碍。如有上述情况,考虑是否归为其他原因导致的阅读落后;如无上述情况,进入下一阶段。

---

① 刘翔平. 从差异取向的评估到认知—干预取向的评估——学习障碍评估模式的新趋势[J]. 中国特殊教育, 2003(5): 71.
② 王久菊, 孟祥芝, 李虹, 等. 汉语发展性阅读障碍诊断与干预的专家意见[J]. 中国心理卫生杂志, 2023(3): 185—191.

第四阶段是阅读障碍相关认知能力测验，包括语音加工、语素加工、正字法加工等。如存在至少一项认知缺陷，则可基本确诊阅读障碍及具体类型。

第五阶段是评估共患病阶段。

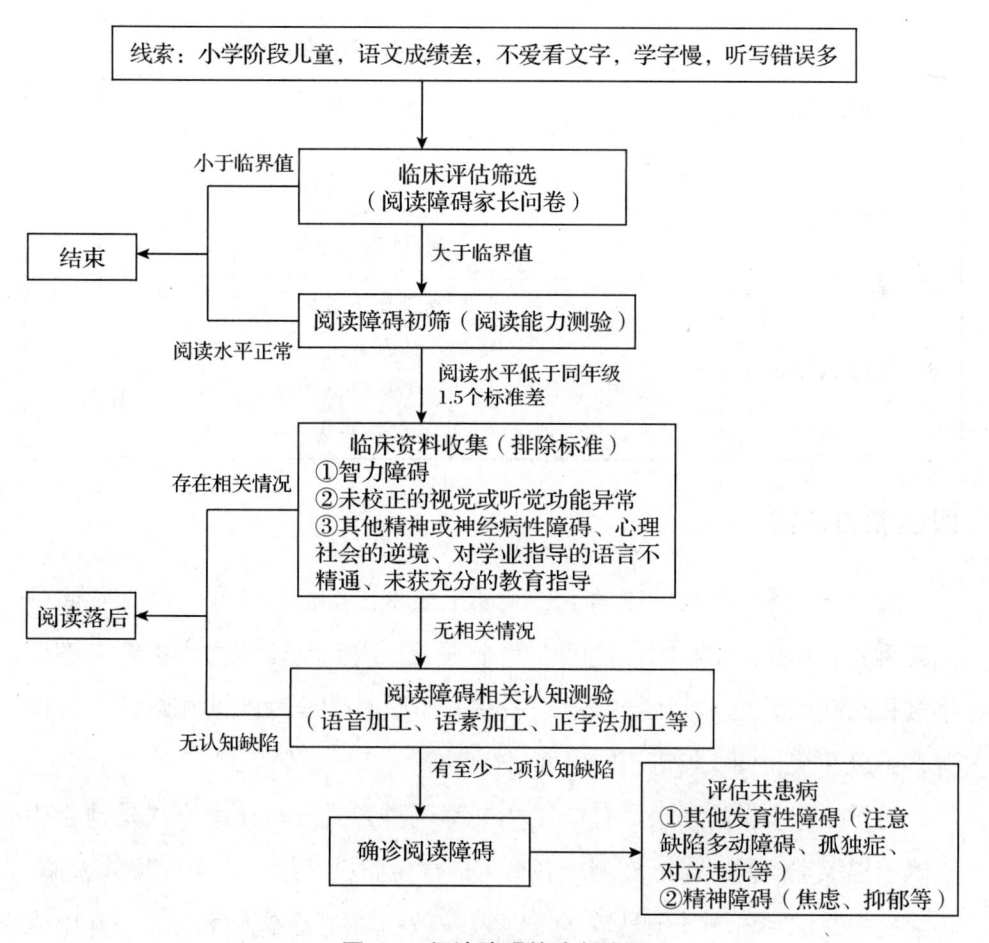

图 7-1　阅读障碍的诊断流程

其中对学生本人进行的测试包括阅读能力测验和相关认知能力测验。这两部分测试一般包括哪些内容呢？目前所看到的国内各研究阅读障碍评估项目并不完全相同。北京师范大学认知神经科学与学习国家重点实验室舒华教授的阅读障碍评估包括阅读能力与阅读相关认知能力两部分(表 7-1)。阅读能力评估包括汉字识别测验、词表快速朗读测验、3 分钟阅读理解测验。阅读相关认知能力评估包括数字快速命名测验、语音意识测验、语素意识测验、正字法意识测验。阅读能力3项测验均低于同龄学生1.5个标准差，且阅读相关认知能力测验中至少有一项低于同龄学生1.5个标准差，则被认定为阅读障碍。

表 7-1　北京师范大学舒华教授的阅读障碍评估测试任务

测试能力	测验任务
阅读能力	汉字识别 词表快速朗读 3分钟阅读理解
阅读相关认知能力	数字快速命名 语音意识 语素意识 正字法意识

阅读能力评估

　　阅读能力评估就是评估学生在阅读上表现出的能力水平。阅读障碍的问题主要表现在识字和阅读流畅性两个方面，因此阅读能力也主要考察识字量和阅读流畅性。阅读流畅性的考察又可以具体分为朗读和默读两种情况，可以在字、词、句等不同层面进行考察。

　　对学生识字量的考察，有口述和书写两种方式。口述的方式是请学生正确读出汉字，需一对一施测。书写可请学生看汉字组词，可以集体施测。小学生中文识字量测试工具较多，但大多数由研制者本人使用。公开出版的较常用的识字量测试工具是王孝玲、陶保平等研制的《小学生识字量测试题库及评价量表》。使用时需要注意的是，因为研制时间比较早，所以得到的结果是与将近二十年前的同年级学生比较，并不是与现在的同年级学生比较。

　　对学生阅读流畅性的考察，多以朗读为主，可以考察字、词、句各个层面。北京师范大学李虹教授已经研制成功汉字流畅性评估工具用于阅读障碍筛查。表 7-1 中的"词表快速朗读"则是对词语阅读流畅性的考察，测验方式是让学生快速读出词语，通过计算得出单位时间正确朗读的词语数量。能够提供更丰富线索的句子层面的阅读流畅性评估工具更少见。

对学生阅读流畅性的考察，还需要进行默读。默读不像朗读能够将过程外化，考察难度相对更大。德国匹兹堡阅读理解测验的方式多被仿效：每道题为一个简单的句子，如"太阳是蓝色的"，请学生根据常识判断正误①。表 7-1"3 分钟阅读理解"采用的也是同样的方法。因为考察的内容属于常识性问题，所以只要能读懂句子就能够进行准确的判断。但实际施测的过程中，我们发现会因学生个人理解偏差导致误判。也就是说学生已经读懂了句子，但因为个人理解与出题人的理解不同，所以做出了与出题人预设相反的判断。

阅读相关认知能力评估

由于语言文字系统的不同，不同语言中影响阅读的语言认知因素有所不同。前面已经提到过，对拼音文字的大量研究一致表明，语音意识缺陷是阅读障碍儿童的核心缺陷。而汉语阅读障碍的核心缺陷并不单一，结论也尚未统一，达成共识较多的有语音意识、语素意识、正字法意识、快速命名方面的缺陷。阅读相关认知能力评估就是针对阅读障碍核心缺陷进行的。

需要说明的是：下面介绍的这 4 种阅读认知能力的评估方式，同时也可以作为训练方式。这里采用的例子均为公开发表论文，这些例子并不能涵盖目前所有的相关评估，仅借此让我们对一些重要概念有一个相对科学、全面的认识。

语音意识指对口语中语音成分的感知和操作能力，语音成分由大至小可分为音节、首尾音和音位，反映了语音表征的精细性。测验可分为音节

---

① 王莹. 汉语发展性阅读障碍儿童的语音加工和正字法加工缺陷及干预[D]. 大连：辽宁师范大学，2022：26.

删除、首音删除、中音删除、尾音删除等。

测试方式是口头说给被试一个多音节词或单音节汉字，让被试按要求做反应，如，"měilì"如果不说"měi"，还剩下什么；"lèi"不说"l"，还剩下什么。① 还有一种方式是请学生听字音，对声母、韵母、声调进行辨别。如从小学一、二年级课本中选取高频汉字，以音节的形式呈现。这些音节包含了 24 个常用韵母、23 个常用声母以及 4 种常用声调。测试时，每个题目由主试口头陈述两遍，要求儿童判断哪两个音节的韵母、声母或声调相同。②

正字法意识是字形层面的判断，是对文字合法部首的合法位置的识别和辨认能力，反映了对字形的加工及字词组合规则的掌握。一般用真假字的方式进行判断，让学生看一些汉字，在真字下面画"√"，在不是真字的下面画"×"。可涉及 3 种类型：真字、假字、非字。

真字是现实中真实存在、符合正字法的汉字。

假字是符合正字法规则但现实中不存在的汉字。比如图 7-2 中的"⼯卜"属于假字，现实中不存在，但笔画、部件以及部件位置都符合正字法。"卜"是汉字部首，作为部首放在右边；"工"是汉字部件，左右结构中放在左边。

非字是不符合正字法的汉字，包括部件位置错误、部件错误、笔画乱写等。部件位置错误是部件书写正确，但部件位置写错。比如图 7-2"说"和"家"部件颠倒为"兑讠""豕宀"。部件错误是部件位置正确，但部件的书写有错误，比如部件混淆(如"礻""衤"混淆)，或者部件字形错误(如"氵"上面多写一个点)。笔画乱写呈现出汉字不存在的笔画，有些类似图形，如果在这个层面出错，说明正字法意识水平更低，对汉字还没有形成基本的整体认识。

---

① 赵微，陈泊蓉．影响小学生汉语阅读的认知因素[J]．心理与行为研究，2015(3)：368－369.

② 王晓辰，李清，邓赐平．汉语阅读障碍的语音加工及正字法加工缺陷的实验研究[J]．心理科学，2014(4)：804.

图 7-2　真假字判断测验题①

还有的测验增加了部件基本意识测验，包括部件方位判断任务和部件识别任务。② 部件方位判断任务测验题由正字和反字组成，正字为独体的、真实存在的汉字，反字是由正字经过垂直翻转或者水平翻转而成的，比如"屯"字垂直翻转为"屮"、"水"字水平翻转为"水"。部件识别判断任务测验题包括部件增加和部件缺失两类合体字，比如"照"部件增加为"照"、部件"刀"缺失为"照"。

语素意识指对口语中最小的音义结合体——语素的感知和操作能力，一定程度上反映了语义技能。

汉语大约有 7000 个语素，但只有约 1200 个音节，每个音节有不同声调，因此一般来说每个音节对应 5 个语素或者更多。语素意识主要包括三个方面：(1)同音和同形词素意识，指对汉语中同音和同形词素的区分能力，比如在口语中区分"书本"和"梳子"中的同音词素"shū"，区分同形词素"右手"和"水手"中的"手"；(2)词素意识，指对词的内部结构的意识，比如

---

① 王莹. 汉语发展性阅读障碍儿童的语音加工和正字法加工缺陷及干预[D]. 大连：辽宁师范大学，2022：49.
② 林佳英. 汉语阅读障碍小学生正字法意识特点与干预研究[D]. 重庆：西南大学，2021.

复合词"牛奶"中"牛"和"奶"的关系；(3)形旁意识，如形声字"妈"中"女"的作用。①

汉语中存在大量的同音语素，比如"qū"这个音节对应的语素有曲、区、屈、趋、躯、驱等。阅读障碍学生在使用汉字组词时，经常张冠李戴，混用同音字。这就是同音语素辨别能力不足的表现。

在汉字发展史上，由于字义的演化和字形简化合并等原因，同一字形可能具有不同含义，造成汉语中存在很多同形语素，也就是一字多义现象。比如"明"字能组成这样一些词语：明亮、明年、明代等，这些词语中的"明"作为语素含义是不同的，在字典中属于不同的义项。

多个语素组合在一起有一定的规则，对其结构规则的理解和操作的能力则是复合语素意识。复合语素意识发展得好的儿童能够从复合词中快速提取出单个语素的意义，合理地推测词义，促进汉字的学习。②

同音语素、同形语素和复合语素测验最为常见，评估方法见表 7-2。

表 7-2　语素意识测试方法列表②③

认知能力与测验项目	测试方式
同音语素辨别测验	口头呈现，个别施测，问听到的两组词语中同音的词素是否为同一个汉字。如"健康"和"关键"，"风雨"和"风度"。
	口头呈现，个别施测，呈现含有目标语素的词语，要求使用同音字组出尽可能多的词。如，含有目标语素为"糖果"的"táng"，要求被试用与"táng"读音相同的字组词，如"食堂""池塘"。

---

① 吴思娜，舒华，王彧. 4—6 年级小学生发展性阅读障碍的异质性研究[J]. 心理发展与教育，2004(9)：46—49.

② 夏月，谢瑞波，王振梁，等. 小学低年级汉语儿童语素意识、汉字识别和词汇知识的发展关系——交叉滞后研究[J]. 心理学报，2022(8)：906.

③ 赵微，陈泊蓉. 影响小学生汉语阅读的认知因素[J]. 心理与行为研究，2015(3)：368—369.

续表

认知能力与测验项目	测试方式
同形语素辨别测验	书面呈现，分辨两组词语中相同汉字的含义是否相同。如："信封"和"信任"，"古老"和"古董"。
	主试口语呈现一个双字词并指定其中一个语素（如"花朵"的"花"）作为目标语素，让被试重新组两个词，其中一个目标语素的意义与原词中的意义相同（如"小花"），另一个则不同（如"花钱"）。
复合语素意识测验	向被试口头描述一个新事物的句子，要求被试创造一个新词给这个新事物命名。评分者根据儿童是否提取出关键语素、产生出的词汇结构的准确和简洁程度进行评分。例如，问："用叶子做成的盘子叫作什么？"回答："叶盘。"

快速命名的认知成分并非是单一的，至少包括语音加工、发音速度和快速视觉符号识别等多种，并涉及注意、感知觉、语义和运动等加工过程[1]。快速命名测验主要考察儿童对符号的语音快速通达能力，包括字母数字任务（字母快速命名、数字快速命名）和非字母数字任务（事物快速命名、颜色快速命名）两类。[2]

数字快速命名任务要求儿童依照顺序快速地读出数字，以测试他们语音检索的能力。如材料为 5 个不同的数字（如：9、4、2、7、6），以随机顺序排成 8 行，每行的 5 个数字的排列顺序是不同的。要求被试又快又准确地从左至右逐行读出每个数字。共进行两次测试，用秒表记录被试命名时间，两次测验的平均时间为该测验的成绩。字母命名与之类似。

颜色快速命名如材料为 4 种不同颜色（如：红、黄、绿、蓝）的长方形色块，以随机顺序排成 6 行，每行 5 个色块，每行中 5 个色块的颜色排列顺序是不同的，要求被试又快又准确地从左至右逐行读出每个色块的颜色。共进行两次测试，用秒表记录被试命名时间。两次测验的平均时间为该测

---

[1] 薛锦，舒华. 快速命名对汉语阅读的选择性预测作用[J]. 心理发展与教育，2008(2)：97—101.

[2] 王晓辰，李清，邓赐平. 汉语阅读障碍的语音加工及正字法加工缺陷的实验研究[J]. 心理科学，2014(4)：804.

验的成绩。事物快速命名与之类似。

因为快速命名重点考察的是命名速度，所以材料内容一定是被试认识的、熟悉的。如学生本身是色盲就不适宜用颜色进行快速命名测试。

审慎解读评估结果

在阅读障碍的医学诊断上，虽然所用的诊断工具是标准化的评估工具，但并没有像一般疾病那样有可参考的生理指标，而是通过阅读能力和阅读相关认知能力表现来进行行为评估，因此阅读障碍的评估存在误判的风险。

一次评估结果可能未必具有代表性。例如，一天中不同时段的精力状态不同，同一个孩子在不同时间的测试结果很可能有所不同。还有的学生可能当天不配合也可能导致假阳性出现。存在其他障碍也可能导致假阳性，比如注意缺陷多动障碍的学生在进行数字快速命名评估时，往往得分情况不稳定，如果测试时注意力高度集中，发挥良好；如果注意力不集中，则成绩很低。可能在短短几周内的表现天壤之别。

评估内容和方式不同也会导致诊断结果不同。由于汉语阅读障碍核心缺陷等相关研究还在探索完善中，所以具体评估内容并不一致。评估方式也是不同的，有的只要求识别，有的要求主动产出。阅读能力评估有的是以书面方式集体施测，有的是一对一口头施测，都有可能导致结果有所差异。比如，有的学生存在书写困难，采用书面方式看汉字组词进行识字量测试结果要比本人的真实水平低。

标准不同也会导致诊断结果不同。阅读障碍与非阅读障碍并非截然区分。学龄儿童的阅读能力服从正态分布，阅读困难、阅读能力较弱和正常之间不存在阶段性区分，而是连续的渐变。[1] 所以阅读障碍与非阅读障碍的分界实际上是人为划分的，有的研究者采用的是低于同龄学生两个标准差，有的是1.5个标准差，有的是1个标准差；有的要求阅读能力评估的

---

[1] Shaywitz, S. E., Escobar, M. D. Shaywitz, B. A., et al. Evidence that dyslexia may represent the lower tail of a normal distribution of reading ability[J]. The New England Journal of Medicine, 1992(3): 145-150.

每一项都要低于临界值，有的则是要求整体平均分低于临界值即可。由于这些标准不统一，某些学生是否属于阅读障碍结果也相应有所不同。

学生智力水平与年级高低也可能影响测试结果。智力水平高的学生可能有更多的策略掩盖自身问题，导致测试结果高于自身能力；低年级比高年级鉴定难度更大，低年级学生学业问题表现尚不明显，更容易掩盖问题。曾经有一名低年级学生被教研组老师怀疑为阅读障碍，但家长说早已看过，评估结果并未达到诊断标准，肯定不是阅读障碍。后经测试，其推理水平优秀，和学业表现不符，虽然还没有达到阅读障碍诊断标准，但实际上他已经属于存在潜在阅读障碍风险的学生，如不及时干预，随着年级的升高，这名学生的问题可能越来越突出。

大多数阅读障碍者至少要等到小学三年级才被诊断出来。事实上，就阅读障碍而言，一直到青少年或成年期都未被确认也不稀奇。[①] 并不是说一、二年级时真的是没有问题，只是年级越低，发现的难度越大。小学一、二年级学习内容较为简单，学业问题表现可能不凸显，尤其一、二年级取消纸笔测验后，尽早发现阅读障碍风险的难度加大了。然而，从干预效果的角度看，早发现、早干预更好。这更需要教师和家长对阅读障碍的情况了解得更充分，尽可能避免"等待失败"的问题。

所以，我们不仅要能看懂阅读障碍评估结果，还要关注阅读障碍评估的方式和标准，全面综合地分析。

目前汉语阅读障碍还不能在我国医院得以广泛诊断，可能未来较长的时间里只有少数医院能够进行阅读障碍诊断。那么，作为阅读障碍学生的重要他人，教师和家长在识别和评量中的作用就更为重要了。这要求我们不仅仅看到学生在学业中的问题，还要做更多的识别与评估的工作。适用于教师群体的阅读障碍评估怎么做，将在下一节加以介绍。

---

① Sally Shaywitz. 战胜读写障碍[M]. 吕翠华，译. 台北：心理出版社，2014：10.

要点小结

1. 阅读困难、阅读能力较弱和正常之间不存在阶段性区分，而是连续的渐变。

2. 阅读能力评估主要考察识字量和阅读流畅性。阅读流畅性的考察又可以具体分为朗读和默读两种情况，可以在字、词、句等不同层面进行考察。

3. 汉语阅读障碍和阅读相关认知能力评估包括语音意识、语素意识、正字法意识和数字快速命名。其评估方式也可作为训练方式。

4. 要审慎解读评估结果，不仅要能看懂阅读障碍评估结果，还要关注阅读障碍评估的方式和标准，能够做全面综合的分析。

推荐资源

王久菊，孟祥芝，李虹，等．汉语发展性阅读障碍诊断与干预的专家意见[J]．中国心理卫生杂志，2023(3)：185－191．

王孝玲，陶保平．小学生识字量测试题库及评价量表[M]．上海：上海教育出版社，1996．

08　基于学校教育情境的阅读障碍评量

评估的目的

作为教师和家长，阅读障碍评估的目的是全面地帮助孩子，而不是仅仅做某方面的科学研究，或者干预孩子的某个方面。这是我们和科研人员、医生及其他机构最大的不同。科研人员可以仅研究阅读障碍的某一方面；某位医生可以只了解某个病症，不必了解其同时合并的其他所有问题，但我们不能。我们需要成为跨领域的杂家，能够对阅读障碍学生进行完整的综合性的评估分析。换言之，我们需要能够进行基于学校教育情境的评量。

热身练习

您理想的学校情境中的阅读障碍评估具有哪些特点？（　　）【可多选】
A. 适合教师、家长使用。
B. 能进行跨领域的综合分析。
C. 能进行持续的进步监控。
D. 为干预提供丰富的线索。
E. 帮助构建相对完善的支持体系。
F. 其他。（如选此项，请写明原因）

您是否毫不犹豫地选择了A、B、C、D、E？

阅读了前一节，您是否隐约感觉到那些标准化评估虽然很专业，但并不能够完全满足您的需要。您可能会感觉阅读障碍标准化评估理解起来有些吃力，距离自己比较远，而且这些工具并不容易获得，也难以由教师和家长施测。它们只能施测一次，只能横向与同龄学生比较，不能多次施测、纵向与自己相比。更重要的是，这样的工具主要起鉴定的作用，并不能为干预提供更多丰富的线索。越来越多的研究者认识到教育干预的有效性代表了一种评估与干预相互整合的系统方法，阅读障碍的诊断标准应该更加强调个体差异和个体对教育干预的反应。①

那么，目前有哪些理论和方法可以借鉴，有哪些事情需要我们去探索？本节，将分享非正式评量的概念、"干预—反应"模式，以及基于学校教育情境的阅读障碍评量的思路。

正式评量与非正式评量

"正式评量"与"非正式评量"这两个概念选自张世慧、蓝玮琛的专著《特殊教育学生评量》。这里的"评量"是一个多层面的过程，含义广泛。正式评量和非正式评量的区别见表8-1。

表8-1 正式评量与非正式评量比较表②

正式评量	非正式评量
以鉴定作用为主，不指向干预	可以提供干预线索
常模参照	学生中心、标准参照
与他人比较	与自我和目标比较
一次定结果	进行的、累积的评量
与课程/教学分离	课程/教学的主要部分

下面结合阅读障碍评量加以阐释。正式评量可以理解为前一节介绍的标准化评估，非正式评量可以理解为本节和后面所分享的基于学校教育情境的评量中的以教师本人为评估工具的评量。

前面一节介绍了正式评量的一些方法。正式评量优势在于由专业人员设计并实施，能够科学规范地进行阅读障碍的鉴定，不足是难以为阅读障

---

① Fuchs, L. S. & Fuchs, D. Treatment validity: A unifying concept for reconceptualizing the identification of learning disabilities[J]. Learning Disabilities Research & Practice, 2002(13): 204—219.
② 内容整理自张世慧，蓝玮琛. 特殊教育学生评量[M]. 台北：心理出版社，2014.

碍干预提供足够丰富的干预线索。

"非正式评量"这个概念听起来比较陌生，实际上教师是比较熟悉的，包括观察、访谈、错误类型分析、表现性评价、课程本位测量等，是几乎每个教师每天都在做的事情。非正式评量不仅可提供数据，还可提供综合性的描述信息。非正式评量有利于在真实的教育情境中更全面地分析阅读障碍学生的整体表现，不仅包括阅读，还包括学业的其他方面，以及学业之外的其他方面(情绪、心理、行为等)；不仅包括劣势，还可以包括优势，以及学生的特点、兴趣爱好……这些能够为阅读障碍学生的干预提供丰富的线索。

正式评量是常模参照的，能看到的是学生在同龄人群中的相对位置。鉴定时这一点很重要，但是在评价学生进步情况时往往不能满足教学的需要。因为阅读障碍学生在进步的同时，其他学生也在进步，而且可能其他学生进步的幅度更大，所以很难用正式评量工具看到阅读障碍学生的进步效果。非正式评量是学生中心的、标准参照的。也就是说它看重的是相比学生本人进步了多少，相比想要达到的某个目标进步了多少。阅读障碍学生的细微进步更容易通过非正式评量得以呈现。这更易于给教师、家长、学生以正向激励。

正式评量是一次定结果的，如果学生测试当天精神状态不佳可能产生误诊，需要重测。但因为测试工具往往只有一个版本或者平行版本有限，重测可能产生"练习效应"。同时，正式评量的工具教师难以获得，施测时间较长，专业性要求较高，不适合教师实施。而非正式评量则可以多次施测，测试时间相对灵活，可以很短，不会给学生造成额外的压力。

正式评量是与课程/教学分离的。比如流畅性测试内容未必是学生当下所学习的内容，不能描述学生本学期语文学科阅读流畅性的具体表现。再如语音意识测验测试的是更为基本的认知能力，并不能描述学生汉语拼音或者英语学业表现。而非正式评量着眼于课程/教学内容，能够由教师群体进行设计与实施，测试后能够直观看出学生在目前的课程与教学中与同班同学的差距、表现出什么样的特征，能够为教学改进、学生学习效果评价提供丰富的线索。

总的来看，正式评量与非正式评量并无绝对的优劣，其目的不同，分工不同，可以相互配合。就阅读障碍评估来说，目前教师过于看重正式评量，忽视甚至没有意识到非正式评量的价值，认为阅读障碍是一件非常专业的事，应该交给其他专业人员去做。

实际上，对非正式评量的重视已然成为一种趋势。近年来，标准化的正式评量由于无法统合教学而经常受到批判，非正式评量模式更具实用性和形成性，可让教师的专业判断更居教学过程核心。[①] 教师不但能够在阅读障碍评量中起作用，还能够起到独特的、不可替代的作用。这个作用并不仅限于提供丰富的识别线索信息，教师在主动进行观察、访谈、错误类型分析等非正式评量过程中，以教师本人为评估工具，有助于教师对学生敏锐、全面、深入地了解。

触类旁通，学会对阅读障碍学生进行非正式评量，还能够提升教师对其他特殊需要学生，甚至所有学生的评量的专业性。

"干预—反应"模式

有一种被证明有效的阅读障碍评估与干预模式，在我国还没有广泛实施，但对我们会有所启发，它就是"干预—反应"模式。

"干预—反应"模式由格雷沙姆(Gresham)于2001年提出，指在普通学校中实施的、通过层递式的评估和干预来鉴别和满足学生教育需要的系统[②]。它分为三个层次：第一层次是面向全体学生的常规教学和鉴别(能帮助80%的学生)，第二层次是面向在第一层次中对教师的教学设计没有显示出足够反应的学生(能帮助15%的学生)，第三层次是面向在第二层次中仍未做出任何回应的学生的个别指导教学(能帮助5%的学生)。[③] 在这个过

---

① 张世慧，蓝玮琛. 特殊教育学生评量[M]. 台北：心理出版社，2014：153.
② S. Hunley, K. McNamara. Tier 3 of the RTI model[M]. National Association of School Psychologists, 2010.
③ 王道阳，王翠翠，陶沙. 学习障碍鉴别RTI模式：进展、困境与出路[J]. 中国特殊教育，2015(12)：43.

程中要频繁地使用课程本位测量来评估学生的反应，根据监测数据判断哪些学生可以返回第一层，哪些需要接受针对性更强的干预。一旦确定该学生有学习障碍，就要对他实施特殊教育。[①]

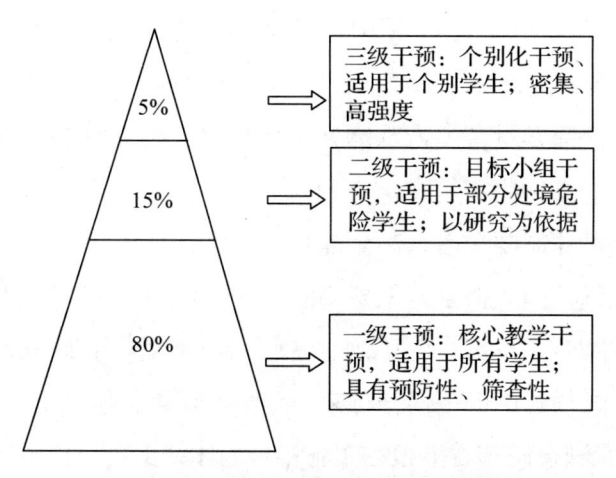

图 8-1　干预反应模式三层结构模型

（5%）→ 三级干预：个别化干预、适用于个别学生；密集、高强度

（15%）→ 二级干预：目标小组干预，适用于部分处境危险学生；以研究为依据

（80%）→ 一级干预：核心教学干预，适用于所有学生；具有预防性、筛查性

"干预—反应"既是一种阅读障碍的评估模式，也被认为是阅读障碍干预的最佳途径。"干预—反应"模式不是先诊断再干预，而是评估与干预同时进行，最大限度避免由于误诊导致的等待失败问题。也就是说，如果发现班里有几名学生阅读能力低，教师第一时间要做的不是让家长带着学生去医院确诊是否是阅读障碍，而是首先在全班进行一级干预——高质量教学，同时密切关注学生的进步情况。如果学生有持续进步直至跟上同龄学生的水平，说明全班高质量教学对他有效；如果目标学生在全班高质量教学下没有进步，则提供二级干预——小组教学；如果二级干预依然无效，则进入三级干预，提供更为专业而密集的一对一的评估与训练。

"干预—反应"模式重视学生对教学的反应，教师是评估和干预的设计者和实施者，这与传统的学习障碍评估工作都由专家完成不同。阅读教学环境的调整被认为是对阅读障碍学生十分有益的措施，而改善阅读教学环

[①] 韦小满，杨希洁，刘宇洁．干预反应模式：学习障碍评估的新途径[J]．中国特殊教育，2012(9)：10.

境正是每一位学科教师都有能力做的，而且是其他人无法替代教师做的。可见，这是一种适用于学校教育情境的阅读障碍评估模式。

"干预—反应"模式中受益的不仅是阅读障碍学生，还包括所有阅读困难学生。我们常说"一个都不能少"，这体现了教师的责任心。但同时我们也需要知道：教学是艺术，也是科学。真正让学生一个都不能少，支持到每一个学生，既需要对各类特殊需要学生（包括阅读障碍）的正确理解，也需要相对完善的支持体系。在这样的体系中，受益的不仅仅是阅读障碍学生，还有所有特殊需要学生，甚至是所有学生。

"干预—反应"模式得到越来越多的认可。2004年美国联邦政府颁布了《残疾人教育法案》修正案，明确规定各州可以使用"智商—成就差异"模式和"干预—反应"模式中的任何一种来鉴别学习障碍，但更提倡采用"干预—反应"模式。我国台湾和香港也在实施相应的体系支持。

但"干预—反应"模式实施的难度也相当大。一方面，实施"干预—反应"模式对机制与体系建设要求很高；另一方面，这期间需要全新的探索，比如全班教学、小组教学、个别教学的课程内容，基于课程本位评估的工具研发等。因此，广泛实施这一模式还需要一个相对长期的过程。但身为教师，我们现在就可以行动起来，比如改善学生阅读教学环境、采用基于研究证据的高效教学方法、研发适用于学校教育情境的评量方式等。

基于学校教育情境的评量

学校中的阅读障碍不是一个抽象的概念，而是代表着一个个活生生的学生。

除了阅读障碍，他们往往还合并其他一些情况，比如书写困难、注意缺陷、情绪行为问题、社交问题、心理问题、亲子关系问题等。这其中有一些并发症可以在医院得到诊断，有一些没有办法得到诊断，但对学生的影响可能很大。这些问题之间的关系也是错综复杂的，并非简单相加：有一些问题可能是由阅读障碍引起的，也有可能是与阅读障碍并发的，还有可能是其他问题加剧了阅读障碍的症状……

除了自身的困难，他们也有个人的爱好、自身的优势，这是帮助阅读障碍非常重要的资源。在教育情境中，这些也应该成为阅读障碍学生评估的一部分。

如果仅仅依赖标准化评估，先评估再干预，可能会存在等待失败的问题。而且，标准化评估主要起鉴定作用，对学生的支持和干预则需要丰富的持续性评量线索。对阅读障碍学生的评估需要一个较为完善的体系，这个体系中教师是非常重要的一员，当然也缺少不了家长的力量。

因此，必须探索适用于学校教育情境的阅读障碍评量与干预策略。

作为教师，与科研人员、医生等其他群体不同，我们关注的并非学生的阅读障碍，而是有阅读障碍的学生。所以我们的评量重点不在于把阅读障碍鉴定出来、贴上标签，而是全面深入地了解这个学生是什么情况，我们可以做什么。作为研究者，可以只聚焦于"阅读障碍"；但作为教师，我们需要了解阅读障碍学生的全部。

我们需要成为跨领域的"杂家"。因为阅读障碍学生本身就是复杂的，常常在阅读障碍的同时合并其他一些情况，比如书写困难、注意缺陷、感觉统合失调、情绪行为问题、社交问题、心理问题、亲子关系问题等。这就意味着，我们各方面的知识都需要了解一些，而且具有极强的实践能力，甚至能够敏感地看到风马牛不相及的现象背后与阅读障碍的关联。

我们需要了解阅读障碍的已有研究成果，学习理论知识、评估与干预方法，但并非要求我们像科研人员一样，而是成为教师群体的阅读障碍评估专家。我们不仅要看到评估结果，还要看评估的过程，分析结果背后隐藏的蛛丝马迹。

下面举一个真实案例。

某教师为学生做瑞文标准推理测验，对班主任说这个学生智力落后。班主任非常惊讶，说这个学生看起来智力没问题，甚至显得很聪明。这位测试教师说，自己看到学生时也觉得孩子看起来挺聪明的，没想到结果相反，看来不能仅凭感觉判断，还需要依靠专业评估。而我看到学生的答案后，感到有几点可疑：(1)表现不稳定。一般来说，题目越往后越难，做对的越来越少，但这个学生时好时坏，后面比较难的题目能做对，但前面一些简单的题目反而做错。这让我怀疑是否有非智力因素影响学生的表现，比如注意力问题。(2)整行出错。前一行基本都正确的情况下，后一行基本都错误。让我怀疑这个学生的回答存在串行的问题。于是我决定重新给学生做测试。

看到学生第一眼，我和两位老师的印象是一致的，看起来这个孩子非常机灵。我让这个学生拿出笔的时候，他说今天忘了带笔来学校。这句话让我想到注意缺陷多动障碍学生"丢三落四"的特点，问他："你是不是经常忘带？有时不需要带的反而带来了？"学生惊喜地连连应和："对啊！对啊！"滔滔不绝地描述他种种丢三落四的表现。重新做题时我在一旁观察，发现他果然有串行、串题的情况。全部做完后，我把错题挑出来一一询问他的思路，发现学生存在不少"马虎"的情况：还没看到正确答案就先选一个差不多的，本来看的是 C 却写成了 D 等。而且他还有严重的视知觉问题，做题时困惑地问我其中两个选项有什么差别，因为这两个选项的图案很相近。

有时采用《小学生识字量测试题库及评价量表》给学生做识字量测试，得到的结果比学生实际能力低很多。因为这个量表的测试方式是看到汉字组词并书写，而书写困难学生存在即使认识汉字也无法准确迅速书写的问题。我曾经同时让两名阅读障碍学生做这套测试题，一名不存在书写困难的学生 40 分钟就完成了，另一名合并书写困难的学生 40 分钟只完成 1/5，而且未完成的 4/5 中有不少字能口头组词，但是写不出相应的汉字。所以我们采用了这样的方法：以书写形式对学生进行识字量测试后，让学生以口头回答的方式再测一遍，记录两个分数，如果二者相差较大，会考虑学生是否存在书写困难。曾有一名三年级学生，采用书写方式测试其识字量相当于一年级，严重低于同龄学生；而采用口述方式则接近四年级，不但不低，反而高于同龄学生不少。说明这名学生是由于书写问题导致识字量测试结果过低，并非真的识字量不足。

经常有这样一种情形：教师和家长已经知道学生存在读写困难，但依然会将学生的读写困难归因于学习态度不认真。一方面是因为读写困难确实不容易理解，读写困难学生也常同时伴有态度问题；另一方面是教师和家长使用了错误的分析策略。比如，有位家长愤怒地认为孩子书写不好就是不认真。证据是"学过的很简单的字写不出来，我一发火，学过的很难的字就能写得挺好"。听起来似乎很有道理，但追问两个细节：前后两次写的方式一样吗？写得好与不好具体指什么？追问后得知之前学过的字写不出来是家长从听写本上看到的，孩子大量的字写不出来或者有各种奇怪的错误，比如把"夜"写得类似"死"；妈妈发火后让孩子做的是抄写没学过的生字，孩子抄写的是正确的。事实上，这个孩子属于听写困难学生，听写时无法准确输出汉字的字形，当然写不好；而抄写时，眼睛能够看到正确的汉字，自然能写出来。这是基于对具体学习过程的考察得出的判断。

其他更多的相关内容请关注后面"风马牛也相及""错误类型分析""案例：朗读错误类型分析"几节。

要点小结

1. 干预—反应模式中教师的作用更为重要，这一模式可为一线教学提供有益的思考。阅读障碍评量中教师能够而且应该成为一支重要的力量。

2. 正式评量以鉴定作用为主，其特点为：一次性定结果、常模参照、与他人比较、与课程/教学分离等。

3. 非正式评量可以提供干预线索，具有可持续进行、以学生为中心、自我比较、与课程/教学密切结合等优势。

4. 正式评量与非正式评量并无绝对的优劣，它们的目的不同，分工不同，需要相互配合。

推荐资源

张世慧，蓝玮琛．特殊教育学生评量[M]．台北：心理出版社，2014．

09 风马牛也相及

——一些容易混淆或忽视的线索

风马牛也相及

识字困难与阅读流畅性差是阅读障碍的主要表现，也是阅读障碍最直接的识别线索，这一点在第 6 节"理解阅读障碍"中做了重点介绍。此外，还有一些信息看起来与阅读没有直接的关系，似乎与阅读风马牛不相及，却是阅读障碍潜在的征兆，它们对我们全面理解学生、支持学生也有重要的意义。

热身练习

在评估阅读障碍学生的时候，您会关注哪些信息？（　　　）【可多选】

A. 各学科的学习情况，包括主科与副科。

B. 各方面表现，如听、说、读、写，以及各种题型完成情况。

C. 学生学习过程，尤其是阅读过程中的特殊感受，如看不清、听不清。

D. 学生的发育情况和养育情况。

E. 学生日常生活中是否有丢三落四、坐不住、难以等待等情况。

F. 学生在体育课、做操、日常活动中是否存在运动能力不足的情况。

G. 其他。（如选此项，请填写具体内容）

上面选项您做了哪些选择？

在对疑似阅读障碍学生进行筛查评量时，我们应该对各学科进行全面了解，并对语文学科的各方面进行具体分析；对学生本人进行访谈，不忽视学生的一些匪夷所思的表达;对家长进行访谈,尤其关注一些有助于分析阅读障碍的早期线索;对学生日常行为进行观察,关注他的运动情况(如跳绳、做操、上下楼梯等)、体现注意力的一些细节(如条理性、是否能够等待、是否坐得住等)……

阅读障碍学生常常伴有一些并发症,比如记忆困难、注意集中困难、书写困难及动作技能、口语能力和社会适应能力的缺陷等[①]。因此,要了解相关情况,有时还需要更细致地研究阅读障碍与并发症的关系。这些做法对全面分析学生、制订学习方案有重要的意义。本节将带您一一解析。

全面联系:差距法

当怀疑某名学生是阅读障碍者时,我们应了解他各学科的学习情况。因为阅读是学生学业森林中的一棵树,了解整个学业森林的生态环境才能更好地帮助学生。

阅读障碍学生智力正常甚至超常,但阅读上存在特异困难。如果您能找到证据,证明学生的阅读能力与智力水平之间存在差距,而且这种差距不是学习态度、练习、环境等因素能够解释的,那很有可能这名学生是阅读障碍学生。

差距法是一种非常好用的方法,能够帮助我们迅速发现阅读障碍学生能力的内在差异,阅读障碍学生与一般学生主要有三种差距:读听差距、学科差距、能力差距(图9-1)。

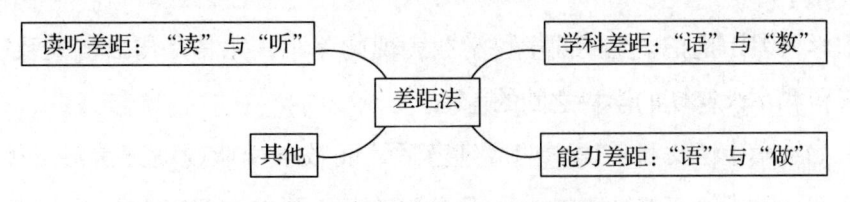

图 9-1 阅读障碍识别差距法示意图

读听差距是指在"读"与"听"不同条件下理解水平的差距。

---

① 李秀红,静进,杨彬让,等. 发育性阅读障碍儿童的临床特征[J]. 中国心理卫生杂志,2006(4):211.

根据认知资源理论，一个人用于某一特定认知任务的注意资源有限，一旦注意过多地分配到一项活动中，同时用于其他活动的注意资源就会缺少。阅读者在阅读中至少需要进行两项独立任务：词语认知和建构文本意义。如果用于词语认知的注意资源越多，用于文本理解的资源就越少。

　　双通道加工理论认为，当任务执行达到自动化时，将不受认知资源限制。具体到阅读过程，只有印刷符号识别自动化时，学习者才能将更多的认知资源用于文章理解。[①]

　　阅读障碍学生本身的言语理解是没有问题的，因此"听"到的内容能够完全理解。但在阅读上非常困难，字词解码占用了过多的认知资源，剩余给理解的认知资源过少，所以表现出理解能力不足的现象。

　　听过阅读障碍学生朗读的人都可能有这种感觉：不要说朗读者本人难以理解所读内容，就是旁听者也很难听懂。因为朗读断断续续、错误较多、速度过慢。所以提醒老师和家长们：要细致地区别学生阅读理解的困难是在于字词解码本身，还是在言语理解。

　　需要注意的是，凡事都有例外。如果学生听别人读能够理解所读内容，但本人读就难以理解，大多可证明其理解困难来自字词解码，而不是言语理解，学生存在阅读障碍的可能性较大。但是反过来，不能认为学生本人朗读后能理解大意就不存在阅读障碍，有些智力水平较高的学生，也能说出文中的大意。

　　学科差距是指学生不同学科学业表现的差距，尤其是与语言关系密切的学科和不太密切的学科之间的差距。

　　如果学生语文和英语学业成绩落后，而数学学业成绩正常甚至优秀，那么阅读障碍的可能性比较大。因为数学学科要求推理能力较强，对阅读能力的要求相对较小。

　　目前国内比较权威的智力测试工具是韦氏智力测验，其第四版包括言

[①] 陆爱桃，张积家. 阅读流畅性研究及其进展[J]. 心理科学，2006(2)：376-377.

语理解、知觉推理、工作记忆、加工速度4项内容。这4项如果选择一项作为智力快速筛查的测试内容，应该是知觉推理。科研人员或医院常用的智力筛查工具都是测试知觉推理的，如瑞文标准推理测验和比内智力测验。

学生所学的各学科中对推理能力要求最高的是数学学科，也可以进一步扩大范围说理科相对文科对学生推理能力要求更高。所以，如果学生文理科悬殊，理科成绩(特别是数学成绩)好，而文科成绩却很差，需要思考：既然学生知觉推理能力正常，语言相关学科上学业表现却如此落后，是否可能存在阅读障碍？

当然不能认为文理差距一定是阅读障碍所致。兴趣爱好会导致偏科，阿斯伯格综合征也可表现为数学优于语文。同时，也有阅读障碍学生数学表现同样很差，这些学生可能同时存在数学障碍。

能力差距是具体在某一学科中能力上的差距，这一条与前两条有时是交叉的。

阅读障碍学生的英语一般也不会太好，因为它们都属于语言相关学科。如果学生英语阅读和写作困难比较大，但是听力和口语表现还可以，存在阅读障碍的可能性就更大了。

如果学生学业表现都很差，需要教师从能力的角度更细致地观察分析。学生课上思考问题时表现是否正常甚至比较出色？学生课下分析事情时是否逻辑清晰？如果是，很可能学生智力水平，至少是知觉推理智力水平是正常的。当然这种区辨可能存在一定的困难。因为不少阅读障碍学生在言语表达上也存在一定的困难，给人以迟缓之感。这时一定要关注学生想要表达的内容，而不要被表达形式蒙蔽。

学生在不同类型的学业任务上表现的态度和能力是否不同？比如有的学生在不依靠读写完成的任务上表现比较好(如说故事、绘画表达、口头说作文等)，而完成依赖识字与读写的任务则非常困难(如看拼音写词语的题目、阅读题目等)。

上述几种差距只相当于非正式评量中的"初筛"，凡事都有例外，需要灵活应用，因此图9-1中还有"其他"这一项。教师和家长能听到学生说的很多信息，但我们常常对感到难以理解的部分自动屏蔽，或者按照自己的经验去解读，错过真相。我们需要在识别的过程中细致观察、深入访谈，以了解背后真正的原因。

差距法应用实例

我曾经怀疑一名二年级学生存在阅读障碍。该生本人说自己喜欢数学，我猜想该生的数学学业表现应该不错，然而数学老师告诉我，可能因为难度增加了，这名学生有些跟不上。刚二年级上学期数学就有些吃力了，这名学生会不会智力水平不足？或者这名学生既有阅读障碍，又合并数学障碍？

带着这个疑问，我翻开该生的数学练习册。一个有趣的现象映入眼帘：练习册前几部分做得完全正确，从后面某一部分开始全都是错的（见图9-2，部分回答已改正）。难怪教师会说随着难度增加学生似乎有些跟不上了。

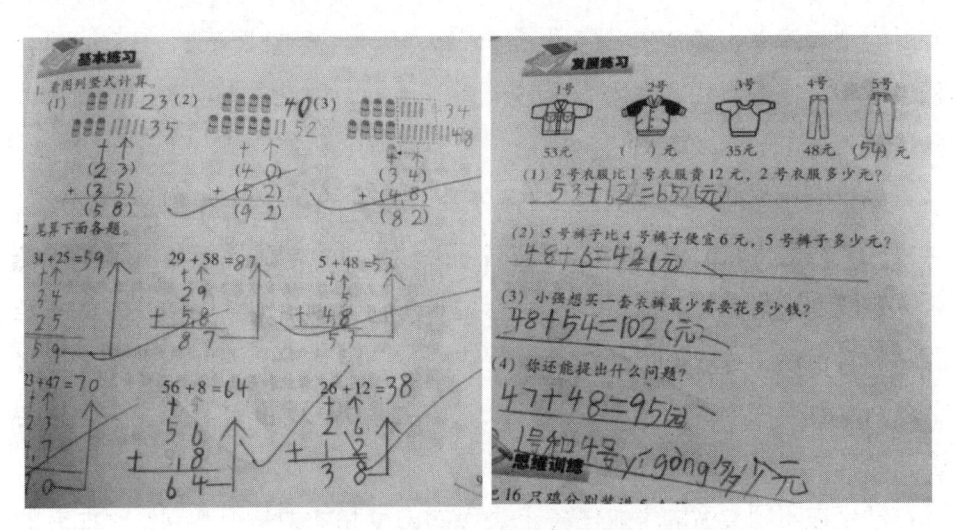

图9-2 某学生数学练习册中的答案情况

从作业表现来看，确实"跟不上"。但问题是：跟不上的是什么？是什么原因导致跟不上？需要追根究底弄清楚这两个疑问。

跟不上的是什么？可以分析题型，找前后的差距与不同。之前的计算题，该生能够100%做对，这说明该生数学计算基本掌握了；从应用题开始，该生100%做错。很明显二者最大的不同在于，前者是计算题，后者是应用题，需要先阅读理解再计算。

那么，会不会是该生阅读能力不足导致后者的错误？

于是，我指着该生第一个开始做错的练习题题目"2号衣服比1号衣服贵12元，2号衣服多少元"请学生读。

学生不假思索地说："我读不了，平时都是别人给我读的。"

继续追问，学生告知平时都是家人给读题的。但这次作业没人给读题，自己读不懂就瞎写。

我鼓励学生，请他读一读试试，他很不情愿地开始朗读，读的速度非常慢，几乎是一个字一个字蹦出来的，而且到"贵"字这儿停顿了很久，他说不认识这个字。我告诉他这个字是"贵"。学生"哦"了一声，迅速列出正确的算式：53＋12＝65(此时学生还没有修改作业)。

这次接触后我更确定了学生很可能存在阅读障碍。但孩子的母亲却不这么认为。她认为孩子年龄还小，认识的汉字有限，而且由于平时家长代读比较多，不会读很正常。

但是家长忘了分析为什么一直在帮孩子读。家长说因为学生对阅读不感兴趣，不爱读。那为什么学生唯独对阅读特别不感兴趣呢？家长说可能因为孩子感觉阅读困难，那为什么孩子感觉阅读特别困难？家长说因为总是由家长代劳，孩子阅读能力没有机会得到锻炼。这就形成了一个非常有趣的推理循环(见图9-3)。

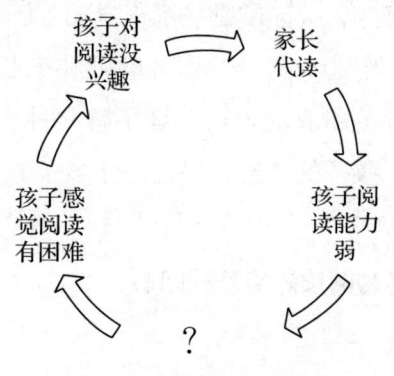

图 9-3　家长的推理循环

在这个推理中找不到阅读困难的真正原因。如果把阅读障碍加入其中，一切就都豁然开朗了。正是因为阅读障碍，孩子感觉阅读有困难、对阅读没兴趣，家长为了鼓励孩子，不得已代读，虽然知道代读的结果可能会影响孩子阅读能力的提高。

类似这样有趣的逻辑循环，有些教师也会有，需要我们注意。同样地，教师也需要在看到学生学业表现的"差距"后，层层剖析，最终才可能得到真相，而不要止于"学生"跟不上的表象。

微妙的关联：视觉线索

在视觉方面我们很容易产生两种误解。

误解一：视力正常就应该能看清任何东西，包括文字。

实际上，视力正常不等于视觉加工就没问题，反过来，视力有问题未必视觉加工有问题。我们多数人无论视力好坏，视觉加工都是正常的，并不对阅读产生影响。

视觉困难可能发生在多个环节，其表现也各不相同。《地球上的星星》中伊夏应该视力是正常的，他没戴眼镜，但他看文字却并不正常，他觉得书上的字母动来动去，"字母在跳舞"。有一些阅读障碍学生也有类似的感受：汉字都挤在一起，看起来特别不舒服；好像能看见，但是看不太清楚；读书时间长了会头晕恶心；字形相近的汉字很难区分。有的学生写出来的汉字重叠在一起，很可能是因为他看到的汉字就是重叠在一起的。还有的老师在学习阅读障碍知识后恍然大悟，说自己上学时总觉得一个字看不完整，书写时也会丢三落四，可能就是受到视觉加工问题的影响。

上面仅仅是列举其中的一部分。作为教师和家长，最重要的不是力图穷尽视觉问题影响阅读的所有现象，而是了解此种现象的存在，细致观察学生的表现，注意倾听孩子的声音，并且信任孩子。

误解二：视觉问题与阅读障碍是一回事。

请您先看两条陈述——

陈述1：阅读障碍的特征是把字母、汉字或词语看颠倒。

陈述2：导致阅读障碍相关困难的主要原因之一是视觉加工问题。

在我的调查中，绝大多数教师认为这两条是正确的。实际上这两条都是视觉问题的表现，阅读障碍学生可能会合并视觉问题，但视觉障碍并非是导致阅读障碍的根本原因。视觉障碍与阅读障碍是两类问题。

但阅读障碍学生有些确实会有视觉问题，解决其视觉问题对缓解其阅读障碍会有非常大的帮助，但并非解决了视觉问题，阅读障碍就消失了。比如，记字困难的问题可能依然存在。

《地球上的星星》和一些阅读障碍宣传片都喜欢描述阅读障碍者阅读时出现的文字跳跃、模糊不清、视觉拥挤等现象，展示学生的朗读情况频现串行、替代等各种错误，或使用一些特效夸张地描绘阅读障碍学生所看到的文字与常人不同。所以有些老师和家长会问孩子：是否感觉文字在跳动？是否感觉看不清楚书？如果孩子回答不是，就认为他不存在阅读障碍。这样的问法未必不对，但会遗漏相当数量的阅读障碍学生。不是所有阅读障碍学生都存在这些视觉的问题，而且视觉问题的表现也是多样的。

也不是所有存在视觉问题的学生都能将其清晰描述出来。在排查视觉障碍的过程中，容易出现的问题是，过于依赖学生的主观报告，错失及早发现的良机。

有的老师本身已经有阅读障碍的概念，也早就怀疑某名学生有阅读障碍问题，但直到学生在五年级时述说"我读书时间长了，就会感觉自己是晃的"，才感到非常吃惊。有的学生做视觉筛查时说不出自己有异常，只在进行了视觉问题处理后开心地说："现在特别清晰！特别清晰！以前也清晰，可现在更清晰。"因为学生并不知道别人的视觉加工感受是什么样的，而且有些视觉问题是阅读时间足够长之后才显现出来的，而他们由于排斥阅读，很少能坚持阅读较长的时间，所以未必能清晰描述自己的视觉障碍，需要教师细心观察。

看不见的困难：听觉线索

听力与听觉的关系，类似于视力与视觉的关系。并非听力没问题，听觉就没问题。

有些阅读障碍学生可能存在听觉方面的问题。比如一些学生很难分辨汉语两个相似的读音，尤其难以分辨声调。

有位小学一年级的学生瑞文标准智力测验为优秀水平，然而每天呆坐在教室里，老师说什么都不太有反应，英语课尤其严重。他说听不清老师在说什么。在为他做了全面评估后，他的母亲兴奋地说："我现在才知道原因，我和我儿子一样，我的问题比我儿子还严重。我们一起听英语听力时，我知道速度已经很慢了，但是我一遍一遍地听，还是听不清楚，我茫然地问孩子'你听清是什么了吗'。"

大多数听知觉加工存在问题的学生，语文尤其是拼音、英语学习表现不佳。也有的学生可能英语表现还不错，但他听觉问题实际上并没有解决，只是他运用某种方式掩盖了听觉的问题。比如根据语境和语音大致轮廓，推断出来说的是什么。然而让他清晰地复述所听到的内容，他就做不到了。随着英语学习难度的增加，他的英语学习困难终将有难以掩盖的一天。

语音意识是语言特异理论角度所关注的概念，听知觉是非语言特异理论所关注的概念。二者可能共同关注同一些事情，但也会有一些差异。作为教师和家长，我们要做的不是弄清楚这两个概念之间到底有什么关系，而是能够借助这两个概念帮助我们分析学生的学习困难。

一次观察学生朗读课文，遇到这样一种情况——

原文片段："怎么配(pèi)得上这两只美丽的角呢？"

学生不认识"配"字，正好这个字标注了拼音，于是她尝试拼读出来。拼读过程：bāi →ēi→ bèi→ pèi。

学生最初把"p"当作了"b"。问学生为什么这样读，是分不清"b"和"p"吗？学生说："不是，我认识'b'。"边说边用手指在空中书写。有意思的是，她说的和写的是相反的，说着"b"，在空中书写的是"p"。但她马上意识到出错了，就做了修改。

学生继续说，我能分清"p"和"b"，就是觉得"p"和"ei"拼不起来，"b"和"ei"还可以，但联系后面的内容，"bèi 得上"不通顺，"pèi 得上"通顺，所以又改回来了。

从观察和访谈的情况看，学生对"b"与"p"、"ai"与"ei"等外形上相似的拼音是容易弄混的，但并非不会，而是不能"自动"地迅速辨别。在把声母和韵母拼合在一起时也存在困难。

后来这个学生做了标准化评估，她存在严重的阅读障碍，阅读相关认知能力问题中最突出的是语音意识，标准分为－4.99。其听知觉标准分为－0.93，其中最低的两项是押韵辨别（－0.93）与节奏辨别（－2.05）。评估结果与观察分析是一致的。

感觉统合问题与学业问题

老师可能最难以理解的是评估阅读障碍还需要搜集和学生运动能力相关的信息。比如体育成绩如何？跳绳怎么样？做操情况如何？低年级还涉及系鞋带、上下楼梯的情况。老师不知道搜集这些信息的用意是什么。这些信息，如果用一个概念表达，那就是感觉统合。

感觉统合与学习障碍的渊源很深。"感觉统合理论"是艾尔斯（Ayres）发展形成的，用来"解读来自身体及环境之间感觉讯息的能力缺陷"与"学业或动作学习上的困难"之间的关联性。她假设在学习障碍的族群中，有一群人在解读感觉信息上的能力是有缺陷的。[①]

感觉通路包括视觉、听觉、味觉、嗅觉、触觉、前庭觉、本体觉等，这些感觉通路让人从环境中获得信息输入大脑，大脑再做出适应性的反应。感觉统合就是大脑和身体相互协调的学习过程。

感觉统合是一种底层的能力，在孩子的各种身体动作中发展出来。学前阶段不主张教授学业知识，而是主张让孩子多玩，其中一个目的就是让孩子在玩中充分地发展感觉统合能力，为将来的学业储备最为基础的能力。普通学生在学前阶段感觉统合的发展为学龄期的学习做好了准备；而相当数量的阅读障碍学生则没有发展好。

---

① Anita C. Bundy, Shelly J. Lane, Elizabeth A. Murray. 感觉统合理论与实务[M]. 蔡鸿儒，等，译. 新北：合记图书出版社，2018：3.

感觉统合问题包括4大类。第一类是运用能力障碍，包括两侧整合性与顺序性问题、姿势性缺陷以及交叉的触觉区辨能力；第二类是感觉调节障碍（感觉防御、重力不安全感、反应不足等）；第三类是各种视知觉及视觉—动作协调问题；第四类是听觉语言问题。[①] 阅读障碍在这4大类中都存在。

有些学生难以安坐，教师的第一反应是学生习惯不良，需要回家练坐。实际上可能学生存在生理上的姿势缺陷，没有能力有效控制自己的坐姿。我曾听到一名小学教师说："一年级来了一个怪学生，总是坐不住，让他安坐，他说自己屁股疼，太可笑了，哪有坐着还屁股疼的。"有不少学生不愿意坐在凳子上，而是习惯躺在地上，他们觉得那样会更舒服。这些都与感觉统合有关。帮助他们的方法不是在家里练习如何坐，而是锻炼其最为基础的感觉统合能力。而另外有一些学生反而需要多动。

有些学生上下楼梯有困难，感到十分紧张，这很可能是重力不安全感的一种表现。有的学生经常与人发生冲突，他认为自己的动作很轻，但把对方打得很重；或者别人只是轻轻触碰了他，他就认为对方在攻击他。这些可能是感觉防御的表现。

我曾教过一名小学三年级的阅读障碍学生，他跳绳不好，用剪刀和系鞋带都有些笨拙，大运动发展得慢，走路的姿势也有些奇怪，缩着脖子，看起来小心翼翼、十分紧张。夏天天气很热，他穿着好几件衣服，额头冒汗，却感觉不到热。他坐不住，喜欢摇晃身体。后来经过评估，证实这些都是感觉统合不良的表现，而且都对他的学业产生较为严重的影响，让他很难集中注意力，很容易分心，很难控制好自己的坐姿和握笔姿势，从而影响注意力和书写。

视知觉和听知觉的问题与阅读的关联性前面已经讲到。这里再做一点补充。有些学生辨识不出两个字形相近的汉字，如认为"玩"与"现"是同一个汉字，没有区别。有的学生认为同一个字在不同字体的情况下是完全

---

① Anita C. Bundy, Shelly J. Lane, Elizabeth A. Murray. 感觉统合理论与实务[M]. 蔡鸿儒，等，译. 新北：合记图书出版社，2018：21.

不一样的。一次，我将朗读材料用不常用的字体打出来，有名学生感觉很不舒服，常见的字也认不出来，而换成宋体后，他一下子就能读出这个汉字。还有的学生在课本上能认识的汉字换一个地方就认不出来了。这些是视觉恒常性缺乏的表现。

听知觉问题除了听知觉辨别问题外，还可能表现为课上集体朗读时烦躁甚至情绪爆发。因为感觉统合能力不足，集体朗读的声音给他产生了过度的刺激。

需要注意的是，进行感觉统合训练的机构很多，需要教师和家长有一定的辨别力。我曾遇到过一名学生，在课堂中有明显的感觉统合问题，严重影响课堂学习，但是在进行感觉统合能力评估时，他的成绩并不差。原因是学生已经进行了2年的感觉统合训练，而训练的动作就是评估动作。学生做这一动作更熟练了，但并没有通过这一训练提升其感觉统合能力，更没有迁移到日常的学习生活之中。

所以不能认为感觉统合问题容易处理，交给社会机构就行了，我们还是需要具有一定的专业知识。可参考"推荐资源"中的《感觉统合理论与实务》。

ADHD 的日常表现

"注意缺陷多动障碍(ADHD)"是阅读障碍常合并的一种病症。教师、家长甚至一些阅读障碍研究专家容易把阅读障碍和 ADHD 两种问题混淆。

ADHD 有三大特征：注意缺陷、多动、冲动。这些问题不仅表现在学习过程中，还表现在日常生活中。

如不少学生丢三落四，很难整理自己的生活物品，课桌、书包、卧室一片狼藉，在学业上容易表现为马虎。这种马虎不是提醒自己认真点儿就能够改正的。这样的学生未必是习惯不良，可能是神经发育问题所致。这些可能是注意缺陷的表现。

再如一些学生很讨厌排队，总是脱口而出一些不合礼仪的话，容易与人发生冲突。这些可能是冲动的表现，他们在学业上可能有这样一些表现：

课上不经老师同意就随意插话，如果举手了老师没叫，他会表现得难以等待。

"多动"是老师们最敏感的行为，表现为坐不住，上课小动作多。其实喋喋不休、自言自语这些也是多动的表现。

ADHD 分为注意缺陷型、多动冲动型以及混合型。需要注意的是，虽然常把 ADHD 俗称为"多动症"，但"多动"并不是识别注意缺陷多动障碍的核心问题。也就是说一个学生多动可能有很多原因，未必是"多动症"。

对教师和家长来说，容易只看学生是否"多动"，漏掉真正的 ADHD 学生。如何发现 ADHD 学生在学业表现上的隐秘表现？我们做一个小练习。

下面这段对学生情况的描述文字[1]里，您关注到哪些信息？

学生学习状态不稳定，对阅读尤其排斥。语文教师反映其上课经常走神，坐不住，听、说、读、写各方面均存在问题：口语表达速度较慢，常有停顿，词汇量不丰富；朗读时经常添字、漏字、读别字、颠倒或串行，读的句子越长，错误越明显；书写时字的整体框架结构掌握不好，容易将结构写反，经常有细节错误，或写半边字等现象。

"学习状态不稳定"包括哪些学科？也包括语文学科吗？比较好时好到什么程度，差时又差到什么程度？什么情况下会表现比较好，什么情况下比较差？是什么原因导致的？是单纯学习兴趣导致的，还是注意力问题导致的？

如果学习状态不稳定，而且表现好与差并没有指向特定学科，我们需要考虑导致"问题"的原因不是特定的学习障碍、兴趣偏好，可能是注意力问题。

如果是在家长极力配合的情况下表现较好，其他情况下不好，而且差别很大。要思考是否学生本身存在较大的学习困难，需要付出较多的努力，

---

[1] 王玉玲，张旭. 基于重复阅读的发展性阅读障碍儿童综合干预研究[J]. 现代特殊教育（高等教育研究），2019(8)：40.

因此难以保持持续较好的表现；学生没有形成内在学习动机，主要靠外在督促。

如果学业不良的学科也包括语文，不排除学生存在阅读障碍的可能，但同时需要考虑学生的阅读困难可能也受到注意力问题的较大影响。

ADHD 有注意缺陷、多动、冲动三大问题。"上课经常走神"正是注意缺陷的表现，"坐不住"是多动的表现。

"朗读时经常添字、漏字、读别字、颠倒或串行"可能是阅读障碍造成的，也可能是注意力问题造成的。首先要看覆盖的范围，如果仅仅是朗读时才发生，那并不是注意力问题，而是朗读困难造成的，考虑阅读障碍。如果这个学生无论做什么事，包括游戏都存在类似的注意力问题，那首先考虑学生有注意力问题。注意力问题本身会影响阅读，但在不合并阅读障碍的情况下，对朗读的影响有限。如果学生朗读问题非常严重，还需要考虑阅读障碍。

常听到老师说，现在的学生越来越难教了，有注意力问题、感觉统合问题，和其他各种奇奇怪怪问题的学生越来越多。有研究者认为是"圈养"诱发了感觉统合、注意力不集中等"城市病"[①]。在分析阅读障碍学生时，其生育、成长、环境等要素都需要全面考虑，比如出生是顺产还是剖宫产、说话是否有延迟、左利手还是右利手、教养方式、家庭阅读环境、阅读障碍家族遗传史等，这些也是识别阅读障碍的重要线索。

要点小结

1. 差距法是一种非常好用的方法，能够帮助我们迅速发现阅读障碍学生能力的内在差异，阅读障碍学生与一般学生主要有三种差距：读听差距、学科差距、能力差距。

2. 视力正常未必视觉正常。阅读障碍学生常合并视觉问题，但视觉问题并非导致阅读障碍的原因，至少不是根本的原因。

---

① 林莉. 儿童的"城市病"[J]. 百科知识，2010(8)：42.

3. 听力正常未必听觉正常。阅读障碍学生可能会合并听觉问题，但听觉问题并非导致汉语阅读障碍的原因，至少不是根本的原因。

4. 感觉统合是一种影响学习的底层能力，用以解释来自身体及环境之间感觉信息的能力缺陷与学业或动作学习上的困难之间的关联性。

5. 阅读障碍常合并 ADHD。ADHD 的三个核心特征是注意缺陷、多动、冲动。ADHD 的一些症状在日常生活中也能够表现出来。

推荐资源

Anita C. Bundy, Shelly J. Lane, Elizabeth A. Murray. 感觉统合理论与实务[M]. 蔡鸿儒，等，译. 新北：合记图书出版社，2018.

萨莉·施威茨. 聪明的笨小孩[M]. 刘丽，康翠萍，等，译. 北京：北京师范大学出版社，2019.

10　错误类型分析

错误与错误不一样

当您感觉一个学生朗读不好时，您是笼统地归之于朗读问题，还是会进行细致的观察，进而做出专业评量？在我遇到的教师中，大多数教师只是笼统地说学生朗读不好，不能发现不同类型的朗读问题。也有教师能感到似乎有所不同，但是不能基于证据分析。

实际上，朗读不只有好与不好的区别，不好之间也有不同，错误与错误不一样。作为教师，我们每天都在和学生的错误打交道。如果学生的错误能给我们提供更多的线索，不仅能更有效地帮助阅读障碍学生，还能提升我们自身的专业性，帮助更多阅读困难的学生。

热身练习

您遇到过以下哪类学生？（　　　）【可多选】

A. 朗读错误很多，且速度慢。
B. 朗读错误不多，但速度很慢。
C. 有一些朗读错误，但速度正常。
D. 不认识的字停顿时间较长，认识的字朗读速度正常。
E. 其他。（请描述具体表现）

上述类型您可能都遇到过，如果没有遇到，也许是没有机会深入观察。您可能还遇到过其他类型。在对学生进行朗读分析时，我们可以从多个角度进行，比如错误数量、错误类型、朗读速度、韵律感、文意理解等。这些不同角度的不同组合可以有很多，不同的种类各有特点与规律。但要注意的是，我们不能笼统地认为朗读错误只有固定的几种，不是将学生的朗读错误对号入座就行了，需要结合具体情况深入分析。

阅读流畅性分析

国际阅读障碍协会将不能流畅阅读列为阅读障碍青少年和成人的显著特征之一[1]，主要表现为阅读准确性差、阅读速度缓慢、阅读缺乏韵律感、情感表达性差[2]。

阅读流畅性是什么？包括哪些方面？又怎么计算呢？

阅读流畅性是阅读者在自然、轻松地阅读时解码的准确性和阅读速度，表现为朗读时流利、准确、适当的感情表达（使用文本的韵律特征来帮助朗读），并且能够将注意力分配到阅读理解中。[3] 阅读流畅性包含准确性、自动化和韵律三个相互依存而又有所区别的因素。[4] 相应地，阅读流畅性的评估指标包括解码的准确性、阅读速度及抑扬顿挫（韵律）这三项中的一项或是几项。[5]

阅读准确性可以用这个公式计算：

$$阅读准确性 = (正确阅读字数/全文字数) \times 100\%$$

阅读流畅性可以是平均读对1个字所用的时间，也可以是单位时间内读对的字数。通常用每分钟正确阅读字数来计算，公式为：

---

[1] Lyon, G. R., Shaywitz, S. E., Shaywitz, B. A. A definition of dyslexia[J]. Annals of Dyslexia, 2003(1): 1—14.

[2] 纳莹. 汉语阅读障碍儿童的阅读流畅性缺陷[D]. 西安：陕西师范大学，2018.

[3] 吕海萌，万勤. 阅读流畅性评估的研究进展[J]. 现代特殊教育研究（高等教育研究），2018(4): 22.

[4] Valencia, S. W., Smith, A. T., Reece, A. M., et al. Oral reading fluency assessment: Issues of construct, criterion, and consequential validity[J]. Reading Research Quarterly, 2010(3): 270—291.

[5] Panel N. R., Bethesda, M. D. Teaching Children To Read: An evidence-based assessment of the scientific research literature on reading and its implications for reading instruction[J]. Early Literacy, 2000(4): 36.

阅读流畅性＝(全文字数－错误阅读字数)/阅读时间(分钟)

韵律是描述言语韵律节奏和声调特点的语言学术语。阅读的韵律特征指有感情地默读或朗读文本时表现出的音高、重音和音长的变化，以及能按照书面材料的句法结构把字词组合划分成适宜的短语或意义单元。[1] 道豪尔(Dowhowe)提出韵律阅读有几种具体标志：停顿、短语长度、句终语调的等高线和重读等。听朗读时，我们对阅读障碍学生不好的韵律往往有这样直观的感受，比如：停顿过多、在不该停顿的地方停顿、缺少音调变化、缺少感情等。

有研究者认为韵律是流畅性和理解之间的桥梁[2]，韵律特征与阅读理解的相关程度随着年级的升高持续增加[3]。也就是说当学生出现韵律问题时，我们需要进一步探究是否存在阅读理解的问题，而且年级越高，对韵律的重视越要加强。

阅读速度和阅读准确性可量化，因此，目前国内外已有阅读流畅性研究多用这两个指标；而韵律特征分析存在极大的主观性、特殊性，实施起来较为复杂，研究者较少采用它作为分析指标。[4] 但对教师和家长来说，韵律的分析也非常重要。同时，要注意整体分析朗读的准确性、速度、韵律。有的学生朗读准确性不好，但是速度还可以，说明他在朗读过程中出现过多的错误，但速度不慢。而有的学生朗读准确性和朗读速度可能都很低，说明他是一个错误多且阅读速度慢的朗读者。同时通过韵律可以了解学生的理解程度与情感投入。这些都有助于我们全面分析学生。

那么，阅读流畅性的材料、标准与实施过程需要注意什么呢？

阅读流畅性可以在字、词、句、篇章各个层面，建议采用句子或者篇

---

[1] Hudson, R. F., Lane, H. B., Pullen, P. C. Reading fluency assessment and instruction: What, why, and how? [J]. Reading Teacher, 2005(8): 702—714.
[2] 陆爱桃, 张积家. 阅读流畅性研究及其进展[J]. 心理科学, 2006(2): 377.
[3] 张旭, 毛荣建. 阅读流畅性及其与阅读障碍关系的研究进展[J]. 中国特殊教育, 2013(4): 49.
[4] 赵玉蕊. 阅读障碍学生的阅读流畅性特点及干预研究[D]. 济南：济南大学, 2022: 7.

章进行测试，这样不仅能够进行速度、准确性的量化分析，还可以分析错误类型与韵律特征。测试材料的内容建议与学业密切相关，并且难度与其年级相匹配。我一般会让学生阅读语文课文中的自读课文或者语文练习册中的阅读文章。测试前要确认学生之前没有读过这部分内容，是第一次朗读。

和正式评量不同，参照标准方面并不追求与大规模样本的常模进行参照，而是选用班中朗读中等水平的学生做参照，这样可以看在相同教学条件下阅读障碍学生的表现如何。以往在请教师找出本班阅读中等水平学生时，容易出现几种问题：误以语文成绩中等水平代替朗读中等水平，推荐的学生朗读表现不稳定等。这些需要我们注意。

测试过程中，需要注意整个朗读过程中，不能打断学生，如果遇到学生不认识的汉字，超过 3 秒没读出来，教师需要主动告知对方。在测试前也需要以指导语的方式将这一规则告知学生。

有趣的错误类型分析

电影《地球上的星星》中，伊夏幸运地遇到了一位特殊教育教师，这位教师看到伊夏的作业本时，发现了伊夏"犯错的模式"，对伊夏有了不一样的判断。伊夏的父亲认为伊夏就是懒、不认真。伊夏的老师把伊夏的作业本拿出来给伊夏的父亲看。

图 10-1　老师把伊夏的错误指给家长看

老师指出——

"b"写成"d","d"却写成"b",把镜像的字母弄混了。"S"和"R"都写反了,"d"和"t"也是。

"animal"这个词在同一页上出现了三种拼法,这说明他不是学了错误的拼写。

相似的单词他会搞混:"top"拼成了"pot","solid"拼成了"soiled"。

老师问伊夏的父亲,伊夏为什么这么做?是笨还是懒?

老师自己回答说:"都不是。在我看来,他是很难分辨这些字母。"

看到这一段,您会不会感觉很神奇?错误也有类型,错误类型背后隐藏着学生学习问题类型和特征的奥秘。

那么目前国内有哪些错误类型分析的研究可供借鉴呢?

目前国内有关阅读障碍朗读、书写、识字等错误类型研究非常少,除我们教研组的几篇案例之外,仅能见到几篇定量研究论文。

郭旭宁等人对三年级至五年级阅读障碍儿童的识字错误类型进行研究,发现三年级至五年级阅读障碍儿童存在明显的识字缺陷,容易出现汉字抄写错误、组词部件错误和组词错误。抄写是汉字再现的过程,需要短时记忆、注意运动控制、动觉、本体感觉、视觉感知技能和手眼协调能力等认知参与。阅读障碍学生存在短时记忆、精细运动、注意和视知觉技能缺陷,可能因此导致在抄写任务中出错。研究发现三年级容易出现组词错误,四年级容易出现组词字部件错误和组词错误,而五年级错误类型和正常儿童差异无统计学意义。这可能与阅读障碍儿童在不同年龄阶段具有不同形式的正字法加工缺陷有关。[①]

张婵、盖笑松对阅读障碍儿童进行朗读错误类型研究时发现,汉语阅读障碍儿童朗读流畅性与准确性都低于普通儿童,朗读中的替代错误、添加错误、省略错误都显著多于普通儿童,而二者在颠倒错误上的差异不显著。在替代错误中,汉语阅读障碍儿童的音似、形似、语义及无关替代显

---

① 郭旭宁,普迎琦,马静文,等.三~五年级阅读障碍儿童的识字量和识字错误类型研究[J].中国儿童保健杂志,2022(12):1315.

著地多于普通儿童。与普通儿童相比，汉语阅读障碍儿童的朗读问题主要表现为错误数量更多，而不是表现为错误类型上的特点。[①] 结果显示，阅读障碍学生和普通学生朗读错误类型上并无差别，二者的差别只是体现在量的多少上。进一步说，无法通过是否出现某种特殊的错误类型来判断某生是否为阅读障碍学生。

然而在实际接触各类阅读困难学生的过程中，我们的老师练就了一种本领，可以通过对学生的错误进行类型分析，从而发现更多的线索。

为什么会有这种结论的差异呢？

这可能与研究方式的差异有一定的关联。目前可见的少量研究是对阅读障碍群体某种特定能力进行的实验研究，而我们是在真实的学习情境中对具体的个体进行综合分析。群体研究更关注共性，而我们需要更关注个性特征。在对个体进行错误类型分析时，我们不是只关注某方面的得分，而是在具体的情境中，将正确率、速度、错误类型、阅读理解等各方面融会贯通地加以分析，从而获得丰富的线索，让错误类型分析能够具体落实在眼前的学生身上，为其评估与干预贡献力量。具体做法将在后面以实例的方式介绍。

朗读错误类型分析

朗读错误类型主要有替代、增加、缺省、颠倒、重复等几类。

替代是将某字误读成另外一个字。替代的类型包括音近替代、形近替代、语义相关替代、语义无关替代等。"音近替代"在朗读中出现的频率不多，如果有这种情况需要特别注意，有些学生会有声调错误，或者发出一个与实际读音类似但不存在的读音，需要进一步考量学生是否语音意识或者听知觉方面存在特定困难。"形近替代"对各类学生来说都是容易出现的情况，说明学生能够关注到汉字字形本身，在正字法方面有一定的基础，需要进一步指导。"语义相关替代"说明学生根据语境来猜测文意的能力较

[①] 张婵，盖笑松. 汉语阅读障碍儿童与普通儿童朗读错误研究[J]. 心理科学进展，2022(2)：343.

强，但也需要注意学生根据汉字本身线索解码的能力是否偏弱。"语义无关替代"很可能体现了学生文意理解上面的问题，需要进一步区分是因为认知资源过多地投入在字词解码上导致的，还是学生本身言语理解就存在困难。

需要提醒的是，凡是学生出现替代错误，最后都要确认学生是否真的不认识这个字，还是认识这个字依然误读。二者体现的问题是不同的。如果单独问学生某个字时认识，但是在文章中读错，可能与学生视觉注意力、抑制能力不足有一定的关系，或者是基于朗读的字词解码困难而胡乱替代。

增加是指多读了文中没有的内容，缺省是漏读文中的内容，顺序错误是汉字或词语的位置读错。普通学生也会偶尔出现这些误读的情况，但如果这些情况出现过多，可能与学生视觉注意力与抑制能力不足有一定的关系。其表现是：当把每一个字词单独给学生看时，能够准确读出，但在文段中读就错误连篇。

重复是指某处重复朗读两遍或两遍以上。重复的原因可能有几种，需要更细致地区分。例如，有的学生明明读对了但经常重复，而且一个词可能重复三四遍，这可能与他自信心严重缺乏有关；也有可能是一种为了保持朗读连贯的策略，因为自己朗读速度比较慢，每个词似乎都是独立的，当他识别出后面的词语后，会重复一下前面的词语让两个语义关系密切的词语出现在一起。

表 10-1 朗读错误类型列表

朗读错误类型	内涵	举例
替代	将某字误读成另外一个字，包括音近替代、形近替代、语义相关替代、语义无关替代等	"一根试管"读成"一很试管"
增加	增读文中没有的字、词、段	"管里有食物"读成"管里有粮食物"
缺省	漏读文中的字、词、段	"如果平均放在 4 个筐里"读成"如果放 4 个筐里"
顺序错误	汉字或词语的位置读错	"伞卖不出去"读成"卖不出去伞"
重复	某处重复朗读两遍及以上	"怎么办呢"读成"怎么怎么办呢"

在进行错误类型分析时，还要关注学生的纠正情况。纠正分为两种情况，一种是没有他人提醒的自我纠正，另一种是在他人暗示情况下的纠正。在没有他人提醒下能够自我纠正，而且自我纠正数量比较多的学生，有比较强的自我监控能力。很少自我纠正，但是在他人提醒下能够纠正的，则怀疑抑制能力存在问题，且自我监控能力相对较弱。如果在他人提醒下也难以进行纠正的，则确实是字词不认识。

另外，错误类型分析最好与观察、访谈结合运用。观察学生在朗读过程中的表现，在朗读之后对学生进行访谈，比如确认读错的内容是因为不认识汉字还是不小心读错，问学生朗读时有何感受。另外，还可以分析读错字词的语法特征，是名词还是虚词；看词频，是高频还是低频；看笔画，是笔画复杂的还是笔画少的……

文意理解分析

文意理解是有层次的，布卢姆从认知过程的维度将教育目标分为记忆、理解、运用、分析、评价、创造。[1] 我们可以借鉴这些维度考察学生的阅读理解情况。当然，有些维度即使对普通学生来说难度也是很大的，我们在初筛时没有必要做得这么复杂。我们的目标可以简化为学生是否能基本读懂文意。重点考察记忆、理解这两个维度。具体可以采用复述、概括、提问等方法。

复述法可以在学生朗读完后马上进行，需要注意以下几点：能否体现关键信息（比如记叙文的六要素），能否详略得当，能否体现关键细节，能否体会言外之意等。如果学生在复述时这几个方面都能体现得很好，就不需要后面的环节；如果体现得不好，可以进入概括与提问环节。

在学生复述详略不当或者关键信息缺失时，可以请学生用一句话概括文意。从两个角度分析：是否完整，是否简要。一般来说，阅读障碍学生能够完整概括，就说明他读懂了。是否简要对所有学生来说都是更高的

---

[1] L. W. 安德森，等. 学习、教学和评估的分类学[M]. 皮连生，译. 上海：华东师范大学出版社，2008.

要求。

如果学生在复述时一些关键细节没有体现，或者学生没有谈及言外之意，可以就关键点进一步提问学生。可以问"为什么……""……是什么""……是什么意思"。如果学生复述时展现出的水平很高，也可以进一步提出评价类、创造类的问题。比如："……你怎么看？""如果是你，你会怎么做？"

表 10-2　考察学生阅读理解的方法

考察方法	观察的维度	常用表达方式
复述	能否抓住关键信息，能否详略得当，能否深入理解等	"这篇文章讲了什么事，你能用自己的话讲一讲吗？"
概括	是否完整，是否简要	"你能用一句话说说文章内容吗？"
提问	记忆，理解，分析，运用，评价等	"……是什么？""为什么……？""……你怎么看？""如果是你，你会怎么做？"

如果学生在上面的环节表现都非常不理想，也不能轻易断定学生理解能力不足。可以教师朗读学生听，或者让学生默读，再重复上面的步骤。目的是考察学生阅读理解不理想的原因在于字词解码还是言语理解。阅读障碍学生常因为字词解码有困难，在词语认知上耗费了过多的认知资源，所以分配给文本理解的资源非常有限，朗读上往往表现得不够理想。但如果听别人读，他们的表现会判若两人；如果让他们默读，表现也会比朗读好一些。如果学生默读时文意理解程度较好，建议鼓励学生默读，而不是只关注学生的朗读水平是否提高。

小学尤其是低年级教师倾向于关注学生的朗读是否流畅，而不是文意是否理解。教师的上述倾向会误导学生与家长只关注阅读的外在朗读形式，而不关注获取信息等其他目的。实际上，从长远角度来看，如果一定要在朗读流畅与文意理解之间做出选择，更重要的应该是文意理解。我们遇到过一位初中生，他的朗读虽然有错但不是特别多，但是朗读后理解情况很糟糕。深入分析才发现，这个学生实际上存在字词解码的困难，但因为智力水平较高，且课前大量练习，掩盖了朗读上的困难。因为认知资源过多地放在朗读上，留给文意理解的注意力资源严重不足，导致读后一无所知。而朗读的"假流畅"也延误了问题及早被发现的时机。

朗读分析（一）

A生，小学二年级，男生。下面是他朗读语文练习册中阅读题目的情况描述。您能进行错误类型分析，并且根据错误类型对学生的朗读情况做一个初步判断吗？

而小狐狸却站在原地，一动不动。小松鼠奇怪地问："狐狸兄弟，你怎么不摘葡萄？"小狐狸说："这葡萄是酸的，不能吃！"小松鼠想：哼！小狐狸肯定在骗人。

朗读情况描述——

而小(停顿)狐(生：瓜。师：不是瓜，一种动物，尖尖的嘴，叫什么？生无反应。师：小狐狸)狸却(丢字)站(坐……站)在原(停顿)地，一动不动。小松鼠奇(停顿)怪(妙)地问："狐狸兄弟，你怎么不(读"bú")摘(生：这是什么字？师：刚才上面说的这个字，并手指上文的"小松鼠迫不及待地跑过去摘葡萄"一句中的"摘"字。生：跑？师：摘)葡萄？"小狐狸说："这葡萄是酸(生：这什么？师：酸)的，不能吃！"小松鼠(停顿)想：哼(生：这什么？师：哼)！小狐狸肯(生：这什么？)定在骗(跳过)人。

备注：除括号中标注处有停顿外，其他地方没有停顿，十分流畅。

表 10-3　A生朗读错误类型分析

分析维度	示例	数量
替代	站(坐……站)，奇怪(奇妙)，不(bú)	3
丢字	却，骗	2
自述不认识的字	狐，摘，酸，哼，肯	5
不恰当停顿	小/狐狸，奇/怪，原/地，小/松鼠想	3

因为朗读过程中在不认识的汉字处停顿时间过长，与教师交流较多，流畅性数据统计没有意义，可以通过正确率和错误类型加以分析。全文57字，错误10字，正确率82.46%。大部分错误因为汉字不认识，除学生本人表示的5个不认识的字外，还有8个读错的字也不认识，包括替代的汉字(把"奇怪"替代为"奇妙")、遗漏的汉字("却""骗")等。80%的错误是由于不认识汉字导致的。

停顿共计9次，其中5次不认识汉字询问读音，占比55.56%。2次在词语内部停顿(奇/怪，原/地)，停顿一定程度上体现着学生的理解水平，将一个词语中间断开很可能代表学生不理解这个词语。还有2次虽然在短语中停顿处是正确的，但是停顿时间过长(小/狐狸，小/松鼠想)，从汉字字频来看，结合学生识字量，很可能是由于学生"狐狸"与"松鼠"两个词语不熟悉而导致的停顿。需要注意的是熟字生词现象，如"原地"中，虽然"原""地"两个字都认识，但"原地"这个词在口语中较少出现，学生感到陌生，朗读时的停顿与迟疑体现了A生词汇积累不足的问题。

另外从替代的具体表现也可看出，学生文意理解和根据上下文推断文意的能力不足。"小松鼠奇怪地问"被读成"小松鼠奇妙地问"，替换词语与语境不合。可见学生并非自上而下地根据语境猜测汉字，而是仅根据词语中熟悉的汉字进行猜测。

此外还有一些细节说明学生的记忆力或者注意力不是很好。比如之前教师已经告知过"摘"的读音，后面学生又忘记了。

从上述分析可见，A生识字量不足、理解不足，根据上下文推断字义的能力较弱。而A生认识的汉字朗读的速度并不慢，表现出与阅读障碍不同的特质，所以A生是由于其他原因导致阅读困难的学生。

朗读分析(二)

B生，小学二年级，男生。以下材料为全文带拼音的文字材料，来自课外读物。

请你告诉我，大自然，我怎样才能与你交谈？

你又没地址，又没姓名，

我要是想写一封信给你，

我知道，永远也不会到你的手边。

朗读情况描述——

请你告诉我，大自然，我(停顿2秒)怎样才能与(读"yǒng"，立刻改为"yú"，又改回"yǒng")你交(停顿2秒)谈？

你又("你又"读"shì yóu"，立刻改为"shì yòu")没地(读"de"，停顿5秒，纠正读"dì"，停顿4秒)址，又没姓("址又没姓"几个字连读，且均停顿2秒左右)名，

我(停顿)要(停顿)是(停顿)想写一封信(先读"想字一封信"，立刻纠正"想写一封信")(寄)给你(先读"他"，立刻纠正为"你")，

我知道(读"我 zhè 道"，纠正为"我 zhī 道")，永远(读成"yòngyuán"，改为"yǒng"，再次纠正为"yǒngyuǎn")也不会到(停顿)你(停顿)的(停顿)手边。

表 10-4　B 生朗读错误类型分析

分析维度	示例	数量
替代	与(yǒng)，你又(shì yóu、shì yòu) 错误后改正：地(de)，写(字)，你(他)，知(zhè)，永远(yòngyuán)，	9(7处纠正)
增加	写一封信(加"寄")给你	1
纠正	又，地，写，你，知，永，远	7
停顿	交/谈，你又没地/址又没姓名	10

全文 49 字，错误 2 处，正确率 95.92%；用时 76 秒，每分钟正确朗读字数约为 37。整个朗读过程没有其他人干扰，但所用材料有拼音，学生习惯性地借助拼音纠正读音，提高了正确率的同时降低了朗读速度。朗读速度过慢，平均需要 2 秒才能正确读出 1 个汉字。而且停顿过多，短短 49 字过于明显的停顿有 10 次，实际上几乎每个字朗读的字音都有意延长。根据

这几点可以猜测虽然学生正确率较高，但其字词识别可能是有困难的。

那B生是不是与A生一样，因为不认识汉字，导致字词识别时间过长呢？

具体分析会发现二者并不相同。A生读错或者停顿时间过长的字多是不认识的汉字，而且这些汉字的字频相对较低。而B生却不一样，他原本认识的高频的汉字依然会读错，最经典的例子是"你"字。"你"在全文共出现三次，而学生却读出了三种读音——

第1次：怎样才能与你(nǐ)交谈；

第2次：你(shì)又没地址；

第3次：写一封信给你(先说"他"，再改为"你")。

"你"这个汉字非常高频，而且学生第一次读对了，很明显，学生认识这个汉字，但是第二次却读错了，并且自己没有发现。第三次读成了另外一个人称代词，但发现并马上做了修正。

访谈学生时，他生动地描述了字词解码困难的感受："我看到汉字不能马上读出来，我也不知道我认不认识这个汉字，我需要等一等。如果着急就会编一个读音，认识的汉字也会读错。"除了字词解码困难之外，B生对拼音也不熟练。"与"字不认识，于是求助于拼音，先是读"yǒng"，立刻改为"yú"，最后又改回"yǒng"，依然拼错。音调上困难尤其大，"又""永"都在声调上出了错。而访谈学生和家长得知，学生并非在识字和拼音上练习少，反而付出了巨大努力。

B生是典型的阅读障碍学生。

阅读障碍学生中有不少合并注意缺陷，他是否存在注意缺陷呢？单单从这篇朗读中是否可以进行初步的判断？

大多数老师恐怕会说，肯定存在注意缺陷，他替代错误太多了。但是也有细心的老师会说，他反而是注意力高度集中的，9处替代错误中有7次进行纠正，最终错误的只有2处。从纠正情况来看，B生的自我监控能力确实非常强，而且他的阅读理解能力也很强。他读出每一个字几乎都非常缓慢，有的地方可能还要停顿2~4秒，能感觉他识别这些汉字是有困难的。他读得如此缓慢，即使是一个听众也很容易一不小心就忘了他刚才读的是什么。但是他却能借助语境判断朗读是否正确，从而进行纠正。可见他的自我监控能力和根据语境自上而下阅读的能力都是很强的。当然其中还有一个重要因素：B生可能无法快速读出字音，字词解码困难，所以更多地依赖上正文语境进行推测。

后来进行韦氏智力测试得知，B生的知觉推理属于优秀水平，言语理解能力也非常出色。而在做这些正式评量之前，通过这样一篇小短文的朗读，我们就已经可以进行初步分析了，并且这样的分析含有非常丰富的信息，为日后帮助这名学生提供了丰富的线索。这就是非正式评量的魅力所在。

要点小结

1. 阅读障碍学生的非正式评量可以从以下角度进行：准确性、朗读速度、错误类型、韵律特征、文意理解。

2. 阅读流畅性＝(全文字数－错误阅读字数)/阅读时间。

3. 朗读错误类型主要有替代、增加、缺省、颠倒、重复等。同时还可以分析错误字词的语法功能、字频、笔画数等。这些能够为我们了解学生提供丰富的信息。

4. 阅读理解水平可以采用这样一些方法进行测试：复述、概括、提问。

5. 在正式评量之前，教师可以通过朗读非正式评量做出初步判断，这些判断能为干预提供有效线索。

推荐资源

北京市西城区融合教育中心学习特殊需要教研组．与众不同的学生：学习障碍等特殊需要学生的评量与干预案例精选[M]．北京：北京师范大学出版社，2022：1－43．

11　案例：朗读错误类型分析

阅读障碍与阅读障碍不一样

看完第 10 节后，您是否有信心通过朗读对学生的情况进行初步判断呢？那么，阅读障碍学生是不是大都一样呢？实际情况并非如此。阅读障碍学生是异质性非常强的群体，学生与学生之间有较大的差异。对我们一线教师来说，最重要的不是记住阅读障碍的类型，而是在了解了朗读非正式评量的基本知识后，能够在具体情境中灵活地运用这些知识。本节请您对 3 名学生的朗读情况进行深入分析。

热身练习

从学生朗读中，我们能了解的信息有（　　）。【可多选】

A. 学生的识字量

B. 学生的字词解码速度

C. 学生的注意力、抑制能力

D. 学生的言语理解、知觉推理、工作记忆等认知水平

E. 学生的学习环境

F. 学生的心理状态

H. 其他（请描述具体表现）

答案是 A 到 F 选项都正确，而且"其他"项目中我们还能够继续填写内容。一次简单的朗读，能够了解这么多信息吗？答案是肯定的。当掌握方法，具备相当的能力后，老师会感觉自己"本人就是评量工具"，听完学生的朗读，能够进行初步判断，提出一些猜测与进一步评量的方向。

案例总体情况

学生共 3 名,为三年级学生。其中一名学生为对照生,其朗读水平为全班中等;另外两名为教师推荐的朗读问题学生,同时伴有其他问题。这两名学生日常的行为表现不同,一名学生过于退缩,另一名则容易攻击别人。教师对这两名学生在朗读上的印象一样,都是朗读不好,速度慢、错误多。

两名阅读困难学生的表现真的相同吗?

为方便对照,请这 3 名同学分别朗读部编版三年级上册教材《胡萝卜先生的长胡子》一文,三名学生均是第一次朗读此材料。全文 363 字。

对照生朗读课文用时 157 秒、错误 1 处,正确率 99.72%;每分钟正确朗读字数约为 138。

A 生用时 290 秒、错误 15 处,正确率 95.87%;每分钟正确朗读字数为 72。

B 生用时 350 秒、错误 2 处,正确率 99.45%;每分钟正确朗读字数约为 62。

从每分钟正确朗读字数来看,两名学生都明显低于对照生;但从正确率来看,B 生与对照生差别不大。

基于数据的猜测

借助错误类型分析,对 3 名学生的情况进行进一步的探究。(见表 11-1)

表 11-1　3 名学生朗读情况汇总

学生	时间(秒)	错误总数(字)	阅读流畅性(字/分)	替代(字)	增字(字)	漏字(字)	自述不认识的字(字)	重复(处)
对照生	157	1	138	0	0	1	0	4(更正 3)
A 生	290	15	72	11	2	2	9	6(更正 1)
B 生	350	2	62	2	0	0	2	14(更正 10)

朗读问题主要表现为替代、增字、漏字、重复。

从正确率方面看，B生与对照生类似，B生错误2处，对照生错误1处。而A生错误数明显多于另两位学生，总数达到15处。

从识字方面看，对照学生全文没有不认识的汉字。A生不认识的汉字最多，达到9个。B生不认识的汉字有2个，但是B生表示有些汉字刚开始感觉不认识，单独看一个字想不起来怎么读，需要看前后文才能猜出来。所以有不少汉字虽然他最终读对了，表示认识，但并不熟悉，可能是在语境中推测的。

在朗读中出现的重复情况，A生(6处)与对照学生(4处)出现次数相近，B生(14处)数量明显过多。但是从自我纠正率的角度看，则是B生(71.42%)与对照学生(75.00%)相近，A生(16.67%)纠正率明显过低。B生与对照学生的重复是有意义的，多数情况下是意识到朗读错误后的主动纠错，体现了他们有较强的自我监控能力。B生虽然纠正率比较高，但是重复数量过多，是否对他来说存在一定的朗读困难？A生的重复没有体现良好的纠正性，说明什么呢？

下面通过朗读片段进行具体分析。

A生朗读分析

请您先"听"一段A生的朗读片段——

13 胡萝卜先生的长胡子(13 胡萝卜先生的，的，zhǎng，13 胡萝卜先生 zhǎng 胡子)
　　胡萝卜先生常常为(停顿)胡子发愁，因为他长着(停顿，教师告知"浓"读音后继续)浓密的胡子(停顿，教师告知"必"读音后继续)，必须每天(停顿，教师告知"刮"的读音后继续)刮。

有一天，胡萝卜先生匆匆忙忙(停顿，教师再次告知"刮"的读音后继续)刮了胡子，就吃着(停顿)果(停顿)酱(果，果酱)面包上街(增读"上"字)去了。因为他近(停顿)视，就没有发现(停顿)漏(停顿)刮(读为"胡"，教师提示"刮"，再次读为"漏胡"，教师再次指着"刮"字问是什么，读"刮")了一根胡子。这根胡子长在下(停顿)巴的右(嘴，右)边，胡萝卜先生吃(停顿)果酱面包(停顿)的时候，胡子沾到了甜甜的(甜甜的，停顿，甜甜的)果酱。对一根(对 yí，对 yì 根)胡子来说，(这)果酱是多么("是多么"读成"那么")好的(停顿，问教师"营养"怎么读)营养品啊！

这段文字总共 6 句话，133 字，明显停顿共 16 次，重复与纠错 4 处，停顿与重复是导致朗读速度慢的主要原因。而在学生没有停顿的片段中，学生的语速并不慢。

停顿与重复的原因主要是不认识某些汉字，而且在被告知某些汉字读音的情况下，再次出现这个汉字时依然念不出来，或者需要较长的时间回忆。比如在第一次看到"刮"这个字不认识而停顿，告知读音后紧接着下一句又遇到"刮"字依然停顿，再次被告知后，第三次依然漏读"刮"字。再如虽然"酱"字能读出来，但并不熟悉，有 3 次在"果酱"一词的前后停顿较长时间。三人中，A 生不认识的字最多，达到 9 个(其他学生 0～2 个)。由此可以判断，不认识的汉字过多是这个学生朗读困难的重要原因。同时，这个学生在生字字形与字音的联结上存在困难。

A 生朗读的错误最多，达到 15 个(另两位学生分别是 1 个、2 个)，包括替代、丢字、增字等。进一步分析会发现，一方面不认知的字导致错误，另一方面，即使认识的字依然会误读。比如将"果酱是多么好的营养品啊"读成"这果酱那么好的营养品啊"。短短的 11 个字里，有增字("这")、漏字("是")、替代("多么"替代为"那么")等多种错误出现。而这个句子中 A 生将原本不熟悉的"酱"字读对了，其他都是认识的字。其中"漏刮了一根胡子"读成"漏胡了一根胡子"。为什么把"刮"误读成"胡"，而不是其他汉字呢？看课文"刮"字所在位置，同行和上下两行共有 5 个"胡"字(见图 11-1)，可能受到上下文"胡"字的干扰导致误读。这些表现是视觉注意力问题造成的，还是阅读困难本身造成的，还是兼而有之，或者还有其他原因，需要做更多的观察评估来进一步确认。

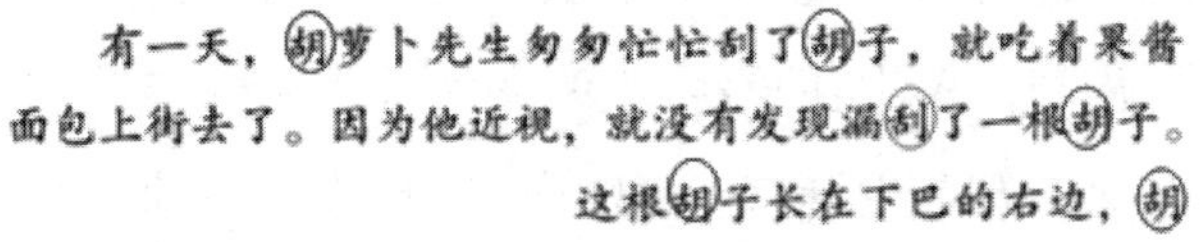

> 有一天，胡萝卜先生匆匆忙忙刮了胡子，就吃着果酱面包上街去了。因为他近视，就没有发现漏刮了一根胡子。这根胡子长在下巴的右边，胡

图 11-1　课文《胡萝卜先生的长胡子》片段

"漏胡了一根胡子"这句话不通顺，而 A 生并没有察觉，没有纠正。类似这种误读后不通顺的情况较多，比如将题目"胡萝卜先生的长胡子"中的多音字"长"(cháng)，读成"zhǎng"。这提示 A 生阅读理解能力不佳，并且不能根据上下文推断汉字的读音和含义。

A 生在韵律上也存在问题。

比如在不该停顿的地方出现明显的停顿，如"近/视""下/巴"，把一个完整的词语分开。这可能表示学生对词语不熟悉，学生词汇量不高。

另一方面，在该停顿的地方却不停顿，比如段落之间不停顿，快速连读，听不出读的是不同的段落与句子。访谈 A 生时，A 生声音很小地说："想要读得好一些，快点儿读完，所以会读得很快。"这类韵律问题与学生心理状态有一定的关联。心理状态导致的问题还体现在重复上。A 生重复多数并未纠正，只是单纯的重复，如"果，果酱""甜甜的，甜甜的"。访谈 A 生时，她说怀疑自己读错了。结合 A 生低低的声音，可以感受到她的重复与不自信导致的紧张有关。当然并不是说只是由于紧张造成的。

朗读后，问 A 生讲了什么，回答"胡萝卜先生的长胡子"；问还有什么人，回答"鸟太太"；问在做什么，回答不知道。测试教师读了一遍，A 生可以补充"还讲了小男孩，在放风筝"。但继续追问和题目中的"胡子"有什么关系，回答不知道；询问课文中的细节"小男孩看到胡子干吗了""鸟太太要干吗"，都回答不知道。即使在听到故事后，A 生依然无法理解相关内容。也就是说，A 生的阅读理解问题不是字词解码困难导致的，而是言语理解本身就存在不足。

综合上述分析，初步判断 A 生的朗读困难主要来自识字量与词汇量过低，可能与阅读环境不良有关。同时，其推理能力、言语理解、记忆力都

相对较弱，怀疑其智力水平较低。另外，心理问题需要重点关注。

通过访谈了解到，A生在重组家庭中生活，生母与继父又生了一个弟弟。父母很忙，她与老人生活在一起。没有人带她阅读，甚至家中看不到读物。A生由于家庭环境特殊，缺少来自父母的足够的关爱，渴望被关注，并且渴望通过学业成绩得到家长和教师的关注，缺乏自信。这些与怀疑的学习环境不良以及心理状态一致。

瑞文标准推理智力测验显示A生百分等级为40，虽处于正常范围，但因常模时间过早，于是进一步采用韦氏智力测试。显示A生总智商83，百分等级13，属于边缘智力。国内学者多按照陶国泰的划分将智商70~84认定为边缘智力[①]，边缘智力学生在记忆、注意、思维等方面多存在困难，学习速度慢，语言较少、内容狭窄，阅读时容易产生速度慢、理解能力差等问题[②]。并且A生韦氏各项测试结果中加工速度最高，百分等级61，而言语理解、知觉推理、工作记忆均低很多，百分等级分别为13、8、8。这些与朗读时推测学生记忆、言语、推理等认知情况相一致。教师观察，A生专注力很好，听课很认真，只有在不懂时有分心的表现。教师的描述并不存在注意力问题，表现出的注意力问题是由于不理解导致。但因为没有对学生注意力做更进一步的观察分析与评估，在此不下定论。

在进行朗读分析之前，A生接受了阅读能力评估，达到阅读障碍诊断标准。但通过非正式评量与韦氏智力测试可以看到：A生的阅读困难是综合作用的结果，可能来自阅读障碍，但语言理解、知觉推理、工作记忆等智力因素对其学习困难影响更大，同时学习环境以及心理问题也造成一定的影响。

B生朗读分析

三个学生中，B生的阅读困难似乎最大。在知道有朗读任务时，他表

---

① 陶国泰.儿童少年精神医学[M].南京：江苏科学技术出版社，1999：134-135.
② 方丹.边缘智力对学生学习的影响及对策[J].韶关学院学报：社会科学版，2006(4)：82-83.

现得非常排斥:"啊?啊!这课还没学呢!"看到课文时,他脱口而出:"太难了!"朗读流畅性最差、朗读速度最慢。然而他朗读的正确率并不低,不认识的字也远远少于 A 生。

B 生的朗读片段——

有一天(停顿),胡萝卜先生(停顿,嗯,停顿)匆匆忙忙(匆匆忙忙,匆匆忙忙)刮("刮"不认识)了胡子("刮了胡子"读成"刮着胡子",自言自语:"刮,是刮着胡子吗?刮了胡子。"),(嗯)就(停顿)吃着(停顿,嗯)果酱(嗯,就,嗯,果酱)面包上街(停顿)去了。因为(停顿)他(停顿)近视,(停顿,嗯,嗯)就没有发现(停顿,嗯嗯)漏刮了(读成"的")一根胡子。这根胡子长(cháng, zhǎng, 嗯, zhǎng, 嗯? 哪儿啊)在下巴的右边,胡(停顿,胡,胡)萝卜先生(停顿)吃果酱面包的时候,胡子沾到(沾在,沾到)了甜甜的果酱。(嗯,嗯)对(对,对)一根胡子来说,果酱(停顿,嗯)是多么好的营养(营养,停顿,营养,停顿,营养味)啊!

虽然 B 生正确率较高,最终的错误只有 2 个,但他更正过 10 次,如果将这 10 次也计算在内,他的错误量达到 12 次,与 A 生相当。而且在读"这根胡子长在下巴的右边"时甚至找不到自己读哪儿了,自言自语:"嗯?哪儿啊?"

那么,他会不会存在注意力问题呢?

三个学生中,B 生重复次数最多,高达 14 次(对照生 4 次,A 生 6 次)。14 次重复中有 10 次错误是他主动纠正的,正确纠正率高达 71.43%(A 生 16.67%,对照生 75%),这个比例与对照生接近。以"这根胡子长在下巴的右边"为例,读到"长"时,他先读成了"cháng",然后改成了"zhǎng",而后自言自语:"嗯,zhǎng。"他说看到后面的内容发现之前的读音不通顺。从中可以看出,他的注意力高度集中,而且能够联系上下文更正读音、监控朗读过程,元认知水平较高。

那么,会不会和 A 生一样,B 生因为不认识的汉字过多导致朗读困难呢?

B生朗读速度最慢的重要原因除了重复，还有就是大量的停顿。停顿几乎句句都存在，无论是句子的开头、中间、结尾，甚至同一个句子中停顿多次。但他却没有出现A生那样在一个词语中间停顿的情况，说明他了解词语的含义。比如"就吃着果酱面包上街去了"短短11个字，停顿了5次："(嗯)就(停顿)吃着(停顿，嗯)果酱(嗯，就，嗯，果酱)面包上街(停顿)去了"。然而这个句子中并没有他不认识的汉字，B生在全文中不认识的汉字只有2个，远远低于A生(9个)。

有趣的是，B生并不是因为汉字生疏而停顿，反而多在高频字处停顿，如"吃""果""去""他""近""就"等。最值得注意的是，他不能流利地读出"了"这个字频排序第5的高频字①。他把"刮了胡子"读成"刮着胡子"，然后自言自语："刮，是刮着胡子吗?"感觉不对，改正为"刮了胡子"。但是再一次出现"漏刮了"时，他依然把"了"字读错，而且这次又读成了另外一个字频排序第1的高频字"的"。

他误读的句子有一个共同特点：句子通顺，符合语境。比如把"匆匆忙忙刮了胡子"读成"匆匆忙忙刮着胡子"；把"就没有发现漏刮了一根胡子"读成"就没有发现漏刮的一根胡子"。看起来似乎他并不认识这些高频汉字，而是根据语境猜测汉字可能是什么。依赖上下文阅读是常见的阅读障碍的征兆，由于依赖上下文阅读，一些无法通过上下文获得意义的功能词(function word)就不容易被辨别出来。② "的""了"这样的虚词正是功能词，它们没有实在的含义，只起语法功能，所以不容易通过上下文准确辨别。

综合上面所有信息，判断B生应该属于典型的阅读障碍学生。而且他并未合并注意缺陷，认知能力与自我监控能力较强。采用北京师范大学心理学院舒华教授的评量工具进行正式评量，证实了B生属于阅读障碍学生。采用韦氏智力量表(第四版)评估证实了学生智商较高，其智商总分达到122(百分等级93)，处于优秀水平。其中，言语理解能力129(百分等级

---

① 字频排序依照 www.cncorpus.org 语料库在线网站。
② Sally Shaywitz. 战胜读写障碍[M]. 吕翠华，译. 台北：心理出版社，2014：113.

97），也是优秀水平。

B生的朗读情况可以回应前面提到的阅读障碍学生朗读错误类型是否具有特殊性的问题。显而易见，这种特殊性是存在的。让他朗读后分析哪些汉字认读困难时，他说："我感觉自己很奇怪，有些别人感觉简单的字我总是记不住，别人觉得难的字我容易记住。"别人觉得难的字多是字形复杂或者使用频率较低的汉字，而别人觉得简单的字一般是字形简单或者使用频率较高的汉字。正如前面提到的高频的虚词，对别人来说很简单，但是对B生来说这些汉字没有实在的含义，难以通过将字形与字义建立关联的方式进行记忆。另外在汉字中字形简单、笔画较少的汉字往往是高频字，字形演变更大、字义更丰富，字形与字义的关联不如字形复杂的形声字紧密，所以记忆起来更为困难。

评量与干预的关联

评量与干预是一体的，充分的评量对干预起到关键作用。看似不起眼的一小段朗读我们却能得到极其丰富的信息。

B生的教师认为其情绪、行为问题相比学业问题更为突出。通过朗读错误类型分析可以看到，他朗读高频汉字困难，正是字词解码困难的表现；他能够通过上下文语境推断词语的意思，正是其言语理解水平优秀、整体智力水平优秀的表现。教师与家长能够注意到学生同时存在阅读问题和情绪、行为问题，但没有看到二者之间的关联。教师更为关注情绪、行为问题，家长更为关注阅读问题，家校之间没能形成合力，而且都将学业问题归因于普通的学习困难，认为主要是学习态度不良和练习不足造成的。教师认为学生的阅读问题是家长重视不够、学生练习不足导致的；家长认为孩子足够聪明，阅读问题会随着年龄的增长而好转。这些误解给学生造成巨大的压力。

实际上，学生的情绪、行为问题和学生较好的认知也有一定关系：他经常因为某事不够公平而情绪失控；也与阅读有一定的关系：他感到阅读困难重重，认为教师和家长的督促是给自己制造麻烦。对认知水平较高的学生来说，首要的是让他对自己有正确的了解与认知，激发他本身的动力。在对学生进行朗读评量之后，还没有对其提供干预的一段时间里，家长与教师都感觉学生无论是阅读还是情绪、行为都发生了巨大变化。家长说："可能老师加强了对他的指导，孩子阅读的主动性增加了，以前到户外让他读标牌上的各种字他会抗拒，现在会主动辨认，而且能认出来。"教师说："家长应该是做了不少工作。阅读比以前流畅多了，而且与学生发生冲突的次数也明显减少了。"而实际情况是：教师和家长并没有给予学生特殊的指导，而是改变了认知，消除了对学生的误解，从而给予了学生更包容的环境。学生的行为问题相应减少，学习的主动性反而提升了。同时，学生也明白了自己的困难出现在哪儿，自身的学习动力也被激发了。

就A生来说，语文教师能够看到学生胆怯退缩、极度渴望被人关注，认为给予情感方面的关注，鼓励学生加强朗读练习，学生自然就能够进步。然而，机械的反复朗读练习对学生的帮助并不大。因为学生的朗读困难并非单纯是练习不足引起的，而是由于能力不足和环境不利。学生认知能力较弱，需要加强理解，而不是简单的机械朗读。单纯强调朗读练习，反而可能加剧学生机械朗读、不思考内容的倾向。对学生阅读指导的目标是让学生敢于慢下来，享受朗读的过程，激发学生主动阅读的兴趣。首先，多针对文字材料内容进行讨论。与学生交流朗读中涉及的有趣内容，引导学生喜欢阅读，让阅读成为陪伴他的朋友。其次，在朗读指导上，多进行策略引导，少纠正朗读错误。重在学习策略与自我觉察的引导，而不是指出错误让其改正。

在家庭指导上，教师如果只是强调家长要多指导孩子学习。家长不但做不到，反而容易因为学习与学生发生冲突，增加学生的自卑感与不安全感。应根据家庭具体情况给予可实施的建议。如A生多数时间与老人在一起，老人受文化水平和精力所限，难以直接指导孩子阅读。可以借助现在发达的听书平台让A生听故事，在听的过程中，积累听觉词汇与丰富的言语表达。"听读"中产生的疑问老人有能力回答。给父母的建议则不是多盯着写作业，而是生活中多陪伴、交流，丰富学生的生活，以增加其先备知识。一个人若拥有丰富的先备知识,即使只是略读,也能促成好的理解。① 父母的陪伴还能让孩子感受到自己被关爱,放松下来,敢于表现自己的不会、不懂,从生活点滴中学习,自己与自己比,一点点进步。

---

① Michael Pressley. 有效的读写教学:平衡取向教学[M]. 曾世杰,译. 新北:心理出版社,2010:57.

第三章　怎么帮助阅读障碍学生（一）
——从改善环境开始

12　班主任可以做的事：归属感与动力

"障碍"归根结底来自"环境"

阅读障碍原本只是一种基于文化背景的个体差异，差异是普遍存在的，阅读障碍只是差异中的一种。如果允许阅读障碍学生按照适合自己的方式学习，为他们提供友善的支持性环境，那么，"障碍"可能不复存在，甚至会成为独特的资源。阅读障碍者并非不能阅读，只是有其特点，需要特殊的支持。让阅读障碍最终成为"障碍"的并非客观生理问题，更多的是外在支持不足的环境。

班主任是阅读障碍学生的重要他人，起到阅读障碍学生与其他学生、学科教师、学校、家长沟通的桥梁作用。如果班主任借助自身优势，为阅读障碍学生创设良好的支持环境，那么，许多悲剧也许可以避免。而且，班主任可以为阅读障碍学生做的未必是多么特殊的事，它可以发生在一个优秀班主任每天自然而然的经历之中。如果用最简单的话概括，班主任最大的责任就是帮助阅读障碍学生培养归属感与成长的动力。

热身练习

请从下面班主任的做法中选出您认为正确的。（　　）【可多选】

A. 激励阅读障碍学生，相信他只要努力就一定能行。

B. 制订详细的帮助计划，督促阅读障碍学生严格执行。

C. 督促学生勤于练习，跟上全班的节奏。

D. 牺牲个人时间，尽其所能为学生补课(各学科)。

E. 如果阅读障碍学生同时伴有严重的行为甚至品行问题，就让班里同学远离他以免受到不良影响。

F. 将阅读作为关注阅读障碍学生的第一甚至唯一要务。

G. 其他。(请说明具体情况)

上面选项您是否大多数都做了选择？然而实际上，上面的做法都有各种问题与隐患。因为上面这些乍一看正确的做法可能不小心会破坏孩子的归属感与成长的动力。

因为阅读障碍的困难是具有神经生理基础的，不易通过单纯的机械练习得以改善，简单地相信学生通过努力一定能行，将阅读作为第一甚至唯一要务的做法，起初可能会起到一定的作用，但随着学生学习困难的加剧，可能会成为潜在的冲突点。

无论是让其他学生远离阅读障碍学生，还是唐突地在全班告知学生的困难，都可能让阅读障碍学生在没有准备好的情况下被孤立、被另眼相看，丧失归属感。

马斯洛的需要层次理论中(见图 12-1)，最底层的是生理需要，其次是安全需要，再往上就是情感和归属需要，如果学生这个层面上没有被满足，就很难有动力去追求更高层次的尊重和自我实现的需要。班主任作为阅读障碍学生的重要他人，在满足学生情感和归属需要中起到关键作用。而且仅仅是做到这些，对阅读障碍学生的帮助就已经很大了。

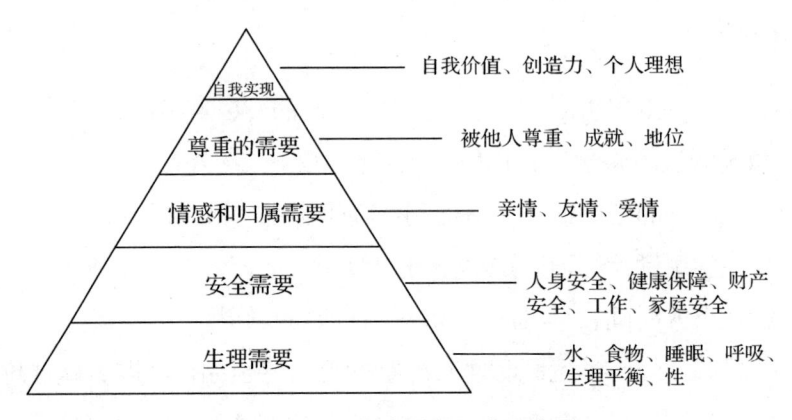

```
         ╱╲
        ╱自我╲        ─── 自我价值、创造力、个人理想
       ╱实现  ╲
      ╱────────╲
     ╱ 尊重的需要 ╲    ─── 被他人尊重、成就、地位
    ╱────────────╲
   ╱ 情感和归属需要 ╲   ─── 亲情、友情、爱情
  ╱────────────────╲
 ╱    安全需要      ╲  ─── 人身安全、健康保障、财产
╱────────────────────╲     安全、工作、家庭安全
╱    生理需要          ╲ ─── 水、食物、睡眠、呼吸、
────────────────────────    生理平衡、性
```

图 12-1　马斯洛需要层次理论图

理解重于激励：安心做自己

当学生遇到困难时，我们习惯去激励学生：如果你足够努力，一定能战胜困难，老师相信你。这种做法背后的理念是：问题是不够努力造成的，或者说即使困难客观存在，只要有足够的努力一定能引起改变。

然而阅读障碍是一种教师并不熟悉的困难，它不能单纯地通过机械的练习或者一般的学业补偿得以改善。教师的信任与激励对阅读障碍学生来说，最初也许会感觉温暖，但随着挫败仍一次次来临，他会逐渐对自己失去信心。在班主任"加强练习能够改变障碍"的观点下，原本学生只是感觉自己存在困难，但经过充分努力后仍然落后同学很多，他会怀疑自己，班主任也会对学生失望。原本单纯的学业问题逐渐演变成情绪和心理问题。原本只是阅读上存在困难，最后却会泛化为所有事情"我都不行"的低自尊心理。

对班主任来说，虽然对阅读障碍学生的激励很重要，但是理解更重要。不是一味地告诉阅读障碍学生"我相信你能行"，而是让学生理解自己只是学习方式与他人不一样，"我可以安心地'慢'"。

违背科学的激励可能还会导致阅读障碍学生采用错误的学习策略。有的阅读障碍学生遇到对他非常有耐心而且有信心的班主任后，会特别感动。例如，某生原本语文成绩只能得 40 多分，甚至是个位数。但班主任相信学生一定能及格。学生会努力地想办法尝试克服困难。但在对自身的阅读障碍缺乏理解的情况下，可能盲目采用无效甚至有害的做法。比如阅读时速度非常快，实际上只是单纯地追求速度，结果牺牲了对文意的理解。

班主任首先要做的是帮助学生理解自己的困难所在，也让学生周围的重要他人理解，让大家都知道学生不是懒，更不笨，只是在阅读上存在困难。取得一点点进步对阅读障碍学生来说都很不容易，往往要付出比别人多得多的努力。这种努力本身就是值得尊重的，并不是要达到什么样的目标才能证明自己足够努力。

阅读障碍并非不能阅读，只是方式不一样，只是个体之间众多差异中的一种差异，就像近视一样。如果抱着这样的观念交流，阅读障碍学生会感到很安心。如果允许学生将速度慢下来，他也能够在阅读中获得成长。所以班主任首先要做的是让阅读障碍学生能够"安心"于障碍带来的不同，感受自己与他人的差异，与障碍和平共处，将精力放在探索适合自己的策略上。

尊重重于帮助：赋予主动选择权

在了解阅读障碍后，班主任可能会急于想办法帮助学生。有的班主任非常负责地给阅读障碍学生制订详细的支持计划，他可能会发动教师、学生、家长等周围一切可以调动的力量去支持学生，但是忘记征求阅读障碍学生本人的意见。这个过程中阅读障碍学生本人感受到的是温暖，还是羞愧？

让阅读障碍学生有选择权，这是最基本的尊重。

有的教师把全班学习最好的学生安排做阅读障碍学生的同桌，希望同桌能够提供无微不至的高质量支持。然而却忽略了这个支持伙伴是怎么看待阅读障碍学生的。他会不会内心对对方有些蔑视？如果有，这种蔑视一定会通过他的言行甚至表情传达出来。有经验的班主任会让阅读障碍学生自己选择小伙伴，他选择的往往是关系好、谈得来的同学。这个小伙伴往往不是班里学习最好的，但这反而是一个优势，他们之间的差距更小，更便于交流。更重要的是，因为是自主选择，不是教师指派，他们会很珍惜在一起的机会。

允许阅读障碍学生发挥主动性，这也是一种重要的尊重。

外在的支持计划，无论是否科学，对阅读障碍学生来说都是一种压力，甚至可能是重压。重压之下难以长久。一些班主任不辞辛苦，每天都将阅读障碍学生留下补作业、做练习，牺牲了个人的时间，但换来的可能是阅读障碍学生的不理解甚至痛苦与对抗。实际上，我们不是阅读障碍者，我们很难设身处地地去了解他们。多数班主任最初也并不知道科学的支持方式是什么。这种情况下，与其越俎代庖，不如将困难摆出来，让阅读障碍学生自己做决定、订计划、想办法。如果计划的强度与密度远远低于我们的心理预期，也要尊重他，让他去尝试，根据尝试的效果逐渐调整。

慢才是快：遵从本人的节奏

具体怎么做呢？简单来说就是遵从学生本人的节奏，无论是教师还是家长。

我曾遇到过一位小学二年级的阅读障碍学生，他拒绝阅读任何图书，反复强调自己很强，天生就是成功者。他说自己身上有一个"V"形标志，这个标志代表胜利。从他的表述中可以感受到：他处处要强，不允许自己比别人差，难以接受自己存在阅读障碍的事实。于是，以拒绝阅读的方式避免出丑。

这种心理的产生和学生本身的性格有关系，和周围重要他人对他的影响也有关系。

有位家长担心孩子跟不上同龄学生的节奏，发现孩子只喜欢看带图的书，就会严格限制，只给孩子买文字量比较大的书，并且每天督促阅读。孩子阅读起来非常困难，对阅读没有兴趣，阅读对他来说就是一种苦差事。于是，他采取了逃避阅读的策略，试图避免暴露自己的阅读问题。他本人也被家长的观念影响，认为阅读比同学难度低的书是一件丢脸的事。

我问他："如果要比赛跑步，你穿自己的鞋跑得快，还是穿妈妈的鞋跑得快?"孩子说穿自己的鞋跑得快。我继续说:"我同意你的看法,适合的才是最好的。阅读也一样,如果阅读简单的书都有困难,却偏要阅读难度更大的书,这不正像非要穿着大人的鞋子跑步吗?"孩子终于理解了选择合适的阅读材料的重要性,回家平生第一次主动拿起一本书去看。这是一个巨大的进步,可能会成为他改变与阅读之间关系的重要转折点。

然而下次我见到他时,他愤怒地告诉我,他遭到了妈妈的痛斥。原因是他拿起来读的是一本带图的书,而不是文字更多的书。我问孩子的妈妈,这是不是孩子第一次主动拿起书来阅读。妈妈回答是的。我说,那么,这么大的进步为什么我们不放在心上呢?

阅读障碍学生的阅读能力本就低于同龄学生,如果永远处于比较与追赶之中,他们内心的痛苦可想而知。而且,他们一直得不到阅读适合读物的机会,如此只能产生一种虚假学习,假装自己很努力,每天都吃力地阅读,但是内心距离阅读越来越远。教师和家长需要用心去理解这种表面的努力带来的危害。

如果不允许阅读障碍学生看自己喜欢的、与自身阅读能力相当的书,相当于阻断了孩子进步的阶梯,他只能在自己过低的水平和家长、老师确定的过高的目标之间望洋兴叹。

我们都知道一个道理叫"循序渐进"。不要试图将阅读障碍学生和其他学生比较,而是让阅读障碍学生自己和自己比。确定他的基线水平,制订合理的计划。甚至可以不用计划,唯一的标准是孩子能否在阅读中感受到乐趣。

读书不仅是学习的重要方式,也是认识世界、探索人生的途径。这种思路下的阅读可能开始看起来会"慢"很多,但会给阅读障碍学生建构牢固的根基。每天和自己相比进步一点点,而不是在每天和别人相比的挫败中止步不前,这才是真正的"快"。

方法重于热情:巧妙地寻求理解

面对阅读障碍学生,班主任容易走两个极端:感觉自己无能为力,完全放弃；或过于热情，自我牺牲，付出过多的精力。

有一位三年级阅读障碍学生委屈地说："我从来没有上过体育课，一上体育课我就被班主任老师留在教室里写作业，别人都去运动，只有我不能。"他的脾气越来越大，几乎每天都与同学发生冲突，甚至每天上学第一件事就是到校长办公室告班主任的状。班主任的自我牺牲换来的却是"仇恨"。读完前面内容的读者都知道阅读障碍与感觉统合有密切的关联，而感觉统合的发展是在运动中形成的。

所以，仅凭热情不足以支持有特殊需要的学生。理解是支持的基础，缺乏理解的支持可能适得其反。必须在理解的基础上采用科学的方式。

班主任也是与学科教师、家长、全班同学沟通的重要桥梁。沟通的方式也非常重要。常常有这种情况：班主任本人理解阅读障碍学生，但是很难让其他人正确理解并采用适当的方式回应。

阅读障碍确实很难理解。当与其他学科教师或者家长沟通时，很容易流于表面。他们面对阅读障碍学生长期的落后表现，或者丧失信心、完全放弃，或者过于严格、步步紧逼。因为他们并没有真正了解阅读障碍学生。这时，不妨采用"体验法"。

《地球上的星星》后来的故事是伊夏遇到了一位懂他的老师，老师在家访过程中，家长坚持认为伊夏就是懒，所以才学不好阅读课。老师环顾四周，正好看到一个写有日文的玩具盒，于是拿起这个盒子，请爸爸读上面的日文，爸爸说："这我怎么可能读出来啊。"老师马上指责："那你就是不认真，你就是懒！"在争执中，伊夏的父母终于理解了伊夏的感受，理解了伊夏不是不想读，而是有困难。

如何让班级的学生们理解阅读障碍，《地球上的星星》中老师的做法可以说打了一个很好的样。老师课上先问同学们电灯是谁发明的，爱因斯坦是什么人？用这些天才人物引入，然后介绍他们是阅读障碍者。分享这些名人"笨"的一面，让学生们在惊讶与哈哈大笑中了解了阅读障碍，甚至还有点儿羡慕崇拜。之后老师还私下叫住伊夏，告诉他："还有一个人也是阅读障碍，他不是很有名，我刚才没有说，那个人就是……"老师说出的正是老师自己的名字。可想而知，这位近在眼前的榜样给伊夏的触动有多大。这位老师的成功之处在于他的做法并非直接针对某个学生，而是用一种学生们情感上容易接受的方式进行班级文化建设，形成一种尊重差异的文化氛围。这种文化氛围形成后，具体是哪个学生有哪种特殊情况已经不重要了。这种方式给足了特殊需要学生安全感。

不少班主任苦恼家长不愿意承认孩子"有问题"，所以没有办法帮助学生。我们完全可以换一个思路，不是只看到问题，不是急于给孩子贴标签，而是看到孩子，看到差异与特点。并且告诉他们这种差异与特点在班级中是被允许的，是被尊重的。这样的理念与文化之下，没有所谓的"缺陷"是可耻的、需要掩盖的。每个人都在努力地自我探索与成长。

关系重于方法：首先建立良好的师生关系

有的班主任对阅读障碍学生很了解，采用的方法也正确，但是效果并不理想，这往往是在"关系"上出了问题。

"亲其师而信其道"，学生很容易将对教师的情感和对学科的喜爱混淆在一起。喜欢一个老师，他们会"爱屋及乌"，也努力学习老师所教的学科；不喜欢一个老师，他们会逐渐对老师所教的学科产生敌意。师生关系对阅读障碍学生来说非常重要。有一些班主任可能采用的方法并不够科学，但是阅读障碍学生依然取得了重大进步。这往往有赖于在理解基础上建立良好的师生关系。

教师与家长看重的是学业，然而对学生来说，同伴关系可能比学业还要重要，如果没有好朋友，甚至被嘲讽、孤立，就很难集中精力专心学习。有的阅读障碍学生出现情绪行为问题之后，班级其他同学会出现都不和他玩的情况。为了得到更多的关注，也为了维护自己的尊严，阅读障碍学生会变本加厉，试图以破坏的方式引起他人注意。此时班主任需要做的是帮助阅读障碍学生找到好朋友。有良好的同伴关系，阅读障碍学生才愿意到学校，才有动力努力学习。

班主任往往需要调节家长与阅读障碍学生的关系。让家长理解孩子的困难，让孩子理解家长的初心。但如果不理解阅读障碍学生，班主任往往在阅读障碍学生的亲子关系中扮演破坏者的角色。不少家长都说确实能看到孩子的困难，但是班主任严格要求，不但不降低标准，反而建议增加作业量，这让他们感觉很痛苦。

有的阅读障碍学生已经产生了非常严重的厌学情绪，教师和家长还在一旁指责他为什么不努力。当教师或家长已经与阅读障碍孩子形成严重冲突的情况下，首先要做的不是采用某种具体的方法，而是重建良好的关系。

有一位双重特殊学生，智力超常，同时有阅读障碍、书写障碍。因为读写严重困难，难以完成学业，经常与家长和老师理论。在学校与教师对抗，甚至与学校的教学主任发生冲突，在家里家长每次指导他写作业都是一场冲突。这种情况下，家长依然执着地为学生寻找各种训练资源。实际上可能越练效果越差。

还有的班主任舍弃个人休息时间，盯着阅读障碍学生写各科作业，做额外的练习。结果学生并没有从班主任的自我牺牲中感受到温暖，反而对老师"恨之入骨"。家长也认为班主任的做法只是担心自己的业绩受影响。缺乏良好关系与相互理解的自我牺牲难以起到正向的作用。

扬长重于补短：创造希望与动力

一旦发现班中有学生有阅读障碍，多数班主任的第一反应是让学生花费更多的精力在阅读方面，以期通过量的积累促进质变。为此，有的学生原本爱打的乒乓球停了；有的学生原本是合唱团的，因为训练阅读的时间过长，也停了。这样的做法得不偿失。

我们已经知道，阅读障碍很难通过单纯地增加练习量得以改变，需要得到更专业的训练。这些专业的训练方式是班主任和家长不容易学习到的，专业的事应该交给更专业的人，交给语文教师、资源教师以及其他专业人士。我们没有必要越俎代庖，我们有更为基础，也相当重要的事情要做。

能够支撑学生人生成功的、给他信心与动力的一定是他的优势，而不是劣势，所以挖掘优势更为重要。这是班主任和家长首先要放在心上的事情。《地球上的星星》中老师发现伊夏的绘画特别富有想象力，为此他专门组织了一场绘画比赛。伊夏毫无悬念地夺得第一名。周围的人对他的态度发生了180度大转弯，从鄙视、嘲讽变为尊重、崇拜。重要的是，伊夏获得了自信。

一些成功的阅读障碍者在回忆自己成长经历时，也无一例外会说到发展自己的优势。有人说特别感谢母亲鼓励他打篮球，自己赢得比赛，赢得同伴对他的敬佩，也收获了信心。这种自信也会迁移到阅读上，帮助自己克服困难。

不要把精力过度投入在孩子的弱项上，而是多给孩子一些机会让其发挥优势，让他用优势发展自信，带动弱项的发展。从优势的角度考虑，能让我们眼中原本哪里都不好的小孩变得美好。教师与家长都更容易用平和的态度去对待他，更愿意全面地看待他，帮助他重建自信。

对教师和家长来说，难点在于找出阅读障碍学生的优点。确实是这样，找到阅读障碍学生的优势是一种专业能力，需要不断地反思与练习。

我们需要换一个思路，要更宽泛地看待"优势"，而不只是把它看作某种技能。而且不一定和别人比较，就和学生本人相比，挑出他本人感兴趣的、较为擅长的方面。

借用法国著名雕塑家罗丹的那句名言，"世界上并非缺少美，而是缺少发现美的眼睛"，可以说"学生并非缺少优点，而是缺少发现优点的眼睛"。即使孩子真的"一无是处"，至少他可能还有一颗渴望被关注的心。

澳大利亚有一位特殊的励志演说家尼克·胡哲（Nick Vujicic）。他天生没有四肢，最开始连起身的动作都很难完成，但是他后来生活完全能够自理，他能用脚趾打字、踢足球、玩滑板，他能游泳，他几乎能做健全人可以做的任何一件事。他说即使让我有机会长出四肢，我也不会考虑。

他说他最感谢的是他的父母，幸好他的父母是一对有智慧的夫妻，他们关注了尼克·胡哲的优势，并鼓励他。正因为父母的鼓励与肯定，尼克·胡哲才能有今天这么大的成就。他在各地讲演中有一句意味深长的话："如果你找不到孩子的优点，那你一定还不够了解他。"

阅读障碍学生的先天条件肯定远远好过尼克·胡哲，但是教师和家长过于关注孩子阅读上的不足，忘记鼓励孩子探索自我、全面发展，反而让一个原本充满可能性的孩子，逐渐丧失了探索世界的好奇心与自信心。

班主任要帮助阅读障碍学生的其他相关人士理解这一点：阅读障碍只是一种特异性困难，不代表阅读障碍学生什么都不行。要让学生相信他们的言语理解水平并不差，他们的智商并不低，要让学生有希望感。有希望才有动力前进，有动力才有信心成长。

要点小结

1. 阅读障碍原本只是一种个体差异，甚至是一种资源，让它最终成为"障碍"的并非客观生理问题，而是外在支持不足的环境。

2. 班主任是阅读障碍学生的重要他人，起到帮助阅读障碍学生与其他学生、学科教师、学校、家长沟通的桥梁作用。帮助阅读障碍学生培养归属感与成长的动力是班主任的责任。

3. 对班主任来说，虽然对阅读障碍学生的激励很重要，但是理解更重要。不是一味告诉阅读障碍学生"我相信你能行"；而是让学生理解自己只是学习方式与他人不一样，"我可以安心地'慢'"。

4. 理解重于激励，尊重重于行动，方法重于热情，关系重于方法，扬长重于补短。

推荐资源

北京市西城区融合教育中心学习特殊需要教研组. 与众不同的学生：学习障碍等特殊需要学生的评量与干预案例精选[M]. 北京：北京师范大学出版社，2022：44－89.

13　案例："小"手环，"大"力量

——班主任与阅读障碍学生的故事[1]

新学期，遇上"刺头"

新学期，接手一个新的班级，一个"大名鼎鼎"的班级"小刺儿头"进入了我的视线——

他叫廷廷，一个衣着整洁、表情紧张、沉默寡言的小男孩。听校园广播时，他看课外书，老师提醒他把书收好，他竟一屁股坐到地上，"撒泼打滚"地说老师要打他；家庭作业他从不完成，偶尔写几个字，也是歪歪扭扭、潦潦草草、错字连篇；选择座位，他永远坐在靠墙偏后的一个位置，摆出一种"拒老师与同学于千里之外"的冰冷姿态；如果家长监督他学习，他会发脾气、哭泣，晚上睡眠时还会出现梦魇或夜惊；至于老师们"苦口婆心"的教导，对他来说更是激不起任何涟漪，听说他曾每天守在校长办公室门口告班主任的状。

面对这样一个无视规矩、挑战权威的"小刺儿头"，我该怎么办？无视他，放弃他，还是"头痛医头，脚痛医脚"地盯着他、看着他……

一张白纸，被弄脏成了污纸。著名画家黄幻吾凭借着他高超的画技，将污纸变成了一幅妙趣横生的《葫芦小鸟图》。作为多年从事教育工作的班主任，我希望自己也能创造这样的艺术瞬间。

调查，了解真相

我决定不带偏见，带着好奇与期待去了解他。

放学时，廷廷妈妈总是躲在很远的地方等孩子，对老师有些回避。我

---

[1] 本节作者为北京市西城区奋斗小学教师赵昕。

就主动走上前，和她聊些轻松的话题。慢慢地，她和我熟了。我就提出去家里看看孩子的学习环境。

走进家中，看到了一只可爱的小猫。廷廷笑眯眯地把小猫揽入怀中，低下头，喃喃地说："这是我最好的朋友，它每天都会陪我玩耍，而在学校没有人愿意和我玩。"他失落的神情，很让人心疼。通过几次家访，我知道了：廷廷在家的日常生活是正常的，孝敬父母，爱护小动物，心地善良。上小学后，因为书写和成绩问题，经常受到批评和指责，慢慢变得不信任老师和同学，脾气变得暴躁易怒。

课堂上，我让他朗读课文。他慢吞吞地站起来，紧皱眉头，咬着嘴唇，断断续续发出很小的声音。写字时，他的小手紧紧地握着笔，好像使出了全身的力气，经常满手心都是汗，却写不出几个字。书写时，他只有把一个完整的字进行分解后才能落笔，导致他五个字会写成六个字、增加或漏写笔画、结构写得不匀称、写出边界、方向写反，以及其他错误，比如把"害"中的部件"丰"写成"非"（见图13-1）。据我观察，廷廷确实努力了，他读写上的问题并非由于大家认为的懒惰和不专心造成的。

图13-1　廷廷的语文练习册书写情况

廷廷的家长信任我后，告诉我廷廷有阅读障碍。我特意查阅了一些阅读障碍的资料，了解到阅读障碍存在记字困难和字词解码困难，因此朗读不流畅，而且多伴随书写问题。这些问题都是由于客观的生理原因导致的。但因为目前社会普遍对阅读障碍缺少了解，而且学习问题又具有内隐性、复杂性，所以成人常常主观地认为：孩子字写得不规范，是因为他们态度不认真；总写错别字，是因为他们没用脑子记……一味地批评、指责、埋怨，激化了孩子的负面情绪。于是，一个本需要在学习上得到专门帮助解决的"学习问题"，在我们的想当然中，变成了难以处理的"情绪问题""品德问题"，甚至是"心理问题"……

号准了脉，才能开对方子，行医如此，教育亦如此！

我庆幸，我号准了脉。

倾听，建立信任

家是孩子感觉最舒适的环境。于是在家访时，我让廷廷在我面前好好倒了倒他心中的苦水。

廷廷向我倾诉了他想把字写好的渴望，他受到老师家长指责时的委屈，他面对同学轻视时的痛苦。他感觉周围的人都和他作对，没有朋友，没有亲情的温暖，生活中得不到认可、没有乐趣……

整个过程中，我不打断他的话，并不给他任何评价和建议，只是默默地倾听。孩子说完后，轻松地舒了一口气，发自内心地给了我一个轻松的笑容。我知道，我的目的达到了：廷廷变得信任我了，这是我"号脉开方"精准施教的起点。

协调，多方助力

我找到其他科任教师，不厌其烦地给他们讲廷廷的情况，让老师们知道他的问题是学习能力问题而非道德品质问题，希望他们调整评价标准，课上给予廷廷更多"力所能及"的展示机会和"恰如其分"的方法指导，多多表扬他、鼓励他。

班会课上，我给班里同学讲廷廷的苦恼，并给他们普及阅读障碍的小知识。同学们都愿意帮助廷廷营造班级宽松幸福的环境，课间主动和他聊天，从他感兴趣的话题——"养小动物"开始。经常能够看到他和同学们围坐在一起，津津有味地给大家讲"小猫的故事"，同学们用崇拜的眼神看着他，不停地问这问那。慢慢地，在学校经常能看到他的笑容，上课也能看到他举手发言了。

对于廷廷家长，我让他们减少批评和说教，也和我一样基于对阅读障碍的了解和学习，对孩子多些倾听、陪伴、等待和有针对性的指导。

因为廷廷经常和同伴闹矛盾，很多家长都不喜欢他。为了缓解这个问题，我决定在家长会上让他讲讲自己的故事。在征得廷廷及家长的同意后，廷廷在家长会上一字一顿地讲了自己写字遇到的困难，自己付出的努力，同学和老师的不理解和他自己的感受。在孩子讲的过程中，我看到他的妈妈流着眼泪在给儿子录像，其他家长也在不停地擦着眼泪。此前，这些家长都希望让这个脾气大、爱惹事、成绩差的孩子转学，可这次家长会后，他们都搂着廷廷，不停地说："你真棒！加油！"

不同群体整体发力，杜绝了廷廷外部环境中的非理性刺激，他好像被浸润在一个温暖的圈里。廷廷变得有信心了，这是我"号脉开方"精准施教的助力点。

鼓励，激发动力

在外在环境调整的同时，我也注意及时鼓励，帮助廷廷建立自信。只要孩子有进步，无论哪方面，我看在眼里，就在班里大力表扬。之前其他孩子都不愿意和他坐同桌，现在他得到了同学、家长、老师的认可，表现越来越好。

周五换座位时，我问同学们："谁愿意和廷廷坐同桌？"全班都举起了小手。我笑着看向廷廷，他不好意思地低下头，笑着笑着就流下了眼泪。此刻全班响起了热烈的掌声，大家为廷廷的进步鼓掌，也为自己的改变鼓掌。

一次学校通知检查卫生，他当天早上第一个冲进教室，拿起墩布就开始为班级打扫卫生(见图13-2)。看着他满头大汗的样子，我让他休息一下，他摇摇头，大声告诉我："我爱我的班级，我要让流动红旗插在班门口。"他把班级当作了自己的家，开心地交朋友，快乐地学习。第七单元作文是写一个令人印象深刻的人，很多学生的习作都写的是热爱集体的廷廷。

图 13-2　廷廷主动为班级打扫卫生

一次从国外回来，我送给他一个小手环。我郑重地告诉他："廷廷同学，老师把这个手环送给你，它是力量之环，它会帮助你。当你写不完作业时，它会告诉你：尽自己最大努力，能写多少就写多少，但要一笔一画地写好；当你不想读课文时，它会告诉你：尽自己最大努力，能读多少就读多少，但要一字一句地读出来；当老师和同学善意地提醒你时，它会告诉你：他们是出于帮助我，才会这样说的，要谢谢他们；当父母督促或唠叨你时，它会告诉你：他们是出于爱我，才会这样说的，要抱抱他们……"廷廷听完我的话，惊奇地看着小手环，竟然先给了我一个大大的拥抱！

从此以后，小手环牢牢地戴在他的手腕上，妈妈说，孩子连洗澡都不愿意摘下来！尤其是写作业遇到困难时，他会看着手环，嘴里不停地嘟囔着："我有力量之环，我一定行！"廷廷变得有动力了，这是我"号脉开方"精准施教的支撑点。

成长，脱胎换骨

日子在一天天过去，又一个新学期开始了，我们的廷廷简直就像换了一个人：性格变得开朗乐观，愿意和大家坐在一起谈天说地，积极为班集体做事，课堂上努力做笔记、大胆朗读课文，回家第一件事就是写作业，而且书写也越来越美观了……一个"小刺儿头"结结实实地变成了同学们心中的榜样。

六年级毕业后，廷廷去了一所市重点中学学习。又是一次新的挑战，但是他已足够强大,已经有了自信心和适合自己的学习方式。中考填报志愿时,廷廷父母担心他压力太大,想让他选择职业高中,但是他觉得自己行,想上普通高中。难以抉择时家长来征求我的意见,我提出"尊重并相信孩子"的建议,最终,廷廷如愿上了普通高中。高一期末考试,他取得了年级第八名的好成绩。

奇迹,自然而至

讲述完我和廷廷的故事,我的心情久久难以平静。在很多人看来,廷廷身上发生的事可以用"奇迹"来形容,我正是那个参与了创造奇迹的人。然而我做的事似乎并不特别。

首先,要看到真正的孩子,看到导致他们情绪问题的原因,理解其学习上的特殊困难。倾听而非说教,与他共情并建立良好的关系。其次,引导周围的人一同给他创造一个良好的、充满理解与支持的环境。同时,运用心理咨询的"积极关注"技术,充分挖掘问题学生的长处,杜绝非理性的批评责骂或唉声叹气。这样他才有信心去克服困难。

就是这样似乎每位班主任都能做到的"小"事,却创造了这样一个令人振奋的"大"奇迹。班主任是一份无比美好的职业,能够帮助学生将心理危机转换成自我成长的良机;能够帮助学生拨开重重迷雾,重新认识自己;能够帮助学生面对困境重重,依然生出勇往直前的动力。

教育的本质到底是什么?其实归根结底还是一个字:爱。用爱温暖学生的心灵,用爱创造教育的奇迹。"奇迹"其实潜藏在我们每个人的心底,相信只要拥有一颗真正爱孩子的心,拥有足够的专业素养,就一定能创造出属于我们的奇迹。对班主任而言,最难的不在于方法,而在于对学生的"懂得"。

一张"弄污"的白纸变成一幅绚丽的图画,是"海市蜃楼"般的梦想,也是"易如拾芥"的日常。有时"奇迹"会自然而至,不需要惊讶。

附:廷廷家长会讲演稿

叔叔阿姨们好,我叫廷廷。我和大家说说我在学习、纪律方面的感受吧!

记得我在刚入学的时候,就开始背、抄《弟子规》,可是我怎么也抄不好,学起拼音更是吃力。爸爸妈妈也非常着急,带我去测试,专家说:"这是典型的阅读障碍。"爸爸告诉我:"看来今后你要比别的同学多付出十倍的努力,才能赶上他们!"我当时似懂非懂地点了点头,可我没想到后来的学习过程会是如此艰难。

别的同学早早写完作业去玩儿的时候,我却还在埋头写作业,一点玩儿的时间都没有。即使这样,我的学习成绩也很不理想。学校、老师、家长带给我的压力,更是让我喘不过气来。在学校里,我经常和老师同学发脾气,是班里有名的"小刺儿头"。老师为我伤透了脑筋,我也难过极了,感觉像被抛弃了一样。

我就这样稀里糊涂地过了四年,直到今年暑假的一天,妈妈对我说:"你们要来新班主任了,她很擅长心理学。"爸爸也附和着说:"这可能对你是一次机会,你终于能碰上懂你的老师了。"

新学期开始了,我发现她和以往的老师不太一样:我上课没有写完的作业,她从来不在放学后留我完成,还对我说:"你回家后,哪怕只写一个字,也要把那个字工工整整地写好。"没有那么多的作业压着我,我觉得很轻松。我慢慢地写着,发现自己的字居然变漂亮了,我高兴极了。妈妈说:"你的字终于能配上你的人了!"慢慢地,我写字越来越快了,现在虽然有些时候我还是跟不上老师讲的去记笔记,但是我会更加努力的。

老师把我的座位调到同学中央,我坐在一堆好朋友中间,开心极了。学习上有一些困难可以向别人请教,有时,能帮到同学们,我心里也很高兴。我的手腕上有一件宝贝,这是赵老师送我的魔力手环,戴上它,写字既工整,速度又快,我每天都戴着。自从戴上它,我每次考试都能全写完。

就是这样,我慢慢从学习中找到自信,能跟上同学写课堂作业了,上课能积极回答问题了,也不像以前那么爱发脾气了。但是要赶上其他同学,还要付出更多的努力!

谢谢大家!

14　语文教师可以做的事：适切的支持

有效未必费力

不少教师在了解阅读障碍并发现本班阅读障碍学生之后，都表示很愿意尽其所能去帮助他，但是不知道该用什么样的方法。也有教师虽然有帮助阅读障碍学生的意愿，但是需要顾及全班学生，很难有精力跟进。这些老师之所以这么想，是因为认为帮助一个阅读障碍学生一定需要很多额外的时间和精力，需要大量的陪伴与帮助。实际上，无论教师如何费力，如果还是用以往惯常帮助学困生的方式对待阅读障碍学生未必见效。而能够帮助到阅读障碍学生的方法也并不复杂，关键在于有针对性。

热身练习

关于阅读障碍干预，您认同以下哪些观点？（　　）【可多选】
A. 请家长辅导学生阅读，这是保证学生持续进步的重要条件。
B. 课上频繁叫阅读障碍学生朗读，可以有效督促学生学习。
C. 加大作业量，是对阅读障碍学生的个性化作业支持。
D. 阅读障碍学生智力正常，考试不能特殊对待。
E. 其他。(如选择此项请具体说明)

上面 A、B、C、D 四项内容是语文教师在最初接触阅读障碍学生时常见的观念，而且绝大多数家长认同这些做法，持有相同的观点。背后的想法是：量变才能达成质变，阅读障碍学生学业上已经落后了，需要严格要求，加强练习才有可能跟上；目前随班就读政策中只有智力障碍学生的成绩可以不被计入班平均分，那么阅读障碍学生考试的要求就应该和普通学生一样，否则有违教育公平，而且对阅读障碍学生本人的成长也不利……

然而，这些都是帮助阅读障碍学生的误区。本节将从预习、课堂教学、作业和考试四个环节来讲，作为一名语文教师，支持阅读障碍学生的方式。

课前预习：听的机会

不少语文教师误认为阅读障碍学生语文学习处处是弱点：看拼音写汉字不行，朗读不行，阅读理解不行，作文也不行，所以建议家长对学生进行一对一的辅导，尤其要提前学习。

实际上阅读障碍学生并非处处不行。

多数阅读障碍学生的困难主要集中在字词解码层面，他们的言语理解是没有问题的，不需要将关注点放在理解上。我们不需要教导，甚至代替阅读障碍学生理解，只需要掌握适当的方法、提供给学生适应的预习环境。

当然，阅读障碍的异质性很强，不是每个学生都一样，这就需要教师和家长使用前面讲的知识和方法去分析本班的学生或者自己家孩子的困难到底在哪儿。

预习方法非常简单，我们唯一需要做的是让阅读障碍学生有机会听到课文。

普通学生的朗读作业一般会在课前布置，基本上是自主朗读。初读课文掌握大意，一般学生在朗读上没有太大的困难，可能困难主要体现在理解上。而对阅读障碍学生来说，朗读课文是非常痛苦的事情，他们带着强烈的排斥甚至恐惧勉强磕磕巴巴读完，可能根本没有精力去回想课文写了什么内容，更感受不到课文的美。旁人看来似乎是他们对课文的理解出了问题。

预习环节，如果语文教师能够找到课文的录音，或者自己录音给学生，学生就可以了解课文的内容是什么，透过文字了解内容，领略汉语言文字的魅力。如果找不到合适的录音材料，也可以请家长朗读。当然需要注意可能家长也有朗读方面的困难，如果家长面露为难就不要勉强。建议家长直接和教师说明自己的困难，以避免延误对孩子的帮助。

成人示范朗读还可以帮助阅读障碍学生提高阅读流畅性，重复朗读过程中成人的协助非常重要①。练习不是让学生自己一遍遍地读、一遍遍感受挫折，而是让他能够跟随正确的示范，逐渐适应，直至撤掉示范、独立朗读。《地球上的星星》有一幕经典场景，就是伊夏戴着耳机听课文的朗读录音，并用手指着文字。这是正确的朗读预习的方法，能够将字形与读音建立紧密的连接，并且通过"听"来弥补"读"的不足，准确理解课文的含义。这样字形、字音、字义三者紧密结合在一起。这样的朗读预习方法是简单的，却是最有效的。

如果教师有精力，还可以在提供朗读录音资源的基础上，提供一些策略与方法。具体可以这样做：教师示范读，请学生注意听，用手指着课文，然后交流阅读材料的内容。这个交流重在了解学生是否读懂并产生了兴趣，切忌变成面面俱到的阅读考试。教师做这件事最主要的目的是唤起学生对阅读的兴趣。可以交由家长持续做这一训练。

课堂教学：安全便利的环境

课上最重要的一件事是为阅读障碍学生营造安全舒适的学习环境。我遇到不少阅读障碍学生都表示语文课最恐怖，因为不知道老师什么时候会突然叫自己站起来朗读。自己磕磕巴巴地读，同学们会暗中嘲笑或不耐烦地催促，有时老师等得不耐烦，打断自己。不少阅读障碍学生最怕老师采用"开火车"的方式，轮到自己站起来很丢脸，跳过自己更丢脸。这样，一节课都在担心自己丢脸的状态中惴惴不安地度过，真正用于听讲的精力就很少了。这些都让学生感到非常尴尬，读一次觉得自己的能量减少一次。所以语文教师对阅读障碍学生的过度关注并没有产生预期的效果，反而适得其反。

因此，需要给阅读障碍学生营造一个良好的支持环境。不随意叫阅读障碍学生朗读容易做到，但是重要内容他听不懂怎么办呢？

---

① Michael Pressley. 有效的读写教学：平衡趋向教学[M]. 曾世杰，译. 台北：心理出版社，2010：158.

需要提供适当的环境支持。

给阅读障碍学生安排一个更靠近教师、干扰比较少的座位。合并注意缺陷的学生尤其需要这样的支持。物理上接近可以让教师更容易关注到阅读障碍学生的困难，便于教师提供支持。当然前提是学生本人喜欢这样的安排。

给阅读障碍学生找一个合适的学习伙伴，在需要朗读或者询问时可以随时提供帮助，避免阅读障碍学生因为某些字词不认识而无法参与整节课。

当然更重要的是，教师在全班教学时就要考虑到班中学生水平不一，避免有学生在不知道课文内容的情况下深入探讨。朗读之后再深入分析课文，课件上的内容也尽量念出来，这样不仅能帮助阅读障碍学生，还可以帮助班中有注意力问题和偏向听觉学习风格的学生。

另外，还可以与阅读障碍学生个别沟通，约定只有师生二人知道的暗号，当阅读障碍学生愿意朗读时再叫他，如果不想朗读就以一种自然的方式避免朗读。

对语文教师而言，最艰巨的任务莫过于如何让阅读障碍学生记住汉字并能正确书写。因为阅读障碍学生很难读懂文字，在写字上也存在困难，作业没办法完成。如果说在朗读上，如果学生实在有困难，可以绕道走，让学生默读。但识字却是绕不过去的难关，还有些学生合并书写困难，如何教阅读障碍学生识字与书写将在第四章进行专题说明。

这里仅强调一点，一说到识字教学，教师和家长可能会想到借助字源，而且有些研究者主张应用字源法而不用联想法。但汉字演变是复杂的，加上我们现在使用的不少简体字字形已经发生了较大的变化，字源并非能直接解决阅读障碍学生的问题。而且阅读障碍学生往往工作记忆不佳，记住被告知的外在信息对他们来说可能有困难。因此，在进行字源教学的同时，不要阻止学生使用自己的记字策略。有的学生是这样记忆"谐"字的："左边的'言字旁'和右边的'皆'好似两个人在争论（言字旁），比谁更白（皆＝比＋

白)。不吵架就是和谐。"①通过这种方式记住这个汉字也未尝不可。

最后提醒教师在课堂教学上常有的误区：认为帮助阅读障碍学生与全班教学是两件事，帮助阅读障碍学生势必减少对全班其他学生的指导。实际上，对阅读障碍学生的帮助重点不在于量，而在于质，课上巡视时的一个提醒与启发就可能对阅读障碍学生起到很大的帮助。另外，关注阅读障碍等个别学生很可能促进全班课堂教学，将教学质量提高到一个新的层次：实现面向全体、满足差异的高效教学。

作业调整：适切的个性化的方式

作业常常是阅读障碍学生和家长的噩梦。别的学生十几分钟、半小时能完成的作业，能折腾阅读障碍学生到半夜。教师和家长往往将这种情况归结于学生故意拖延，采取的策略也常是说服教育，并惩罚性地在常规作业量上加码。这样，学生几乎没有闲玩的时间，要把所有的时间和精力都用于应付作业。

有的教师可能能认识到对普通学生来说适量的作业，对阅读障碍学生是超量的。但是迟迟不愿或不敢减量，因为觉得这样做对其他学生不公平，而且担心一旦练习少，阅读障碍学生学习会更加落后。

即使教师允许给学生作业减量，有时家长也不放心，依然在家里给孩子"加料"。一方面，家长认为所有学生都一样才是"公平"；另一方面，认为阅读障碍学生的作业只能加量，才能弥补不足。

"双减"政策实施后，一些阅读障碍学生的教师和家长不是感到高兴，反而无所适从，甚至更为焦虑。因为除了增量，他们不知道还可以用什么方法帮助到他们。要是完全落实"双减"政策就意味着这唯一的方式也不能用了。

实际上，"双减"政策的落实并非仅仅是作业减量这么简单。其核心在于提质：作业要适切，课堂教学要高质。给阅读障碍学生布置作业并非

---

① 李妍.小学书写障碍学生的识别与干预——基于一则个案的分析[J].教学月刊·小学版，2019(11)：53.

一味减量，而是要根据学生具体情况做作业量的增减调整，或作业完成方式的调整。所以准确说是"调整"而非"减量"。

个体差异是普遍存在的，孔子早在两千多年前就提出"因材施教"。满足不同学生的个性需求的教育才是最好最公平的教育。因此，针对阅读障碍学生的特殊需求进行作业调整才是更公平的做法，而之所以部分学生和家长不愿意接受"特殊对待"，和没有形成个性化的教学文化氛围有关系。如果全班作业都是个性化的，阅读障碍学生的作业调整就不显得扎眼了。所以，对教师来说，真正要帮助到阅读障碍以及其他各类有特殊需要的学生，最根本的是更新教育理念，提高教学质量，营造尊重个别差异的班级文化氛围。

对一些合并注意力问题和听写困难的阅读障碍学生来说，需要减少机械抄写类作业的数量，增加学生自由阅读的时间。例如，可以增加学生个性化记忆汉字的任务，将每个字抄 5 遍改为抄 1 遍，但要给每个汉字想出一个本人印象深刻的故事。因为阅读障碍学生，特别是合并听写困难的学生难以单纯地通过字形层面的机械重复加工记住汉字，需要在字形、字义、字音间建立密切的关联，进行有意义的加工。

有些阅读障碍学生即使到了小学中高年级，仍然习惯指读。不少教师和家长为了提高学生阅读速度要求不能用手指读，这个做法实际上是在破坏学生发展适合本人的学习策略。指读是一种阶段性要求，小学一年级新生一般被要求指读，以避免读错跳行等现象发生。随着年级升高、学生阅读能力增强，教师开始要求不能指读，以提高默读速度。阅读障碍学生在阅读时容易出现读错跳行的情况，即使年级升高，这种情况虽然会有一些好转，也依然存在。所以对阅读障碍学生来说，仍然需要借助指读才能将文章读准，对他们来说，阅读速度的要求应放在其次。如果过于追求阅读速度要求学生不能指读，结果可能学生只是表面上提高了速度，但实际上并不知道读的内容是什么，得不偿失。

我们不但不应该干扰学生指读，反过来还要帮助学生去发现类似的好用的方法和工具。比如可以用尺子挡住下一行，或可以自制阅读工具，挡住上下文和边缘，只露出两行(有阅读障碍学生报告露出两行比一行阅读更顺畅)。

此外，阅读障碍者报告文本材料的彩色背景可以帮助他们更好地阅读。可以通过选择彩色的纸张、用彩色的透明塑料、借助电子阅读器调整背景色等实现。

另外还可以通过调整字间距来帮助阅读障碍学生循序渐进提高阅读流畅性。研究表明，字号和字间距的大小会影响阅读障碍学生的阅读效率。也有研究认为字号本身并没有影响阅读障碍学生的阅读，而是字号越大，字间距越大，字号通过字间距起作用。研究发现增大字间距可以降低阅读障碍儿童的视觉拥挤效应，但字间距的增加不是越大越好，具体多少合适目前说法还不一致。

我们不必纠结于到底哪种说法是最科学的，因为阅读障碍学生本身就存在异质性，每个人的需求不同。无论是文本背景的颜色，还是字间距的大小，最好的方式是让孩子自己选择适合自己的方式。至于多大的字号合适，由阅读障碍学生本人确定。我们可以打印出几个版本让他选择，并且允许动态调整。随着学习朗读水平的提高，字号、字间距可以逐渐接近常规。

字号变大能够帮助阅读障碍学生看清楚汉字的细节，增加辨识线索；字间距加大可以减少汉字之间的干扰。教师可以把课文、练习的电子版发给家长。如今我们已经对这种方式不陌生了，需要进一步做到的是，允许家长调整材料的字号与字间距印发给孩子。必要时，还需要改变字体，设置背景颜色。

如果没有条件或者临时不方便这样做，还可以有一种方法尝试，那就是使用放大镜。北京市西城区支持教师陈甜天在帮助阅读障碍学生的过程中，尝试了这种办法。学生适应后，使用起来还是很方便的。尤其是需要细致辨识的地方，放大镜非常好用。

一些细心的教师和家长发现，有的阅读障碍学生的书写质量不稳定，如果本子间距较大，写得就比较整齐美观；如果本子间距较小，写得就相对差一些，字体过大、间架结构不合理。这些学生可能同时合并某一类书写障碍。这个发现是很重要的一个起点，但下一步我们往往选择错了策略。

有的教师或者家长会严格要求学生一定在小格子内写好，于是让学生在小间距的本子上多练习。实际上，应该允许学生在他感觉最舒服间距的本子上书写，再逐渐缩小间距。《地球上的星星》中有生动的展示，本书第18节"资源教师可以做的事"将作具体说明。

如果不是这样循序渐进，一开始就让学生与其他学生一样，他很可能因为完不成任务而厌烦书写，而且空间不足也不利于他留心到汉字的每个细节，写作业就只是囫囵吞枣、例行公事，对他毫无裨益。

作为语文教师，我们能帮助阅读障碍学生的地方其实有很多，而且这些方法未必很麻烦。更多的是需要我们研究学生、调整标准、提供方法。

最后需要记住一点：阅读障碍学生之间也有差异。要想真正帮助自己身边的学生，归根结底还是要加强对个体学生的了解，不断进行教学小实验，找出最适合学生的方法。

考试合理便利：更深刻的教育公平

阅读障碍与智力障碍或者其他困难不同，普通的考试并不能真正测出他们的能力。比如阅读障碍学生阅读速度慢，考试的时间限制对他们来说就是压力，原本能读懂的地方因为着急而胡写，结果失分过多。阅读障碍学生在做阅读题时可能因为难以顺利解码字词，导致不必要的阅读题目失分。还有一些合并书写障碍的学生因为在写作文时提笔忘字，无法完成。

为此，一些国家为阅读障碍学生提供了考试合理便利政策，可借鉴的考试调整方案包括试题呈现、试题作答、考试时间、设备材料和考场设置等方面。比如在美国，各州均已制定有关特殊需要考生的考试合理便利的政策文件：2013年美国有40个州允许在阅读和数学测试中提供答案代写；

26个州允许在阅读测试中使用语音文本转换。[①]

考试时间延长是阅读障碍学生需要且最容易操作的方式。试题呈现调整是指改变以文字呈现试题的方式,用阅读障碍学生可理解的方式呈现。一般是将文本转换为语音,请学生听题作答,也可以调整字间距。试题作答调整是为一些合并严重书写问题学生设置的,指改变手写文字的作答方式,一般包括他人代写、电脑录入答案等方式。设备材料调整指调整字间距、允许使用某种特殊设备。考场设置调整是为一些合并严重注意力问题学生设置的,因为在普通的考场中,对这些学生造成干扰的因素过多,因此需要一个更为安静的考场。

中国教育部与中国残联2015年联合发布的《残疾人参加普通高等学校招生全国统一考试管理规定(暂行)》明确规定,招生考试机构应根据残疾考生的残疾情况和需要,提供合理便利措施。如允许视力残疾考生携带答题所需的辅助工具;允许听力残疾考生携带助听器、人工耳蜗等助听辅听设备;允许行动不便的残疾考生使用轮椅、拐杖等。但是目前我国并未将阅读障碍学生列为法定特殊教育服务对象,相应地,也没有为阅读障碍学生提供考试合理便利的政策。

语文教师一般的态度是拒绝为阅读障碍学生做考试调整。他们认为,现在并没有相应的政策,如果给学生做了考试调整,这种调整可能会造成学生的学习能力越来越低,在将来升入更高的学段或者参加无法实施考试合理便利的统考时,他们的表现会更差。而且,不少教师和家长还认为考试调整是有违教育公平的,不应该加以考虑。

评价标准是教育改革的核心问题。

我们从是否能满足其个性需要的角度考虑,如果为相同的学生提供不同的教育是一种不公平,那么,为不同的学生提供一刀切的教育是否也是一种不公平?因为这两种方式的本质是一样的:都没有为学生提供适切的、能满足其需要的教育。

[①] 邱鹄.1998—2017年国际有关残疾学生考试合理便利研究的现状和热点分析[J].中国特殊教育,2018(10):3—7.

更深刻的公平应该是满足学生的个性需求，最大限度地呈现其潜能。

在教育政策没有正式出台之前，改变正式考试的规则，教师会感到非常为难。实际上，在教师职责范围内，日常的小测验上进行考试调整对阅读障碍学生也是非常有价值的。

其价值在于提升阅读障碍学生的自我效能感。

我遇到一名小学四年级的阅读障碍学生，各科成绩倒数第一，且与倒数第二名相差20余分。在给这个学生做测评时发现，做题时他习惯脱口而出"不知道"，如果让他再想一想，其实有些题他是可以完成的，可以肯定他实际的能力比展示出来的要好，但他严重缺乏自信以及进步的动力。语文教师尝试为他做了一次考试调整，单独读题并延长考试时间，最终考试及格了。这是多年未见到的"高分"，孩子激动不已。

最有趣的是，接下来的一次考试教师没给他做任何考试调整，他依然及格了。这说明什么？他并非真的能够在短短的几周时间内神速地进步，只不过之前的考试方式让他表现出的水平远低于自己的实际水平，让他形成习得性无助，认为自己很差。通过考试调整看到自己的真正实力后，他的自信提高了。

可见，对阅读障碍学生来说，考试合理便利是一个让孩子看到自己真实实力的机会，也是提升他们自我效能感和自信、让家长重新看待自己的机会。在我所接触的大量阅读障碍学生中，相似的例子不计其数，阅读障碍学生大多是班中倒数几名。他们都需要通过考试合理便利这个机会，"看见"自己的潜力。

为阅读障碍学生提供考试合理便利，从长远看体现了真正的教育公平，从近期看可以充分发挥学生潜力，提升其自我效能感。在操作层面上，调整的原则应是最小支持原则，可以从最容易操作、变化最小的方面开始调整。比如考试时正常时间收卷记录下学生的成绩，然后当天请学生用另外一支颜色的笔继续作答，并计算成绩。如果只是通过这种不动声色的方式延长时间，学生就能够展示出较高的水平，就不需要做进一步的调整。如果学生依然感到潜力难以发挥，可以考虑同时调整试卷的字距、字号，为学生读题、允许学生用电脑打字、为其代答等。

最后需要牢记的是：阅读障碍学生并非不能阅读，只是有自身的特殊需要。阅读障碍学生可以做任何事，甚至可以成为作家。我们可以想一想安徒生。我们眼中不能只有阅读障碍学生的"障碍"，还要有他的"优势"、他的"潜能"。一方面，要在力所能及的范围内，为阅读障碍学生提供学习的便利条件；另一方面，千万不要忘了孩子的优势，帮助孩子看到真正完整的自己。

要点小结

1. 阅读障碍学生并非不能阅读，只是有特殊需要。
2. 语文教师可以有针对性地为阅读障碍学生提供支持。
3. 预习支持最重要的工作是让阅读障碍学生有机会听到朗读示范。
4. 课上最重要的是为阅读障碍学生营造安全舒适的学习环境，不要过于频繁地让阅读障碍学生在全班同学面前单独朗读。
5. 对阅读障碍学生的个性化支持与全班课堂教学是可以结合的。一些利于阅读障碍学生的教学方式同样有利于全班课堂教学，比如将音、形、义相结合的识字教学方法。
6. 为阅读障碍学生进行作业调整并非只是减少作业，而是提供个性化支持，鼓励学生探索适合本人的个性化学习方式。
7. 为阅读障碍学生提供考试合理便利能够帮助学生发挥潜能，是一种真正的公平。

推荐资源

北京市西城区融合教育中心学习特殊需要教研组．与众不同的学生：学习障碍等学习特殊需要学生的评量与干预案例精选[M]．北京：北京师范大学出版社，2022：90—166．

15 案例：当语文教师遇到阅读障碍[①]

苦恼·真相·渴望

新学期我承担了三年级二班的语文教师兼班主任工作，与前任班主任老师交流后初识了可心（化名），当时她的学习状况非常糟糕，在二年级阅读测试中是全区最低分，语文考试甚至出现个位数成绩。

开学后我着重关注了她，发现可心性格内向，平时少言寡语，课间几乎不和其他小朋友交流、游戏，常常一个人呆呆地坐在座位上，极度自卑。同学不小心碰掉她的铅笔盒，她会大哭起来，并认为同学们在故意欺负她。

紧接着，我与家长进行了交流，了解到可心同学的家庭比较特殊，父母长期分居导致离异，孩子判给了父亲，而父亲重组了家庭，孩子基本跟爷爷奶奶生活。所以家长认为孩子成绩差是因为自己之前没有心情管理孩子，前任老师也觉得是因为没有及时有效地对她进行知识巩固才造成了她的学习困难。

在区融合教育中心的支持下，我对学生的情况掌握逐渐明朗，原来她并不笨，甚至非常聪明。但是她存在阅读障碍，识字尤其困难。周围人的误解已经严重影响了可心的自尊与自信。在同学们眼中可心就像空气一样，常常被所有人忽略。有时课间她会凑到正在玩游戏的同学身边看一会儿，却永远没有勇气提出参与一下，大家也好像没有看见她一样；有时她会躲到同学身后听一听大家在聊些什么，旁边的同学看到可心也没有一丝邀请她参与讨论的意思，最后她只有默默地回到自己的座位上，呆呆地等待上课。

[①] 本节作者为北京市西城区复兴门外第一小学教师谢雅娇。

从"作业""考试"调整开始

我反复翻看了可心上一阶段的课本以及作业，发现独体字的错误率相对低一些，大多数错字不是多一笔就是少几笔，练习册中关于阅读的部分一片空白。我问可心为什么不做，可以哭着对我说："老师，作业太难写了！我不会。呜！呜！呜！"每次交作业都仿佛在刺痛她的心。于是，我决心和可心一起探索可以帮助她的法则。

法则一　作业布置减量保质、自主选择

有一次，课上要写的生字非常多，于是我就圈画了几个简单的字让可心写。第二天，她交上来的作业不但工工整整，而且100%正确。当孩子拿到自己的作业本，看到醒目的"优"字时，往日的一脸愁容瞬间烟消云散，她激动得像只小兔子，蹦蹦跳跳回到了座位上，打开作业本如数家珍地看了又看！放学了，可心手中挥舞着作业本，好像要让全世界都看到似的，还没等队伍解散，她早已飞奔到奶奶怀里，紧紧抱着奶奶笑个不停。

初战告捷，我们形成了一个约定：减量保质，作业题做一道对一道。哪怕只做一道，也可以让孩子一点一滴积累成功感，逐渐建立自信。

另外，允许可心自主选择个性化的作业内容。这样做一方面减缓可心完成作业时的焦虑情绪，增强自尊、自控感。另一方面在允许作业个性化的过程中，一点点摸索更适合可心的作业形式。让作业真正成为帮助可心学习的手段，而不是负担。

法则二　考试调整、增强信心

在我的鼓励下，可心学习的劲头越来越足，她渴望得到更高的分数，但我发现了一个新的问题。可心存在阅读和书写困难，根本没办法在规定时间内完成所有考试题目。为了应付考试，她考前死记硬背，考完试背的内容也就都忘记了。她自己说很多时候连题目都不读，怕读了题目，自己记在脑子里的字就给忘了。所以每次考试她都异常紧张。

于是我尝试在单元测试时，给可心延长考试时间，让她安心读懂题目再答题，让她知道她并不是真的完全不会，只是需要更多的时间，需要个性化的学习方法。以此让每次考试成为帮助她进一步正向认识自己的契机。

让"评价"成为激励

班级的"作业展"是每个同学都渴望表现的舞台，每次，可心路过展板时，都会偷偷地瞥几眼，看到同学们心花怒放地欣赏着自己的作业，可心的脸上充满了失落、无奈与苦涩，也许她脑海中正闪烁着自己的作业本：一个个鲜红的叉和大大小小的圈。上"作业展"对于可心来说就是天方夜谭。

这样的情景触动了我，一个念头在我脑海中闪现：能不能先改再判？

法则三　先改再判、展示进步

于是我试着在判作业时，看到可心写错的地方，先在一张纸上指出问题，然后工工整整写上提示，再让可心改。她满脸疑惑不太明白我的用意。当她按照提示改正并看到回判后，发现自己的作业本上全是对号，面无表情的脸一下子变了模样，冲着我会心一笑，笑眯眯地把作业本贴在胸口。这一次她仰起头走回了座位！

我时不时还会把她的作业在展板上展出，让她享受被同学赞赏的喜悦。这一次她的脚步停留在展板前，和同学们一起欣赏起自己的作品，小改变大收效，此时的可心不会因识字有困难、不会写而影响语文学习的信心，反而从中获得了成功与自信。

可心的作业被展出这件事在班里引起了轰动，她的名字也开始被同学们关注，大家对她投来了敬佩的目光。看到可心的改变，那些平时调皮、马虎的孩子也觉得受到了鼓励。

法则四　纵向自比、正向激励

因为可心阅读和书写速度较慢，考试时很难做完所有题目。起初她非常沮丧，听天由命，考试分数只能得到个位数。现在每次公布完成绩，我都会鼓励可心与自己纵向比较，不与同学横向比较。只要作业正确率提高一点点我都会告诉可心："你进步了！快给自己鼓鼓掌。"她一边鼓掌一边笑，这种自我肯定激励了孩子；每当单元测试成绩比上一次成绩高，哪怕高1分，我都会拉着她的手在家长面前为她竖起大拇指，自豪的笑容爬上了她的脸。

有一次可心的单元测试进步了10分，我把数字"10"写在了黑板上，让同学们猜这背后是一个怎样的故事。有的同学说："老师，您是要公布10个好消息吗？"有的同学说："老师，一定是咱们班有10位同学表现优异！""不对，是不是班规'10不准'呀？"同学们众说纷纭。我在黑板上写下"27.5－17.5＝10"。当我揭开谜底时，同学们的目光一齐投向可心。还没等我问要不要给可心鼓鼓掌，全班就响起了热烈的掌声。

我当即采访了一名同学："你的掌声为什么这么有力？"她激动地说："老师，我曾经帮助过可心认字，那真是费了九牛二虎之力呀！所以我觉得她能进步10分太不容易了！"几个同学随声附和。"同学们此处是不是应该有掌声？把这掌声送给可心，还有帮助可心进步10分的同学们。"班级再一次掌声雷动。"老师，我还有话说，有一次我和可心产生矛盾，您推荐给我一部电影《地球上的星星》，我才知道，我们在学习一个生字的时候可能写3～5遍就会了，但是可心要想记住这个字恐怕要写上30～50遍，而且得持续很长一段时间。所以我想这10分背后的努力是我们难以想象的！我想把我敬佩的掌声送给可心！"

第一次得到了全班同学的掌声，那掌声铿锵有力、经久不息，一抹绯红布满了她的脸颊，激动、兴奋之情无以言表，这掌声撬动了可心孤独、自卑、恐惧的内心。后来，每当可心进步时，同学们都会自发地为她鼓掌。自己、老师、同学的高度评价使可心重拾信心，不断向自己发出挑战。

记汉字交朋友

可心起初在做阅读题时，练习册上经常一片空白，问她怎么不猜一下呢？她说："这些字我都不认识，怎么猜呀！"于是三年级开学初，我带她认读二年级下册的词语表中的 585 个字,发现可心认识的字只有 65 个,不足百个呀!这个数字深深印在了我的脑海里!

我下决心要帮助她。我开始利用课下时间一对一帮她识字,讲完后让她抄一遍、默写一遍,当天满心欢喜地练会了(见图 15-1)。但是,第二天听写时,一些复杂的字可心基本上全忘了(见图 15-2)。接着我们又反复练习,直到第四天仍在继续遗忘,而且还有一部分字被莫名其妙地改装了:"菊"字的草字头不见了;"甜"字的部件左右颠倒了,个别部分还变换了笔画(见图 15-3);"颜"字右边的"页"变成了有几分相像的"巾"(见图 15-4)。

图 15-1　第一天练习后听写　　图 15-2　第二天听写

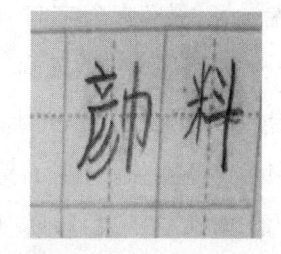

图 15-3　第四天听写(1)　　图 15-4　第四天听写(2)

识字给可心带来的是深深的挫败感,怎样让可心把汉字当作朋友?我首先想到的是使用孩子们喜闻乐见的方式:讲故事。而且,可以和小伙伴们一起编汉字故事,这样一边与汉字交朋友,一边与身边的小伙伴交朋友,岂不是一举两得?

法则五　同伴互助,趣学汉字

于是就有了这样的小场景:早晨,小伙伴就迫不及待地抱着自己精心准备的"教案"和可心一起识字了；课间，可心的座位旁也围了很多人在讨论着；就连放学后同小区的小伙伴也开始邀请可心一起学习了……

识记"拔"字时，同学是这样讲的——可心，还记得小时候咱们看过的小白兔拔萝卜的故事吗？萝卜太大了，小白兔一个人拔不出来，于是它的"好朋友"（友）来了，大家伸出"手"（扌），每个人都用出一"点"（丶）力气，终于把萝卜拔出来了，你看这就是"拔"字。可心听后笑了，看看字，再回味一下小伙伴说的故事，时不时还打个手势，眼珠转了一圈又一圈，第二天果然记住了这个字。

图 15-5　学伴讲"拔"字

还有一次在学习"赞"这个字时，同学是这样讲的——你看，在远古，贝壳就是钱，一个人用了一个"直钩"和一个"弯钩"组合把钱钓上来了，我们是不是应该给他一个"赞"？小伙伴讲的这个汉字小故事不但帮助可心记住了关键部件"贝"，还让她记住了易错的细节——两个"先"的最后一笔。这个字给可心的印象深刻，果然她之后就牢牢记住了。

图 15-6　学伴讲"赞"字

我一方面调动小学伴们参与的积极性，另一方面注意鼓励可心主动思考，让可心渐渐地摆脱对记字的恐惧，成为智慧记字的小主人。可心不仅学习了汉字，还收获了小学伴的友谊。学习与交友上的双重收获让可心的脸上总是挂着笑容。

开发家庭资源

对于阅读障碍学生来说，识字、阅读需要大量的时间，学校由于课程设置原因不能满足这一需求，而家庭中灵活的时间安排和良好的亲子关系能弥补这一缺憾。所以充分运用家庭资源是提高阅读障碍学生学习效果不可缺失的组成部分。

法则六　打动家长、家校一心

最初，可心的爷爷奶奶认为，可心成绩的不理想全是因为上课不专心听讲、下课贪玩所造成的。后来我借助有关书籍及专业测评让可心的家长扭转了错误认识。面对听都没有听说过的"阅读障碍"这一术语，可心的家长几乎情绪崩溃，不知所措！这时家长最需要的是安慰、帮助与希望，于是我鼓励可心家长：不要害怕，也不要放弃，只要我们科学引导，阅读障碍者也会找到行之有效的学习办法。学校有老师，有科研小组，还有区融合教育中心的专业教师团队。我们一起努力，家长不是单打独斗！在我的鼓励下，可心的家长看到了希望，坚定了信心！

于是我把在学校运用的方法一一教给家长，让家长在家中一起做，可心的奶奶配合得非常好：她想办法买来字帖巩固可心的汉字识记，用卡片反复练习偏旁部首，和孩子一起阅读课文训练朗读，自制了小黑板模拟课堂教学。可心的爷爷奶奶将老师的要求一一落实到位。每隔一段时间我们会交流一次，不断更换方法，使工作更具实效性。

充足的时间，更具针对性的训练，温暖亲切的家庭氛围大大提高了可心的识字效率！

【补充：与家长沟通的方式值得学习；家长采用的字帖等具体方式不一定适用于所有学生。】

团队合作

为帮助可心，我调动了几乎能调动的所有资源，为提升可心在校学习的效率，我尽量将可心的需求与全班教学结合起来。

法则七　课上支持、规律复习

可心辨识汉字有困难，那就在起初见到汉字时，尽量想办法让她看得清清楚楚，个别指导时我会提前将部件放大。在全班教学时我也会放大生字，让学生们看清楚每一笔是怎么写的，将复杂的汉字分解成熟知的部件，降低辨识的难度。可心汉字遗忘得快，我就依照艾宾浩斯遗忘曲线要求学生们规律性复习。对可心而言，记忆汉字的困难很大，可分散难点，一天认几个，早晨见面问一遍，吃完午饭复习一遍，放学时再问一遍，过几天再复习一下。

【补充：对阅读障碍学生而言，仅仅是认清字形和重复练习是不够的，应将字形与字义建立紧密的关联。这种做法受益的不仅是阅读障碍学生，还有全班所有学生。】

法则八　争取资源、默契协作

阅读障碍学生仅仅依靠学科教师的帮助远远不够，我向学校汇报，为可心争取到了资源教师的专业课程，而且得到区融合教育中心多次指导。随着对可心的特点和学习需求理解得越来越深入，我和资源教师的配合也越来越默契。有时，了解到她在资源教室新学的内容，我会有意识地在班级中给她展示的机会，巩固学习成果。

一次可心在资源教室学过"包"家族字后，在全班得到一个介绍"苞"字的机会，可心说，"草字头"代表的字与植物有关，"包"上边的部分就好像"花骨朵最外层的花瓣"。一边说一边还伸出左手示意："下边的部分就是里面的花瓣和花心。它们被外面的花瓣'包'住了。"说完，右手攥起了拳头，左手顺势包在了右手上。她得意地说："这就是苞字！"教室里鸦雀无声，三秒后同学们才反应过来可心生动的讲解，大家把最热烈的掌声送给可心，目光充满了真诚！

她像变了一个人

短短一年的时间，可心像变了一个人似的，她的成绩从最初的个位数提升到两位数，甚至有时还能考及格！

可心身边多了好几个小伙伴，那个曾经的"独行侠"渐渐回到了同学们的视线，课间那灿烂的笑容爬上了她的脸颊，银铃般的笑声传遍了整个教室。志愿者服务活动中，可心主动要求参与送餐具的工作；班级特色活动诗词大会上，可心频频举手抢答，一首首诗词对答如流；读书漂流活动中，可心还给同学们讲绘本故事；每天值日，可心负责检查工作……属于可心的春天悄无声息地来临了！

在我看来，可心最大的变化是她有了"自己"的想法。

由于阅读障碍学生在课堂上经常会遇到各种困难，需要同桌的帮助。刚开始我请可心自己选择同桌，她高兴地选择了一个学习优等生做同桌，但在实践中发现，两个学生在认知风格和学习方式上存在巨大差异，沟通起来有难度，孩子有压力。后来选了一个学习中等生做同桌，更适合可心，效果就更好了，沟通也变得顺畅了。

过了一段时间可心要求坐单座，这可是一个不小的飞跃，她第一次有了自己的想法，我鼓励她，也悄悄提醒同学们暗中帮助。虽然坐单座，可心的"同桌"反而更多了，她周围有课间一起玩耍的好朋友，有共同学习的伙伴，有她崇拜的"学霸"，还有需要她照顾的学习困难的学生，可心交到了更多的小伙伴。

现在的可心，每天脸上都挂着笑容，上学对她来说是最开心的事。阅读障碍对她来说仅仅是困难，并不是她和同伴们交往的障碍。她也逐渐拥有了战胜困难的信心和方法，变得越来越自信，越来越阳光。

16　家长可以做的事：最坚强的后盾

无障碍沟通

阅读障碍学生的压力有一部分很可能来自家长的"不配合"。客观上说，产生这种沟通不畅的原因首先是阅读障碍学生教育难度大，如果不能掌握正确的方法，孩子在家庭教育的过程中就很容易"鸡飞狗跳"，使家庭变成战场。家长竭尽全力，成效还不显著，也会产生习得性无助，进而逃避。

我们需要认识到，真正帮助一名阅读障碍学生，家长不可能缺席。那些获得成功的阅读障碍者，他们的背后几乎无一例外地有着强有力的家庭支持。即使他们的家长并没有阅读障碍的专业知识，但仍是阅读障碍学生最坚强的后盾。作为教师，我们能做的首先是给家长提供科学且具有操作性的指导建议；其次，以同理心面对家长，帮助家长和孩子共同成长。

热身练习

如果您的孩子的学业成绩总是很差，您会怎么做？（　　　）【可多选】

A. 向孩子发火，批评教训孩子。

B. 让孩子停止娱乐，把时间都用在学习上。

C. 制订计划，加强孩子的训练。

D. 所有时间都用来陪伴督促孩子。

E. 请教师严加管教。

F. 其他。（如选此项请具体说明）

上面 A、B、C、D、E 选项都是阅读障碍学生家长常有的反应。但上述这些做法的成效并不显著，还可能造成孩子的情绪越来越紧张，甚至亲子关系恶化，水火不容。"学校应是全新学习发生的地方，而家庭则是练习与强化的理想地点。"[1]这个理念是正确的，作为家长，无论是班主任、语文教师还是资源教师所用的方法，您都可以加以实践。但同时，家长还有其他人无法替代的责任，或者说家长还有一些独有的资源与优势，本节我们一起探讨。

真实的逆袭故事：从留级生到名校教授[2]

有这样一个发生在中国台湾的真实的故事，一个曾留级四次的学生小庆最终成长为大学教授。在这个故事中家长起到了关键作用。

小庆每次考试都不及格，怎么都学不会。别人说的话明明听到了，好像也都听懂了，但是连在一起时却总不知道说的是什么意思。如果对方一生气，声音大起来，小庆更觉得混乱，更听不懂了。小庆生活中左右不分，写字常常左右、上下颠倒。别人半小时就能做完的作业，小庆需要花三小时。小庆协调性不好，总是笨手笨脚、动作缓慢迟钝。体育课吊单杠总是从上面掉下来；走楼梯常一脚踩空，齐步走时弄不清楚左右，同手同脚；上蹲厕时，脚对不准石头踏板，还曾掉进粪坑里。他与伙伴很难玩在一起，经常被老师指责。

小学二年级时，老师忧心忡忡地劝说孩子退学。妈妈一边泡茶一边慢条斯理地说："老师如果不嫌弃，就让他留在您的班上吧！多多少少学着一些。"等老师离开，妈妈拉着小庆的手，带他到外面玩了一整天。吃馆子、看电影、逛书店、买玩具。小庆觉得有老师来家里告状真好！周围的人说东道西时，妈妈总是不置可否地笑一笑，说："小庆很努力。""小庆很快就会长大了。我们很好，您放心！"

小庆口吃，说话一快就打结。小庆妈妈带着他，指着书上的字，一字一句慢慢地朗读，妈妈总说："不急、不急，你慢慢念。"到了小学六年级，小庆终于能说完整的句子，上了高二才能正常说话。

---

[1] Sally Shaywitz. 战胜读写障碍[M]. 吕翠华，译. 台北：心理出版社，2014：216.
[2] 丁凡. 留级生教授：认识学习障碍[M]. 台北：心理出版社，1997.

小庆父亲早逝。妈妈省吃俭用买书回家，还总是抽时间给小庆念书，并且天南地北地聊着书里的内容。妈妈鼓励小庆把读书当作一种日常游戏，而不是一种压力。她常说："看不懂没关系，随便翻翻，看看图片也好。"母亲的包容，给了小庆希望。图书成了小庆的"忘忧国"，读书就像是吃饭一样，已经成为他生命的一部分了。

遇到问题时妈妈会想办法训练小庆。小庆丢三落四特别严重，每天都花很多时间找东西。找不到的时候，妈妈就带着小庆照着回想的顺序实际去走一遍："一回家做了什么？在客厅脱了鞋以后呢？……"后来，妈妈训练小庆做任何事都用固定的步骤来做，任何东西都有固定的位置，还在屋子里到处贴纸条。大门内侧贴的是："钥匙、午饭带了吗？"小庆房门上贴的是："刷牙了吗？"书架上每一层也都贴满了分类的标签。因此，小庆养成了分类的观念和东西放固定位置的习惯。妈妈注意训练小庆的生活自理能力。每次刷好鞋妈妈来检查，都会不断地赞美他，让小庆心里充满成就感。小庆想："至少我可以擦皮鞋赚钱，饿不死的。"

妈妈关注小庆的心理。小庆经常拿家里的东西给同学，买下课间十分钟的友谊。妈妈说："不要害怕做自己。你必须活出自己来。"小庆经常做噩梦，梦里老师发下考试卷子，自己一道题都不会，小庆一直对自己说"怎么办，怎么办"，就这样僵持着，醒不过来。妈妈教他，在梦里告诉自己："不要怕，这只是一个噩梦。我只是睡着了，醒来就会发现自己在床上了。"

妈妈还会让小庆感受生活的丰富美好，每周六固定看电影。选电影时妈妈会和小庆解释为什么选这部电影，也让小庆参与。直到大学联考前夕，依然每周都去看电影。妈妈说："不必紧张，你若准备好了，不在乎这两小时；若还没准备好，这两小时也起不了什么作用。"大量的书籍、画册、音乐、电影，成为小庆生活中不可缺少的重要部分。它们丰富了小庆的生命，让他觉得，学校的成绩表现不是生活中唯一的价值。成绩不好，日子还是一样可以过得下去，还是可以有很多乐趣啊！

后来小庆开始发奋向学有一个重要原因，是妈妈和一群大学教授朋友们聚会时的自在、从容与博学，深深地吸引了他。小庆心想："我要过他们那种学者的生活,我要进入到他们的世界里去。"

背书对小庆来说非常艰难,他摸索出一套方法,读第一遍时用铅笔画重点,读第二遍时用蓝笔画重点,读第三遍时用红笔画重点。小庆发现,他可以把句子浓缩成一个字或是一个图像符号来表示。除了背诵之外,小庆还学会了分析与归类。

碰到问题时妈妈总是引导他:"为什么?""真的吗?""你是怎么想的呢?"小庆因此也喜欢不断问自己各种问题,为自己分析,不随便接受别人的结论。妈妈教小庆学会分类。在大学里,小庆就是用这些方法,努力试着去把读过的东西分类、组织起来,整理出有脉络的系统。到了大三,小庆开始有了一些信心,确定自己的努力可以看得到成果。就这样,一旦下定决心,小庆不断地努力、努力、再努力,于是有了今天的成就。

童年的挫折使得小庆长期对自己缺乏信心,但也同时让他没有强烈的自我中心意识,因此心中能够不抱着成见,反而比一般人更容易接纳和自己不同的人。小庆也一直记得母亲多年来对他始终无怨无悔的耐心和等待,以及无条件的爱和包容。虽然生活中有许多困难,母亲始终没有丧失对生命的热爱。她常说:"如果没有爱,生命就没有意义。爱让人感受到生命的丰满、喜悦和不欠缺。"

从小庆成长的真实案例可以看到,家长即使没有相关的专业知识,在孤立无援的情况下,最终也成功地帮助孩子克服了困难。小庆妈妈所依靠的这几点是任何孩子都需要的:情绪稳定,热爱生活,方法得当。

最有力的支持:稳定的情绪

我们可能听到过这样的话:情绪稳定,是一个人最好的教养;父母情绪稳定是最好的家教。

脑科学研究表明:情绪是生活和学习必不可少的部分,情绪会影响神经组织的结构,恐惧和压力引发的负性情绪可直接影响学习和记忆。[1] 然

---

[1] 经济合作与发展组织. 理解脑:新的学习科学的诞生[M]. 周加仙,等,译. 北京:教育科学出版社,2010:70—73.

而，对阅读障碍学生和家长来说，避免负性情绪确实不容易。

家长无论起初多么有耐心，都很可能因无助而焦虑甚至崩溃。我们需要理智地想一想：情绪爆发是一种有效的教育方式吗？起到良好的教育效果了吗？答案自然是否定的，它不但无济于事，反而破坏了亲子关系，也破坏了孩子与阅读之间的关系。每次因为阅读导致的争吵会给孩子留下心理印记，下次阅读时这些不美好的回忆再次涌现，影响孩子从心里真正接纳阅读。

家长的情绪爆发还是一种错误的示范。有一位小学阅读障碍学生的家长每晚与孩子因为写作业而战斗，每天奋战到半夜，最后对孩子歇斯底里。孩子睡眠不足，带着满满的负面情绪去上学，在学校里常与同学发生冲突。因为他在家长那儿没有学到如何处理自己的情绪，家长给他的示范是遇事激动，可以歇斯底里、可以动用拳头。家长给孩子的压力被孩子带到学校，孩子模仿成人的方式发泄情绪。

很多时候我们情绪的爆发只是内心焦虑的一种外化表现，是一种无能为力的发泄行为。牢记这一点，每当自己想要爆发的时候，提醒自己这样做于事无补，只能让事情越来越糟，我要停下来。找一个冷静的空间，深呼吸，转移一下注意力，或者干脆去睡一觉。

即使能够意识到情绪爆发的实质和危害，还是有不少家长难以自控。其中的关键原因是我们的视野狭小，只看到孩子的学业不理想，只看到孩子阅读上的不足，导致过度焦虑。在这种焦虑的驱使下，家长可能把孩子的生活局限在学业上，自己与孩子体验着一次又一次的挫败。打开这个死结最重要的方式是放宽眼界，看到生活里不止有学业，生命中不止有学习，让自己和孩子都能体验到生命的美好。

全面而长远的规划

不少家长发现孩子存在阅读障碍后，停止了一切娱乐，让孩子把时间都用在学习上；制订紧张的计划，让孩子把所有的时间和精力都用在学习上……这些计划和做法是高控制的，体现的是成人的焦虑。可能是这种焦虑让我们把视野集中在孩子阅读的缺陷上，集中在眼前成绩如何提高上，而忽略了孩子的优点以及他未来的多种可能性。脑科学研究表明，儿童如果没有足够的时间玩耍，青少年如果没有充足的时间安静地反思和做白日梦，都会导致不良后果——既会有损幸福感，也会影响专注力。[①]

家长要全面地、长远地看孩子，善于看到孩子的"好"。

学业虽然很重要，但它只是生活中的一部分。除了眼前的学业，我们需要更全面、长远地培养孩子。阅读障碍学生的困难期主要在求学期，尤其是有时间压力的考试是他们的人生噩梦。但他们也常有很多优点，具有好奇心、创造力，能发现解决问题的各种办法，以及在与困难作斗争中磨砺出来的耐心。

与其把阅读障碍当作一种困难，不如当作人与人之间的个体差异，甚至是一种资源。

把阅读障碍当作一种个体差异，它就是众多差异中的一种。看到孩子有阅读障碍，也应看到他们的其他特点。一次与阅读障碍学生父母交流时，二人显得特别拘谨。我第一个问题是请他们谈谈孩子的优点。他们表现得非常为难，思考良久说："如果让我说孩子的缺点，能说很多，书写不好，注意力不集中，不爱阅读……但是让说他的优点，还真没有。"我说："我发现他很懂事，他上课坐不住，但是努力控制自己，还很有办法，他说自己坐不住就悄悄地用双手在后背挠，让老师看不见。"这句话让父母拘谨的脸色变得柔和起来，他们开始微笑着列举孩子的优点：观察力强，好奇心强，喜欢探索新事物，理解父母，努力……聊到最后，我们眼前是一个特别美好的孩子，而且他读写方面的"缺点"反而成了他优点的佐证：他虽然学习困难特别大，却依然愿意去努力。看到这些，父母内心十分欣慰。学习上的那些苦似乎也没有那么让人难受了。

不要过于把精力放在"补短"上，而应关注"扬长"。

我曾遇到一名合并数学困难、注意力缺陷的阅读障碍学生。在一次指

---

① 玛丽·海伦·爱莫迪诺-杨. 情绪、学习与脑：探索情绪神经科学对教育的启示[M]. 周频，陈佳，张立飞，胡安明，译. 北京：清华大学出版社，2020：30.

导中，他表现出的各种障碍比较严重，当时在场的每位老师心里都十分压抑。快结束时，一位老师说："听说你喜欢唱歌，是学校合唱团的，要不你给我们唱一曲吧。但我们没有时间听完，你唱一句就行。"学生说："好的，那就唱张雨生的《大海》吧。"当声音从他喉咙里传出时，所有的人都不由自主地停下手中的事情，将目光集中到他身上。我们听到的声音可以用天籁之音来形容。那一瞬间，会觉得他之前磕磕巴巴的朗读已经完全可以忽略了。他整个人散发着耀眼的光芒。这种光芒不是每个人都有幸能够拥有的。但可惜的是，他在长期的学业压力下，已经表现出比较严重的不自信与退缩，家长甚至考虑让他退出合唱团，集中精力攻克学业难关。实际上，唱歌对这个学生来说，不仅仅是爱好，更是他的精神力量。

　　对多数学生来说，没有那么幸运先天拥有某种过人的天赋，而是在长期的接触中发展出自己的特长。但发展特长需要时间，因此不少家长砍掉所有"不必要"的兴趣，让孩子一心一意练习阅读。有的阅读障碍学生每天放学后就被送到托管班或者直接回家做作业，即使做完学校的作业还要完成教师或家长额外布置的任务，几乎没有其他任何时间发展兴趣。有个阅读障碍男生对机器人特别感兴趣，请求家长报名学习时，家长认为他每天连作业都应付不了，哪儿有时间。而且他坐不住，上机器人课不一定能行。我与家长沟通之后，孩子学习了梦寐以求的机器人课，孩子非常感兴趣，原本担心的坐不住的问题并未成为阻碍他学习的因素。而且在这个兴趣上积累的快乐与自信能够支持孩子走得更远。

　　甚至并不需要某种特长，只是感受生活中点点滴滴的美好对孩子也有巨大的帮助。小庆的妈妈在学校建议孩子退学的情况下，没有责骂孩子，而是带孩子出去游玩；考试前不是像多数家长做的那样，停掉孩子的其他爱好，而是与往常一样休闲。这些都能让孩子感受到学业只是生活中的一部分，生活是美好的，生命值得珍视。这样，他才会有动力去克服学业上的困难，甚至从学业困难中学到其他人学不到的坚韧，探索出可贵的学习方法。

　　我们可以把阅读障碍当作一种资源，当作一种"值得经历的困难"，当作上天赐予我们的一种特殊的礼物。小庆在妈妈的指导下，在与学习障碍作斗争的过程中，逐渐掌握了一些有用的武器。一个情绪稳定、热爱生活的母亲让孩子有机会去经历常人少能经历的艰难与信念、心境与成长。

日常生活中的"教学"

一些教师和家长可能认为，阅读障碍学生最急需的帮助是严格意义上的学习。实际上"教学"不只发生在学校，也可以在家里。家庭生活中的教学，其作用并不亚于学校的教学，二者是相辅相成的。学生在学校学习中遇到的困难，和在家里生活中遇到的困难，可能源于同一个障碍。

比如，小庆丢三落四的问题不少家庭都会遇到，一般家长的处理方式就是批评孩子。我们通常认为丢三落四是态度问题、习惯问题，所以教育孩子要有条理，孩子自然就能够改变。实际上丢三落四这种行为可能是孩子注意缺陷的表现，而注意缺陷对孩子学业的影响也很大。小庆就是将妈妈日常生活中教给自己的方法用在求学上，对其人生产生了巨大的影响。

一些普通学生做起来毫不费力的事情，阅读障碍学生做起来却很吃力，不能通过简单的口头训诫得以纠正，需要通过"教"与"练"的方式来克服困难，从而塑造一种新的行为模式。而且这种模式的形成不是通过家长单向的传授，而是家长与孩子共同摸索、协商、实践来形成。小庆每天花很多时间找东西，对他来说把东西放在一个固定的位置这件事很容易忘记，而且他可能不擅长组织计划，不擅长提前准备好第二天需要的东西。最终母子采取的办法是把纸条贴在显眼的地方，及时提醒。而且还会训练孩子分类与固定位置放固定的物品，提前预防。这些方法让孩子受益终生。

对阅读障碍学生来说，运动的重要性不亚于阅读。运动是阅读障碍学生家庭尤其需要加强的一种"教学"。

前面的章节提到过，有的阅读障碍学生运动能力可能有欠缺。身体平衡能力、协调性、触觉、本体觉、精细动作等对学生学习的专注力、阅读的稳定性、书写能力都有重要的影响。与速度感、本体觉有关的活动，比如荡秋千、滑滑板有助于孩子调节前庭觉，集中注意力。需要视觉追踪的运动，比如羽毛球、乒乓球、丢沙包等有助于手眼协调，也有助于注意力集中。尤其需要注意的是，户外运动非常重要，不仅是因为户外活动有助于增强体质，还因为户外活动也有助于视觉的健康发育。比如一些孩子上课时看自己的书本问题不大，但是看黑板上的字却有困难，就与视觉调节有关。现在太多的课外兴趣班都是在室内进行的，所以家长要重视带着孩子在户外自由玩耍。

家庭阅读的正确打开方式

面对阅读障碍孩子的阅读，家长往往比较焦虑，他们本想担任监督者的角色，却在这一过程中不知不觉间变成了批评者，甚至阻碍者。作为家长，在帮助孩子阅读上最重要的是点燃并呵护孩子的阅读兴趣。如有条件，陪伴孩子一起阅读而不是监督孩子完成阅读任务；与孩子分享互动，而不是单向训练；看到孩子的进步，增强孩子的自信，而不是一味地纠错。

最重要的是让孩子亲近阅读，而不只是练习阅读

让孩子每天抽出时间练习阅读，会让家长感觉更安心。但孩子由于阅读困难往往逃避甚至憎恶阅读。有的家庭甚至因为孩子不能坚持阅读发生冲突。我们不妨把冲突看作一个警示信号，提示我们可能出了某些问题，比如读物的内容孩子没兴趣、难度不适合，或者阅读的量过大。发现后可以及时调整。选择什么样的读物是阅读是否能持续进行的前提。多数家长期待孩子进步心切，希望孩子能够直接阅读与同龄学生水平相当的读物，并且紧密配合学校的要求，阅读一些经典文章。而孩子本人喜欢看的内容未必是经典内容，而且多数喜欢看文字量少、阅读难度更小、内容有趣的文本。当家长与孩子的阅读目标发生冲突时，应遵从孩子的能力与兴趣。

家长要做的是帮助孩子看到阅读世界的有趣与美好，让孩子亲近阅读。第17节案例中廷廷的家长先是给孩子读书，让廷廷知道图书很有趣，后来廷廷迷上了《哈利·波特》，妈妈突然不肯给孩子读了。要想了解图书的内容必须自己看。廷廷本不喜欢读书，但又特别想知道书里写了什么内容，

就硬着头皮读。一开始读得很慢，心情烦躁，但渐渐地被书的内容吸引，不知不觉读得越来越多。慢慢发现，阅读的困难似乎也在变小。

阅读重在鼓励与"陪伴"，不是批评与教导

一些家长给孩子买了书、报了班，要求孩子读书学习，自己的业余生活却常常是玩手机、看视频，认为孩子的任务就是学习，自己的任务是挣钱，这样做理所当然。"身教"胜于"言传"，父母的实际行为给孩子传递的信息是阅读本身没意思，只是一种任务与压力。如果孩子本身阅读就存在困难，这样的家庭氛围更容易让他养成逃避阅读的态度。

一个周末，我和两个阅读障碍家庭走进绘本馆阅读。其中一位妈妈带着自己家孩子和另外一个阅读障碍孩子坐在一起轮流朗读。她一边否定自己家孩子，一边不断地肯定另外一个孩子。那个被肯定的孩子对我说："我以为我自己读得不好，原来和××比我还不错。"从此以后，去绘本馆变成了她一种娱乐方式。去绘本馆的经历、成人的陪伴与鼓励转变了她对读书的态度。值得反思的是，那位给了这个孩子鼓励的家长对自己家的孩子却并非如此。在陪伴孩子阅读时，作为家长要克制住内心的焦虑，仿佛身边坐的是别人家的孩子，放松心情，不吝鼓励甚至赞美。

阅读重在理解与交流，而不是朗读的准确与速度

一些家长认为孩子朗读不流利，所以让孩子反复练习最重要。有的孩子不愿意朗读，问是否可以默读，家长坚持要求朗读不妥协。我们认为亲子阅读的关键在于交流，而不是练习。从这个角度出发，亲子阅读中遇到的"问题"可能就不存在了。孩子默读是可以的，尤其是随着孩子年级的升高需要习惯默读，而且默读一般来说能够帮助阅读障碍学生把注意力集中在阅读的内容上，而不是是否流利上。

同龄学生已经能通过阅读来学习了，而阅读障碍学生却还在学习如何阅读。这让阅读对他们的吸引力大大降低。而亲子阅读不仅能帮助孩子学习阅读，还能通过交流互动，让孩子越过障碍，看到阅读世界的美好，促进亲子关系的和谐。小庆妈妈本人就喜爱读书、看电影，与孩子一起读书时，她注重交流，而不是"考"孩子、训练孩子。这样能够帮助孩子感受到阅读世界的魅力，激发他努力读书的意愿。耳濡目染下，小庆将阅读作为人生的一大乐趣。这是小庆能够逆袭的一个重要基石。小庆妈妈与孩子自由而充分的交流是非常关键的因素。

要点小结

1. 情绪稳定是一个人最好的教养，父母情绪稳定是最好的家教。

2. 与其把阅读障碍当作一种困难，不如当作一种个体差异，甚至是一种资源。

3. "教学"不只发生在学校，也可以在家里，二者是相辅相成的。学生在学校学习中遇到的困难，和在家里生活中遇到的困难，可能源于同一障碍。

4. 一些普通学生做起来毫不费力的事情，阅读障碍学生做起来却很吃力，不能通过简单的口头训诫得以纠正，需要通过"教"与"练"的方式来克服困难，从而塑造一种新的行为模式。

5. 对阅读障碍学生来说，运动的重要性不亚于阅读。

6. 阅读材料的选择应遵从兴趣原则。亲子阅读重在鼓励与陪伴，不是批评与教导；亲子阅读重在理解与交流，不是朗读的准确与速度。

推荐资源

丁凡. 留级生教授：认识学习障碍[M]. 台北：心理出版社，1997.

本·福斯. 笨小孩赋能计划：让阅读障碍儿童重拾自信，爱上学习[M]. 飞米力，译. 北京：中国纺织出版社，2023.

17　案例：成为中国版的"地球上的星星"
——一个阅读障碍孩子家庭的心愿[①]

小男孩廷廷从小就聪明活泼，非常懂礼貌，见到认识或是不认识的长辈就"爷爷，奶奶"不停地叫，是家里家外、左邻右舍人见人爱的小明星。廷廷长得也非常可爱，在镜头前从不扭捏，自打出生以来就成为我摄影的"专职模特"。家人一直视他为掌上明珠，希望他有一天能出人头地。

但是事情的发展往往不如愿望那样美好。

"笨小孩"

廷廷上小学后，我发现他写作业时，写得非常慢，字也写得很难看，一点结构也没有，作业纸总被橡皮涂涂改改，都擦破了。做数学口算题，半天也写不出答案，我当时以为是孩子不够专注，所以在他旁边不停地大声喊："注意力集中！……集中！……加油！"孩子也憋红了脸，一边拍着自己的小脑瓜，一边喊着："加油！……加油！！……加油！！！"试图提高速度，但基本起不到任何效果。每当我回忆起这个场景，内心都充满对孩子的愧疚！

别的同学用半小时写完的作业，我们经常要到晚上9点多才能写完。每次作业完成后，全家人就像刚打完一场仗，如释重负，然后赶紧安排孩子洗漱、睡觉，根本没有时间做别的事。

这可刚刚是一年级呀！难不成是这孩子太笨了？

后来我们又发现孩子写汉语拼音时，拼音"c"，孩子经常反过来写成"ɔ"；汉字"手"，也经常把竖钩向右勾，写成"毛"。上网查阅资料才知道，这是典型的阅读障碍的表现。但当时没有医院或机构可以鉴定，我们只能

[①] 本节作者刘超，廷廷的父亲；本节中的廷廷与第15节是同一位学生。

从内心隐隐地认为，孩子可能有阅读障碍，要对孩子有耐心。但是我们想得太简单了，根本没有意识到阅读障碍给孩子的学习和家长的生活带来的巨大影响。

矛盾

我们第一时间把孩子的情况反馈给了班主任，希望能从学校、老师方面寻求一点帮助，对廷廷宽松一点，在学校多鼓励他。当时的老师答道："阅读障碍，我了解，但我认为还应从培养孩子的学习习惯入手，是可以解决的……"

我到后来才明白，小学一、二年级的老师，重点都是培养孩子的学习习惯，如孩子学习成绩不理想，一般都会归结为不够努力、不专心等原因。而对于"阅读障碍"也仅限于知道有这么回事，一般很少能把阅读障碍学生识别出来，也更谈不上理解这些孩子并给予有效的支持。而且老师通常关注学校成绩中等的那批孩子，通过督促，他们的学业成绩可以迅速提高。而对学习困难的孩子，往往没有更多的精力去关注，他们是被忽视的群体。

随着孩子进入二年级，学习难度、作业量都有提升，我们对廷廷的要求也降为只要在学校里一直跟着老师学，每天按时完成作业就可以，从不报任何课外辅导班。廷廷也一直努力跟着学习的节奏，但成绩在班里依然是靠后，而且差距越来越大。

班主任、数学老师找家长谈话，委婉地劝说："廷廷学习这么困难，期末考试很难及格，建议别参加期末考试了，但可以参加补考，补考题容易，肯定可以及格。"我们全家顿时都觉得受到了莫大的侮辱，凭什么孩子就要和别的同学不一样！凭什么要剥夺孩子参加考试的机会！我们当场就回绝了老师的请求。

回家路上和廷廷商量时，孩子憋红了脸，使劲点着头说："我要参加考试，我一定努力好好考！"最终孩子的成绩还不错，但我们从此和老师产生了心结。孩子后来在学校经常受到"特殊待遇"，导致廷廷对老师产生不信任，矛盾冲突不断，最终成为年级中的"重点关注对象"。

压抑

廷廷所在学校是重点小学，班里又都是"学霸"级的同学，孩子学习成绩差，情绪一直被压抑着。有一次学校邀请家长们参加全年级的入队典礼，家长们围在操场外，看着同学们一个班接着一个班进入操场，终于等到廷廷他们班级进场了，班长走在最前面，兴奋地使劲挥着队旗，而廷廷跟在他们班的最后，脸上露出极不自信的"笑容"，这根本不是我们平时看到的儿子的样子呀！廷廷尴尬的"笑容"与班里其他同学脸上真实的快乐形成了极大的反差，我们难过极了，只能默默地把准备好的相机收了起来。

廷廷的课堂作业没写完，放学后经常被留校写作业，妈妈只能独自在校外等着。夏天的蚊叮虫咬，冬天校门口的过堂风，都在见到孩子走出校门的一刻忘记了，妈妈接到廷廷后，强忍着满心的焦虑和委屈，给他讲一个有趣的小故事，买一根棒棒糖，从心理上一点一点地疏导着廷廷，孩子似乎忘记在学校里的不快，终于露出灿烂的笑容。

日子就这样一天天过着，我们暂时也没能找到好的办法，直到"压倒骆驼的最后那根稻草"到来。

跳绳

廷廷学校里开始练习跳绳了。

阅读障碍的孩子，通常也伴随有"感统失调"等其他问题。廷廷从小身体灵活性就不如别人，学习跳绳就更是难上加难了。一开始，廷廷只能把跳绳摇到地上，然后再把腿迈过去，接着再摇绳，动作根本连续不起来，更别说体育课要求的达标数量了。看到此情景，妈妈再也忍不住了：如果廷廷学习不好，身体再不行，长大以后还能干点什么呀！"压倒骆驼的最后那根稻草"终于来了。

妈妈主动承担起教孩子跳绳的任务，每天放学后都带廷廷在楼下练习跳绳。我在家里做完饭，看到廷廷满头大汗回来，问他："今天连续跳了几个？""好几个！"孩子回答道。我只能嘴上附和着说："真棒！"

就这样坚持练习了两周，我万万没想到，在妈妈不离不弃的教导下，廷廷竟然慢慢开窍了！跳绳能连续跳七八个了，后来居然能跳到100多个了！听着跳绳抡起时呼呼的声音，看着廷廷自信地跳着，我们都开心极了。孩子最终顺利通过跳绳考试，而且是全班男生第一名。跳绳居然成为廷廷的体育强项了。

从身体不协调得像个生锈的机器，到身体灵活得像只小鹿，这短短两周内发生的巨大变化，令我们全家感到欢欣鼓舞，因为我们终于找到解决问题的办法了：不管孩子先天有什么问题，只要耐心坚持，找到适合孩子本人的方法，是可以通过后天的练习慢慢纠正过来的！

辅导方法点滴

学习跳绳成功这件事，后来一直是我们坚持辅导孩子的动力。孩子的学习辅导也由我们自己亲力亲为，因为没有人能比家长更了解自己的孩子，更有耐心了。

语文学习过程中，廷廷总是记不住某些字怎么写，我们尝试用不同方法，收获了不错的效果。比如廷廷默写生字时，"雀"字总是写错。我们就把"雀"拆开了给他讲：上面的"少"像麻雀的头，下面像是麻雀的翅膀，翅膀有4根羽毛，所以下面有4个横。就这样把一个字编成一个故事，给他反复强调。当廷廷想不起怎么写"雀"字时，就提醒他："麻雀翅膀有几根羽毛来着？"反反复复讲了好多次，廷廷终于学会默写"雀"字，不仅如此，"难""摊"等字也顺理成章地学会了。

通过拆字编故事的办法，廷廷遇到想不起来的字时，联想这个字对应的"故事"，就一下子想起来那个字怎么写了。逐渐地，廷廷能完成很多生字的默写了！

数学依旧是个难题，成绩也是忽高忽低，发挥好了能排班里中间名次，发挥不好时0分的卷子也能出现。据老师讲，单元测试时，别的孩子都在写卷子，而廷廷不是愣神，就是抠文具，等交卷时，只写了一两道填空题。这令我们很苦恼，一度怀疑是不是孩子的注意力有问题。搜索到专门训练注意力的机构，马上给孩子报名接受训练。孩子训练时，把训练装置套在头上，一旦注意力不集中，走神了，训练游戏中的飞机就会向下栽，直至游戏结束。

经过一段时间的训练，我们发现，廷廷根本就不存在注意力不集中的问题，因为他每次训练都可以玩很长时间，甚至屡次把培训机构里的游戏时长纪录给打破了！别忘了，这些纪录可是培训老师们创造的！经过和孩子沟通，原来是廷廷不太喜欢当时的数学老师，所以学习起来没有兴趣，才会发生上面的现象。找到问题原因后，只能心理上疏导廷廷，发现他数学有一点进步，就夸张地鼓励他，逐渐他的数学成绩也慢慢稳定了。

再说起英语，就更要想尽办法辅导了。

妈妈辅导英语作业时，先把课文朗读几遍，让孩子理解内容后再写作业，这样写作业时就顺利多了。不仅如此，平时看影视剧，也都播放英文电影，开车出门也播放英文广播，培养廷廷的英语听力。几年后的某一天，广播里播放着英语新闻，当我还是一知半解时，廷廷已经能翻译出新闻内容了。

没有一个阅读障碍孩子愿意朗读课文，因为他们很难念得顺畅。

了解阅读障碍的人都知道，英语阅读理解、朗读对阅读障碍的孩子，简直是一种磨难，首先是英文单词积累量就比同龄孩子少很多，阅读文章看不懂；即使能看懂了，要他们读出来，也是磕磕巴巴半天读不顺畅。

为了让廷廷朗读英语课文，我们不得不和孩子"斗智斗勇"，与英语老师沟通后，注册了一个名为"英文老师"的微信号，每天用这个微信号，偷偷给廷廷单独布置英语朗读作业。孩子收到作业，慑于老师的威望，只能硬着头皮，一遍一遍地念，慢慢地越念越熟，廷廷终于可以在规定的时间内完成课文的朗读了！孩子完成了英语朗读，乐开了花，我们则在一旁差点喜极而泣。

上面说的这些困难，对大多数孩子来说不算什么，但对于阅读障碍孩子，就像是一座座山。要想翻过这些山，就得不断地尝试，最终找到适合的好办法。解决阅读障碍带来的困扰，需要孩子的努力和家长、老师极大的耐心。

鼓励

廷廷二年级时，我们寻求解决阅读障碍方法的过程中，曾找到了一家旨在改善读写困难儿童能力的培训机构，廷廷在培训班里很快就如鱼得水，赢得老师和同学的喜爱。有一次培训中心举办讲故事比赛，廷廷在众人面前，通过一轮一轮的比赛，故事讲得一次比一次好，最终赢得第一名。

事后，他举着奖状、奖品（一支笔）兴奋地跑过来，乐得脸上的五官都挤到一起了。我第一时间拍照发朋友圈，大家纷纷在下面留言：从没见过廷廷乐成这样！是呀！我们当父母的也从没见他笑成这样！那是发自内心的、被压抑许久后绽放的笑容！读写困难的孩子，太难有这样的机会获得荣誉了，哪怕是赢得培训班里的一次小小的比赛。他们太渴望、太需要老师和家长的鼓励了！

后来廷廷代表阅读障碍儿童参加了纪录片《聪明的"笨小孩"》的拍摄，并担任片中的主角。这段经历，使他的自信心得到提高，而且关于阅读障碍这个话题，我们也不再回避孩子，而是直接告诉廷廷，你是有一些阅读障碍的症状，但通过各种方法的训练，咱们是可以解决的，只要持之以恒，以后将不再会是你的负担了！

廷廷在小学五年级时，终于迎来了人生第一位"贵人"班主任，一位真正的教育高手！班主任非常理解阅读障碍孩子和家长所受到的不公正对待，也从没把廷廷当成"落后生"，而是看中他诚实本分的性格，没过多久就安排廷廷为班集体做一些事，孩子高兴极了，恨不能把班里扫除、值日全都承包了，放学后，也是脸上带着笑容走出校门的。

就这样，在老师和家长种种鼓励呵护下，廷廷真的慢慢消除了一些阅读障碍所带来的困扰，学习中最大的困难也不再是阅读障碍了。

圣人般的耐心

我不记得是哪里听来这么一句话：对待有"学习障碍"的孩子，要有圣人般的耐心。但平心而论，我不具备"圣人般的耐心"，只能尽量去无限接近。

印度有一部讲述阅读障碍儿童的电影，叫《地球上的星星》，电影里累述了这些孩子所遭受的痛苦，但剧情讲述如何教孩子克服阅读障碍时，仅仅一笔带过，没有讲出太多实际的方法。多年以后我才明白，翻过阅读障碍那座山，不光要靠变换不同的方法，还要靠孩子持续不断的磨炼，老师和家长不断的鼓励，并一次次容忍孩子所犯的错误，这才是圣人般耐心的真谛。

现状

廷廷中考的分数可以报普通高中，也可以上"高本贯通"。我当时倾向于让孩子上"贯通"，因为这样上大学有一些保证；而廷廷态度则截然相反，坚决要上高中，哪怕是普通高中。估计他又回忆起当年老师不让他参加期末考试的情景了。在征求各方面意见后，我们同意了孩子的要求，报了普通高中志愿。

高一期中考试刚结束，班主任老师就来电找家长，孩子妈妈以为又是成绩不理想，先诚惶诚恐向老师表示歉意，一下把老师弄蒙了：你家廷廷成绩不错呀，这次是全班第五。

天呀！我们的努力终于换来回报了，孩子的自信心也越发"膨胀"，高中作业再也不用家长帮忙辅导了，完全是自己学习，那年的期末考试，取得全年级排名第九的成绩。

但是，廷廷还是遇到正常孩子们都遇到的问题：青春期、贪玩、玩手机等其他一系列问题。不过，我们相信新的问题一定有新的办法去解决！

我们衷心希望廷廷，还有同样有阅读障碍的孩子们，最终都能成为中国版的"地球上的星星"！

推荐资源

纪录片《善·行天下》第 31 集《聪明的"笨小孩"》。

第四章　怎么帮助阅读障碍学生(二)
——有针对性的干预

18　资源教师可以做的事

"魔法"教师

阅读障碍学生属于特殊教育服务对象，除了普通教育高质量的教学之外，他们还需要特殊教育教师专业的评估和有针对性的训练。这样的评估不应该仅仅是找到学生、鉴别学生，更应该是充分了解学生，为学生量身定做干预方案。这样的训练不应该仅仅成为一种学生心理的安慰剂，而是切切实实能够帮助学生、成为改变他一生的"魔法"时刻。这个创造奇迹的"魔法"教师就是普通学校里的特殊教育教师——资源教师。

热身练习

您认为资源教师的日常工作应该是什么样的？（　　　）【可多选】
A. 评估要采用标准化工具，普校教师难以胜任。
B. 干预方案要针对学生的缺陷制订，并严格执行。
C. 训练内容与日常教学无关。
D. 训练过程是艰辛的，需要对学生进行"先苦后甜"意志品质的教育。

E. 其他。(如选此项，请填写具体内容)

不知道您脑海中理想的资源教师的工作是否如同上面 A、B、C、D 选项中的样子？

上面描述的工作状态确实可以给阅读障碍孩子一些支持。但我希望是另外的样子：一种充分发挥教师专业所长，充分施展教师在教育教学方面的专长所呈现的样貌。

资源教师的评估可以看起来很特别，也可以看起来和教师平常的工作没有什么不同：分析学生的作业，观察学生的学习过程，与学生亲切地聊天。

资源教师制订的方案一定是基于评估的科学严密的计划，但更要重视学生的反应，要根据学生的反应来调整计划。方案不是一刀切的、一成不变的，而应该是个性化的、动态生成的。

目前流行的阅读障碍训练内容与日常教学关联不大，比如知觉训练、针对核心缺陷的训练。我们不排斥这样的训练，但我们更主张资源教师应让训练内容与教学密切结合、相互融通。教学内容重点不是"给予"学生多少，而是帮助学生"生成"适合他本人的学习策略。

教学方法可以是直接的、简洁的、让学生容易理解和记忆的。但我们更主张教学不是灌输，而是建构，是引导学生自己去探索、发现、体验、感悟。所以重点不是方法如何直接、如何简洁，而是面对学生时，我们如何与学生互动，如何引导学生深度沉浸学习。

有时训练需要特殊的场所、特殊的器材，但这些不是最重要的，日常的场地、平常的材料都可以达成良好的训练效果。训练的过程并不容易，但未必是痛苦的，相反，它应该是让学生感受到快乐的，甚至是轻松的、欲罢不能的，就像游戏一般让他们上瘾。这个过程要尽量分享给能够分享的人，比如家长和学科教师，让他们看到孩子的变化与潜力，对改变更有信心。同时，在观察中学习方法加以实施。

上面这些在印度影片《地球上的星星》中有 3 分钟集中展示。短短 3 分钟展示了 17 个教育情境，本节会结合其中一些情境和我们的实践做简要的描述。

来自研究的提醒

阅读障碍是由于神经生理因素造成的学习困难，不容易通过单纯的学业补救得以完善，需要综合应用教育神经科学、发展心理学、特殊教育学等专业研究成果。研究者检索了 2008 年至 2019 年 1 月发表的研究性论文，将汉语阅读障碍干预分为三类：教学干预、语言学认知干预、非语言学认知干预。[①]（见表 18-1）

表 18-1　2008 年至 2019 年 1 月国内外汉语阅读障碍干预方法汇总表

教学干预	数量	语言学认知干预	数量	非语言学认知干预	数量
基于计算机的干预	7	语音意识干预	10	工作记忆干预	6
故事结构教学	7				
交互教学	5	阅读流畅性	9	知觉加工训练	5
字词教学干预	4				
绘本教学	2	语素意识干预	5	基于 PASS 理论的干预	3
同伴合作	2				
思维导图	1	正字法意识干预	3	自我监控训练	2
语义强化策略	1				
总数（百分比）	29（40.28%）	总数（百分比）	27（37.50%）	总数（百分比）	16（22.22%）

教学干预包括基于计算机的干预、故事结构教学、交互教学、字词教学干预、绘本教学、同伴合作、思维导图、语义强化策略等方式。"汉语阅读障碍中使用了大量的教学设计类干预，其使用比例高达 37%，然而英语阅读障碍的干预中完全没有使用该类干预方法。""此类干预多是在语文教学中所采取的集体教学干预，虽然具有简便易行的优势，但对阅读障碍学生

---

① 李欢，龙艳林. 近十年国内外汉语阅读障碍干预研究的现状与展望[J]. 中国特殊教育，2019(7): 49.

不同表现的针对性较差……仅是从阅读时间或者数量上积累了学生的阅读经验，并没有从阅读障碍的本质上开发出有效的干预策略。"①也就是说，多数已有的阅读障碍教学干预还不理想，缺乏专业性与针对性。

因为语音意识缺陷被认为是阅读障碍核心缺陷，语言学认知干预在拼音文字国家以语音意识干预为主。汉语阅读障碍干预则包括语音意识、语素意识、正字法意识、快速命名训练等，训练方法与评估方法相同，具体可参考本书第 7 节"汉语阅读障碍的标准化评估"。

非语言学认知干预包括工作记忆干预、知觉加工训练、基于 PASS 理论的干预、自我监控训练等。

以听觉加工训练为例加以介绍。研究发现，当语音刺激被人为拉伸，使得其中区分信息的时间特征得到放大、突出时，经过一段高强度、长时间的训练之后，阅读障碍儿童的语音意识、阅读能力，以及大脑左半球语言网络的功能激活都会得到显著提升。具体训练可以采用听觉时距辨别任务。听觉对象为两个连续呈现、顺序随机、固定间隔为 1000 ms 的纯音刺激。其中，有一个是标准实时距，时长为 500 ms；另一个是比较实时距，时长为标准实时距加上一个可变的时间值。训练任务是让阅读障碍儿童比较哪个刺激持续的时间较长，做按键反应。结果发现，知觉训练可以显著改善阅读障碍儿童在听觉、视觉通道内的时间加工能力，并有效提高其阅读成绩。②

既然目前我国阅读障教学干预专业性不足，那么资源教师是否可以直接照搬语言学和非语言学的认知干预方法呢？答案并非如此。

有学者对国外 2011 年 11 月至 2021 年 11 月 10 年间学习障碍研究进行分析，认为单一的干预方法研究已经有了一定基础，缺少更加全面系统的综合性方法。同时，目前单一的干预方法在现实条件下可操作性差，可推广性也不足，缺少实质性的专业指导与服务。未来建设学校、家庭、社会

---

① 李欢，张晓玟，韦玲，等. 近十年英汉阅读障碍干预方法的比较研究[J]. 现代特殊教育，2019(2)：54.

② 张曼莉，孟祥芝，郑小蓓. 中文阅读障碍儿童的时间加工缺陷：来自视觉学习干预研究的证据[J]. 心理与行为研究，2018(5)：588—590.

共同协作的综合干预将更为流行和有效。其中，特殊教育教师与普通教师合作、资源教室建设与资源教师培养、家校合作下的亲职教育开展等仍是需要进一步研究与实践的课题。①

我们主张的学校教育情境的阅读障碍评估与干预正是基于教育生态学视角的跨领域综合干预。其中资源教师的评量与干预需要更充分地借鉴学术研究成果。

筛查评估："侦探断案"

北京市西城区融合教育中心学习特殊需要教研组的老师们在为学生做评估时，大多都会体验到一种类似侦探断案般不断发现真相的兴奋感。教师的筛查评估与侦探断案相似点都是在别人没有留意的细节中看到线索与证据，并运用推理逐步推演出真相。其方式看起来就是身为教师每人每天都在做的事情：观察、访谈、错误类型分析等。这种非正式评估方式相比正式评估更适合运用于学校教育情境。

正式评估②工具教师不容易获得，而且在一次给教师做阅读障碍评估实操培训中，我发现教师在给学生做正式评估时容易犯教育者的错误：教师习惯在评估的时候提示启发学生，这种职业本能会影响评估结果的准确性。并且正式评估主要起鉴定作用，一次性评估不能提供持续的进步监控，也不能为干预提供丰富的线索……这些都使得正式评估不能完全满足教师的需要。

而非正式评估更加具有实用性，可让教师的专业判断满足教学的需求③，越来越受到重视。进行评估时，教师也可以有非标准化的工具，比如自编课程本位测量，但有时可以不用任何外在的工具，或者说，有时，教师本人就是工具。

这种筛查评估的方式类似中医。西医的诊断工具与手段非常丰富，能

---

① 刘佃振，马冬梅，宿淑华. 国外近十年学习障碍研究热点述评——基于 VOSviewer 的可视化分析[J]. 教育观察，2022(5)：21.
② 正式评估即标准化评估。"正式评估""非正式评估"的说法借用注释③中的相关表述。
③ 张世慧，蓝玮琛. 特殊教育学生评量[M]. 台北：心理出版社，2014：153.

够得出基于数据与事实的客观报告。但西医也会存在一个问题：当问题还没有那么严重时，工具显得无能为力，敏感性不足。而中医不同，好的中医仅仅是望闻问切，就能够全面精微地发现症结所在。以教师本人为评估工具的非正式评估更自然，能在任何场域下发生；更敏感，可以全面细致地加以判断；但对评估者本人的素质要求更高，不同的评估者评估结果可能相差很大。

但正因如此，非正式评估的价值更大，因为掌握它的过程就是教师专业成长的过程。非正式评估与教师的专业素养密切地联系在一起，这也要求教师不仅要学习阅读障碍相关的理论知识，还要积累非正式评估的经验。甚至，在当前非正式评估研究成果还非常缺乏的情况下，必须敢于进行创造性的实践。

方案制订：对症下药

之前提到过，看待有阅读障碍的学生，要知道他们首先是学生，其次才是有阅读障碍的学生。

学生所有的一切情况都需要综合考虑，而不只是阅读障碍，或者阅读障碍中的某个问题。凡是教师或者家长担心的对孩子成长发展有影响的问题都需要去了解，并将这些问题按照重要、紧急程度进行排序。

干预方案中各相关方的意愿需要放在重要的位置，比如学生本人的想法、班主任与相关学科教师的需求、家长的需求，而不只是资源教师本人的研究需要或现实便利。

另外还有一个现实问题是，学生和资源教师的时间和精力都是有限的，不可能所有问题都能够同等程度地予以干预。为效率最大化地帮助学生，必须在众多问题中确定核心问题。

怎么确定核心问题呢？一方面要考虑众多问题中哪个是有关基础能力的问题，不能越过这一基础能力去干预更高阶段的能力；另一方面要考虑问题之间的相互影响，优先处理影响最大的问题。

另外在干预实施起来之后，我们应该对干预的进展了然于胸，并且根据干预效果及时调整方案，让方案去适应学生，而不是让学生适应方案。

这些做法看起来似乎很清晰，但现实中常会遇到种种矛盾甚至冲突，比如家长非常看重英语，希望首先改善英语学科；而学生对英语最抵触，更想从语文学科开始。再如，学生的阅读和书写困难对各个学科成绩都造成了巨大影响，但学生面对读写时非常痛苦，更愿意从自己相对较好，甚至不需要过多专业干预的数学学科开始……遇到类似情况，资源教师要有清晰的专业判断，了解核心问题，可以尝试以自己的专业判断去说服意见相反的人。如果不能，则以学生本人的意愿为重，追随学生的想法，并在干预的过程中逐渐渗透对学生核心问题的支持。比如学生明明数学相对较好，但坚持从数学开始，那就可以从数学开始。从学生的强项开始，学生享受到成就感，并且尝试形成学习策略后，引导学生面对对他来说更难一点儿的方面。

总之，追随学生是所有原则中最重要的一条。尊重学生的主观意愿，为学生提供选择的机会。但并非教师完全被动，教师在其中要顺势而为。

有机整合：活用策略包

前面已经讲过，阅读障碍训练更容易见效的方式是有机整合，包括某种训练与日常学习内容的整合，还包括各种训练本身。如果做某项基础研究，综合干预是有风险的，因为难以确定到底是哪个策略在何种情况下发挥了作用。但作为资源教师，我们的工作是"求善"的过程，重点就是如何使用正确的方式，而不是去研究哪种方式正确。我们要在专业人员研究与实践的基础上，综合运用一切能够运用的资源。

如果说，基础研究学者如同营养学家，他们告诉哪些内容和方式适合阅读障碍学生训练，把各种食材摆在我们的眼前；那么，资源教师应该是一位经验丰富的大厨。如果说某些程式化的训练是基于食材制成的半成品，那么资源教师要做的就是针对眼前的阅读障碍学生，烹饪适合他本人个性需要的美食。资源教师应该是给阅读障碍学生提供阅读大餐的"专属厨师"。

作为阅读障碍学生的专属厨师，资源教师要能够为阅读障碍学生烹饪既营养又美味,并且随着学生口味的改变而变化的营养美食。这需要懂得营养学,也就是要了解阅读障碍理论与研究成果,要知道有哪些有效的训练方式;此外还要有过硬的厨艺,也就是要有扎实的教学基本功,要善于将科学的内容与方式组织在能够激发学生兴趣的教学活动中。并且,为了让学生总保持兴趣,还需要经常变换花样。如此,已有的内容、方法可能不够我们使用,必须做好创新的准备。

科学的游戏:多感官教学

多感官教学被证明是一种有效的阅读障碍干预原则。

《地球上的星星》中有非常丰富的例子。比如在沙子上写字、在胳膊上写字,这是利用触觉通道;用彩色写字,这是强化视觉;上下跳台阶学习计算,这是利用运动觉……

情景1 伊夏正在用橡皮泥捏字母,老师"调皮"地捏了一头大象,伊夏先是有些疑惑和诧异地看向老师,然后伊夏缓缓地露出了笑容。下一个镜头转向一桌子师生的作品:各种各样好玩的小动物,里面也夹杂着字母"o"和"q"。

图 18-1 伊夏和老师捏的橡皮泥

捏橡皮泥时,运动和触觉加上橡皮泥的色彩可以帮助伊夏从不同的感觉通道记忆字母。而且捏橡皮泥需要精细动作,精细动作技能有助于改善书写。教学中我们常会因学生的"调皮"而苦恼,这次却相反,学生认认真真地捏字母,老师却"调皮"地捏了个不相干的东西。这种给孩子的惊喜和愉悦之感可能会在孩子的心中存在很久。情绪对学习也是有影响的，愉悦的情绪状态能够帮助学生更高效地学习。何况，教师的这种"调皮"并不是与提高学业技能完全无关，即使伊夏模仿教师捏动物，对他的学业也是有帮助的。

情景2　台阶上按照大小顺序写着−1、0、+1、+2……四周没有其他人，看起来像是在校园或者公园里。老师坐在一旁说："很好，现在加5。"伊夏听到指令向上走5步，老师问他在哪里，伊夏回答："+7。"老师说："很好，现在减11。"……

图 18-2　伊夏在台阶上执行指令

您一定猜出来了，这不是单纯的户外运动，这就是资源教师的一种专业训练，以运动的方式感知理解计算的意义。老师的指令就是现实中的数学题，台阶上的数字直观呈现出了答案，对伊夏最难的抽象的计算过程变成了具体的上下台阶的动作。每完成一个指令，伊夏口头说出答案，就是在完成一道之前伊夏完全摸不着头脑的计算题。这种方式既把抽象的计算过程具体化了，又给了孩子跑跑跳跳的机会，自由愉快的运动过程中产生的多巴胺会让人产生快乐的情绪，有助于集中注意力。看似随意的玩耍，实则实现了多重目的。

情景3　伊夏接过老师递给他的磁铁玩具，想要对接到中间银色的连接处，但第一下没有对准，接到了紫色部分，然后调整重来。

情景4　打电子游戏时一开始失败了，伊夏虽然懊恼地摸着头，却开心地笑了，老师也在身后一起笑。最终伊夏取得了胜利，激动地攥紧双拳喊了一声，露出灿烂的笑容。

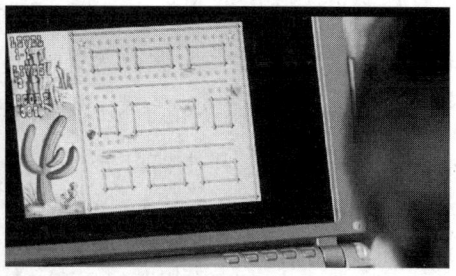

图 18-3　伊夏在游戏中进行知觉训练

也许有的老师和家长会想这是课间休息，或者是一种奖励吧。其实，它同时也是一种有目的的训练：训练手眼协调、反应速度，还有空间方位感。这些知觉能力是读写过程中必备的，一般孩子在学前就已经发展成熟了，但不少阅读障碍学生还相对较弱。这种能力可以在游戏的过程中发展起来。

最后，提醒老师们，不要让多感官训练成为刻板的指令，它是一个原则，科学地使用需要基于对学生自身需要的探索。有的学生触觉高度敏感，在胳膊上写字会很不舒服，他可能更喜欢运动，喜欢用身体摆成各种字母的形状，就不必强迫他用触觉的方式。另外，以游戏的方式组织教学也是一个重要的提示，让孩子在类似游戏的体验中学习，会事半功倍。如果游戏已经程式化，孩子玩腻了，不妨换一种。

朗读：策略生成

记字困难与流畅性差是阅读障碍的表现，相应地，资源教师要实施的教学内容一定会有识字教学与朗读练习。识字将在第 19 节详细介绍，这里说一说朗读和书写练习。

《地球上的星星》中有朗读训练相关的情境——

情景 5　伊夏戴着耳机，看着书，跟着大声朗读，听起来一个音和另外一个音之间停顿较大，并不流畅。

中间还穿插着伊夏在黑板上书写单词的画面。

情景6　伊夏读书给老师听，读得比较慢，音节之间的停顿也比较大，老师微笑着在一旁听，跟着点头。伊夏读完后看向老师，表情似乎是在说："我读得怎么样，是不是不够好？"老师重复了一遍伊夏读的最后一句，亲昵地摸了伊夏的头。师生同时开心地笑了起来，伊夏露出了洁白的大板牙。

中间穿插一些书写的镜头。

情景7　伊夏独立朗读绘本，没有戴耳机，也没有其他人在身旁。这次不仅朗读的速度快了，节奏和语气也自然了很多，他跟着朗读不自觉地晃动头部，抑扬顿挫。

图 18-4　伊夏进行朗读训练

这些情节生动地体现了一个阅读障碍学生循序渐进地从示范朗读下的模仿到独立朗读；从朗读不流畅到越来越流畅，直至精熟的过程。在这个过程中看起来伊夏的老师只是在一旁鼓励他，但实际上他提供了正确的方法：成人示范朗读下的朗读练习，识字的教学策略，练习过程中的鼓励与陪伴。

和我们熟悉的教学画面相比，这样的情景似乎缺少了教师的总结、指导、纠正。这正是其中一个关键所在。我们主张朗读教学最重要的是帮助学生形成适合他本人的朗读策略，而不是把现成的、好用的策略直接教给他，更不是只关注眼前的这篇文章是否读得流畅。所以不是在学生读得不好时纠正，而是在他读得相对较好时提示他停下来，让他思考是如何做到的，外化成策略，并带着这条策略的体验继续往下读。

书写：循序渐进

阅读障碍学生的书写常常有一定的困难，如果合并书写困难问题就更为突出。书写能力的提升是综合作用的结果，并非仅仅重复书写就可能得以发展。学生需要能识字、能记住字才有可能写下来，并且需要手眼协调、一定精细动作技能的支持，才能写得规范美观。

情景8　伊夏在本子上书写英文单词。近景看到的是他书写的内容："Big ehouf"，写完最后一个字母后，他的笔触停顿到了空有半格的位置，看起来是要写另外一个字母。似乎是察觉到位置空出得还不够，又往后挪动半格。中景能看到伊夏正在书写的画面，他握笔的姿势不规范，几乎是握着笔尖，动作看起来吃力。后面穿插了伊夏学习拼读、朗读等画面，再次出现书写的镜头时，他的书写速度明显快了很多，写完一个单词直接找准位置，毫不犹豫地继续写。最后一次书写不仅速度快，而且字迹工整，和之前判若两人。

图18-5　伊夏进行书写训练

"ehouf"明显是错误的拼写，从他的书写过程来看，伊夏同时存在听写困难和抄写困难。他既需要识字教学，也需要手眼协调、精细动作等方面的训练。同时，老师还采用了一种有趣的循序渐进的方法。

情景 9　教师让伊夏在一块小黑板上面写下大大的数字"8"。这个小黑板画有"12×12"共计 144 个小方格,普通学生能够在每一个小方格中写数字,但是伊夏不能。他最初在黑板上写数字 8 需要用上一整块黑板,后来随着能力的增长,他可以把数字写得更小一些,直到最后终于能把数字 8 工工整整地写入一个小方格里。伊夏绽放出灿烂的笑容,老师伸出手,师生二人击掌庆祝这来之不易的成功。

图 18-6　伊夏在黑板上书写数字

我们可以想象这个过程一定是比较漫长的,如果让伊夏一下子就和同龄学生比,伊夏可能没有勇气开始。但这种外化的形式能够把进步情况一目了然地呈现出来,让伊夏看到自己在一点点进步,每天都有信心再努力一些。这种能够同时让孩子直观看到的、持续监控的进步非常重要。

基于学校教育情境的综合干预

综上,我们主张运用生态学的系统观、平衡观、联系观、动态观来考察教育问题[1],形成基于学校教育情境的资源教师阅读障碍干预策略:整体视角、有机整合、激发动机、建构生成等。

阅读障碍学生往往在多个认知成分和整合上存在不同程度的缺陷,所以要从整体视角进行评估与分析,有机整合各种干预策略的综合干预效果会更好。让综合干预发挥更大效力的关键是避免各种方法的简单叠加,而在真实的阅读情境中有机运用各种基于学生学习需要的干预策略。

综合性干预策略主要指采取两种或两种以上的干预方法对阅读障碍进

---

[1]　范国睿. 教育生态学[M]. 北京:人民教育出版社,2019:32.

行干预,是英语、汉语阅读障碍相关研究都采用的策略①。我们的个别干预看起来是像在游戏,实际综合了多种层面的研究成果,如认知层面的视觉干预、元认知干预和心理语言学层面的阅读流畅性干预等,并且不是只针对某几种缺陷进行孤立的集中训练,而是将这些干预自然地融入真实的学习过程之中,将重要的阅读技巧教学和完整积极的读写经验有机整合起来。

这个过程中,尤其要发挥教师教学经验的独特优势,唤醒学生的内在动机,为学生提供框架,引导学生建构策略。

阅读障碍学生由于阅读的挫折体验,多伴随阅读动机低落的问题,而阅读动机会影响阅读的许多方面,如阅读的自我效能、阅读的挑战性、对阅读的好奇、娱乐性阅读、阅读的重要性和阅读成功的经验等②。因此,在干预的各个环节,让阅读障碍学生体会到自主和成功积极的阅读体验非常重要。最能提升动机的是阅读难度适当的阅读材料之后所带来的成功经验③。即使学生最抗拒的朗读也可以变得很有趣。

经过教导而学习,而不是由学生自己发现而学习的策略,都不是自然的,而好的教学必定是建构的。④ 学生是学习的主体,引导学生自己探索与发现非常重要。不是将策略总结好"教导"给学生,而是引导学生自己去探索、发现、总结,形成个人的"秘籍"。这个过程中学生不但习得了策略,提升了元认知能力,更收获了自信。即使撤除干预,学生的进步仍旧会持续。

---

① 李欢,张晓玟,韦玲,等. 近十年英汉阅读障碍干预方法的比较研究[J]. 现代特殊教育(高等教育研究),2019(2):50—52.
② Michael Pressley. 有效的读写教学:平衡趋向教学[M]. 曾世杰,译. 台北:心理出版社,2010:295—296.
③ Michael Pressley. 有效的读写教学:平衡趋向教学[M]. 曾世杰,译. 台北:心理出版社,2010:330.
④ Michael Pressley. 有效的读写教学:平衡趋向教学[M]. 曾世杰,译. 台北:心理出版社,2010:272.

要点小结

1. 筛查评估：像侦探与中医一样工作。在别人没有留意的细节中看到线索与证据，并运用推理逐步推演出真相。

2. 为最高效率地帮助学生，必须在众多问题中确定核心问题，并且根据干预效果及时调整方案，让方案去适应学生，而不是让学生适应方案。

3. 阅读障碍训练更容易见效的方式是有机整合，包括某种训练与日常学习内容的整合，还包括各种训练本身。资源教师就是阅读障碍学生的专属"厨师"，为阅读障碍学生烹饪既营养又美味，而且随着学生口味的改变而变化的营养美食训练方法。

4. 科学的游戏：多感官教学。不要让多感官训练成为刻板的指令，而是基于学生个性化需求灵活地实施与调整。

5. 不是在学生读得不好时纠正，而是在他读得相对较好时提示他停下来，让他思考是如何做到的，外化成策略，并带着这条策略的体验继续往下读。

6. 要运用生态学的系统观、平衡观、联系观、动态观来考察教育问题，形成基于学校教育情境的阅读障碍评估与干预策略：整体视角、核心分析、建构生成、激发动机、有机整合等。

推荐资源

北京市西城区融合教育中心学习特殊需要教研组．与众不同的学生：学习障碍等学习特殊需要的学生评量与干预案例精选［M］．北京：北京师范大学出版社，2022：167—307．

19　阅读障碍学生汉字怎么教

记住汉字有多难

　　对大多数人来说，记忆汉字如同记忆任何事物一样，重复多次就可以，但是对阅读障碍学生来说不是。重复能够帮助他们记住其他事情，但可能唯独文字不行。老师和家长都很难理解，于是不得不怀疑他们只是偷懒，只是不认真。学生也很挫败，他不理解自己为什么和别人不一样，为什么自己无法"端正态度"。这是因为他们的脑神经发育与常人不同。

　　如果您遇到了怎么都学不会汉字、记得慢、忘得快的学生，请您提醒自己：没有哪个学生希望自己总是学不好，他很可能是有特殊的困难。我们的精力不应该放在如何帮助学生端正态度上，而是积极行动，探索如何能有效记忆。

热身练习

　　请选出您认为可以提升阅读障碍学生读写能力的选项。（　　）【可多选】

　　A. 加强练习是唯一可行的记字方法，如每天认读一遍生字表，反复抄写。

　　B. 多感官教学是有效的阅读障碍干预方法，可用于读写训练。

　　C. 识字教学时建立音、形、义之间的关联比仅在字形层面进行加、减、换更有助于记忆汉字。

　　D. 学习汉字字源是科学提高记字效率的方法，不能让学生随意联想。

　　E. 记字是基础，识字量积累到一定数量后再组词、阅读，以免同时给学生太多任务而使学生产生挫败感。

F. 其他。(如选此项，请具体说明)

A、D、E 几项可能是大多数教师的想法。但这几条各有存在的问题。因为阅读障碍学生的识字困难不是由于练习不足、环境不良、态度不佳等造成的，是神经发育的问题，所以仅仅加强练习对他们而言效果微乎其微。某些汉字采用字源的方法科学高效，但对某些某一时段的阅读障碍学生来说，联想记忆也是其内在需要。输入确实是输出的基础，但并不意味着只能先记字，积累到一定程度才能进行读写。

有一些教学方法适用于阅读障碍学生，也同样适用于全班，比如 B 选项多感官教学，及 C 选项建立汉字音、形、义的关联。这些方法对普通学生来说可能是锦上添花，但对阅读障碍学生来说却是雪中送炭。

另外，如何帮助阅读障碍学生记住汉字，每个学生可能会有不同的需求，需要积极探索适用于学生本人的识字策略。

字源——发现汉字规律

识字教学时建立音、形、义之间的关联比仅在字形层面进行加、减、换更有助于记忆汉字。(√)

阅读障碍学生在把文字进行拆分、理解各部分的含义、从中发现读音或者意义的线索上存在特殊的困难。

拼音文字由字母表音，有时一个字母代表一个音，但多数情况下一个字母代表多个读音。如何进行教学呢？可以将语音意识和正字法融入其中。英语的正字法简单说是拼写与发音之间的对应规则。

《地球上的星星》中伊夏的老师是这么做的。老师在黑板前，黑板上已经写出两个单词。他正在写第三个："mat"，写完后看向伊夏，伊夏读出读音"mæt"；等伊夏读出后在这个单词后添加了一个字母"e"，又看向伊夏，伊夏读出读音"meɪt"。

老师写出的三组单词(hat/hate, tap/tape, mat/mate)情况相同，在是否增加字母 e 的情况下，前面的 a 读音不同，而且三个单词结构很像，列

图 19-1　拼读教学

举这种相似的结构实际上就是在教授什么条件下读音有何种变化。

虽然这短短的几秒没有对白,不清楚师生之间在交流什么,但可以从教师回头的动作看出来教学过程互动性很强。教师不是直接把知识告知给学生,而是精心设计内容,与学生不断地交流,启发学生去探索发现其中的规律。

现在我国小学低年级语文教师的常用的识字教学方法是"加一加、减一减、换一换",也就是说在一个汉字的基础上加一笔画、减一笔画、换一个部件,成为另外一个汉字。这个方法有助于帮助学生识别笔画与部件,有利于利用熟字学习生字。但弊端是仅仅考虑字形,没有顾及字义与字音。

汉字是表意文字,对汉语阅读障碍学生来说,需要引导学生认识汉字的音、形、义是如何统一在一起的。汉字有画面感、有故事,帮助识字困难学生识别汉字中有意义的部件单位,通过推理获得汉字部件组合后的含义甚至语音。这比单纯在字形一个维度上,较为机械地加加减减效率更高。

一次听小学二年级《蜘蛛开店》的识字教学[1],学习"夫"和"摘"字时,老师请学生说一说是怎么记住汉字的。学生们纷纷表达,"夫"字用减一减的方法,"失"字减一笔,或用加一加的方法,"二"字加上"人";"商"字先用减一减的方法,系"摘"字去掉提手旁,再把里面的"十"字换成一撇一点。

---

[1] 赵金鑫,王玉玲,刘岩峰. 基于学情分析的小学低年级识字课堂教学探讨[J]. 新课程研究,2019(2):23—25.

老师高度肯定了学生，继续讲授其他内容。

这种仅仅考虑字形关系的记忆方法对阅读障碍学生真的有效吗？"夫"和"失"有关系吗？"夫"是两个人的意思吗？"商"和"摘"的右半边容易混淆，二者比较后是否能准确记住哪个字的里面是"十"？虽然绝大多数学生可以机械记忆，但阅读障碍学生的记忆效果并不理想。而且这样的教学错过了中华民族传统文化渗透的绝佳时机，特别可惜。

改进后的教学是这样的：老师肯定了同学们的说法，同时也介绍了这两个字的"字源"。

"夫"可以拆分成"大"和"一"（见图19-2）。从字源上看，"大"字是一个正立的展开四肢的"人"形，这样的人形占用的空间更大，来表示"大"的概念。那么上面的"一"是什么呢？这个"一"表示发簪。这是以前汉族男子成年时的一个传统，要用簪子把头发束起来，因此"夫"本义就是"成年的男子"，引申为已婚的男子。① 老师请学生用"夫"字组词，学生发现不少词语中的字义与字源有直接的关系，像"农夫""夫妻""丈夫"等，兴奋不已。

图19-2 "夫"与"商"二字的图形释义

《字源》认为"商"字构形不明②，字源网认为"商"字的甲骨文像盛酒的器皿放置在底座上面，表示这是用来赏赐的东西，这种说法与"商"现在的常用字义有一定的距离。但即便如此，"商"的甲骨文字形也能很好地帮助学生记忆容易写错的笔画，无论哪种说法，字形演变图可以看到"商"中间都是"八"的形状，不可能是"十"，能很好地帮助学生避免字形错误（见图19-2、图19-3）。

---

① http://www.fantiz5.com/ziyuan/
② 李学勤. 字源[M]. 天津：天津古籍出版社，2012：162－163.

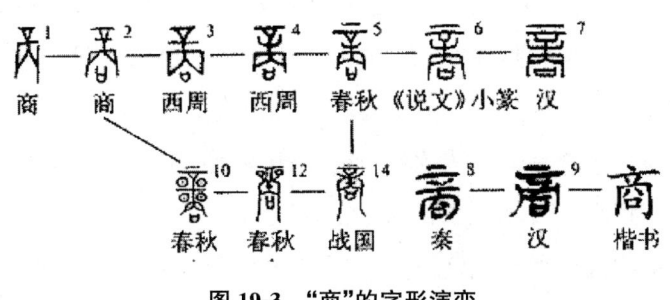

图 19-3 "商"的字形演变

联想——与经验建立连接

学习汉字字源是科学提高记字效率的方法，不能让学生随意联想。（×）

没有字源依据的联想是否适合汉字教学？这一直是一个有争议的问题。我建议用事实说话：看这种方式是否更有效率，是否适合学生本人。

从目前汉字的情况来看，不是所有汉字都适合采用字源的方式，因为汉字演变过程中，有相当数量的汉字没有办法从构形规律的角度记忆了。就形声字来说，汉字大约有 800 个声旁和 200 个形旁。但只有 36% 的形旁是透明的（对字义理解没有产生影响），48% 是半透明的，16% 的形旁是不透明的[1]，比如"软"的形旁"车"与字义无关，就属于形旁不透明的例子。

如果汉字本身构形理据能解释通，尽量从汉字本身规律的角度启发学生，这样的启发能够带领学生看到规律，批量高效地识认汉字。像"夫"的字源本义与现在的意义变化不大，字形也没有变化，是一个容易通过字源讲解记住的例子，能够给学生留下深刻印象，要优先考虑字源的方法。但并非必须以字源的方式学习。有些字源虽然很适合大多数学生学习，但未必适合阅读障碍学生，或者说未必适合每一个学生。不少阅读障碍学生工作记忆能力较低，记忆文字有困难，字源作为一种外在的经验可能会增加记忆负担。

---

[1] 林佳英. 汉语阅读障碍小学生正字法意识特点与干预研究[D]. 重庆：西南大学，2021：19—20.

来自学生自身的经验更容易理解与记忆。尤其是一些学生联想丰富，特别喜欢自己给汉字编故事，可以鼓励并且给予支持，帮助他们探索适合本人的识字策略。

如"望"字，原本是一个人站在地上往远处看的样子，非常生动。后来金文加上了"月"字，表示眼睛的部分讹变为类似"亡"的字形，后来将其作为声旁，原本的人形和土粘连讹变为"壬"（最初读 tǐng，最上面的一笔不是横，而是平撇，后变为"壬"）（见图19-4）。

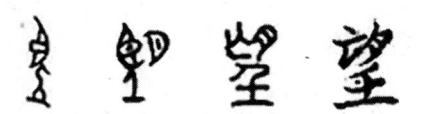

图19-4 "望"的字形演变

一名合并注意缺陷多动障碍的阅读障碍学生，记字非常困难，但思维活跃、联想丰富，教师方玲鼓励她自由联想时，她总能迅速地编出故事来。学习"望"字时，教师鼓励她大胆联想，学生是这样联想的[①]：一位公主站在王宫上（"王"代表王宫），总是望着月亮（"月"代表月亮），手里举着火把（"亡"看起来像火把）（见图19-5）。于是"望"字就在她脑中变成了充满意义、形象生动的画面，她一下子就记住了。

图19-5 学生想象的"望"字画面模拟

---

① 北京市西城区融合教育中心学习特殊需要教研组. 与众不同的学生：学习障碍等学习特殊需要的学生评量与干预案例精选[M]. 北京：北京师范大学出版社，2022：204—213.

她知道自己记忆汉字的困难，比如部件位置难以记忆，所以就变出公主在王宫之"上"看月亮的情境，将本无具体含义的"王"以及它的位置牢牢记住了。而且她的整个联想非常具有画面感。美中不足的是，她具有注意缺陷多动障碍共有的一些特点：容易忽略细节、冲动，所以她的汉字故事中总有一些模糊的部分，并且不是很有耐心听教师的补充。遇到这种情况可以先肯定她，鼓励她多编故事，不打击她的积极性。当她的动机被调动起来、信心足够时，再逐渐提示细节，并适时渗透字理内容。比如"⺌"是火把，为什么公主拿着火把看月亮？还有没有更好的记忆方式？能不能从读音角度考虑？……

有的汉字从字理角度是可以解释通的，但如果学生还没有准备好大量地学习字源，也可以先从自由联想开始。

比如"聪"字本义是听觉，原字是"聰"，现在为"聪"，简体字指的是对聚合在耳中的声音产生的感觉，也就是听觉（见图19-6）。

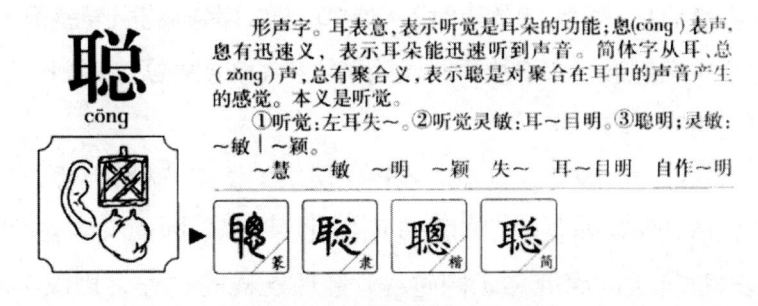

图 19-6 字源网中"聪"字的释图

对一个高年级学生来说，这样字源的学习是非常棒的体验，能够基于部件进行推理，而且还拓展了对"聪"义项的认识，因为可能更多的学生了解的是"聪明"这个义项，而不是"听力"这个义项。

但是对一名刚上小学二年级的学生来说，学习上面的内容可能存在困难："听觉"这个义项对他来说比较陌生，"聪"表示"对聚合在耳中的声音产生的感觉"这个概念对他来说也有一些抽象。如果一定要按照字源的方式给他讲解，他可能会感觉只是一些距离自己较远的知识，必须机械记忆。

在给一位二年级阅读障碍学生上课时，卢雪飞老师请学生观察"聪"的字形，给"聪"讲故事。师生间发生了这样一段有趣的对话①——

生："聪"是上课"耳"朵要听讲，这（指"总"字）是回家复习并练字，第二天考试就对。

师：怎么记"总"字？

生：他回家后"总"写东西，"总"学习，长大后就当"总"理。

师："总"学习长大后就能当"总"理，"总"理很聪明。真棒！

这个故事非常具象化，和小学二年级学生的日常生活与所思所想密切相关：上课"耳"朵要听讲，"总"学习长大当"总"理，"总"理很聪明。字形字义建立了很自然的连接，而且"总复习""总理"中的"总"属于不同的义项，将它们组词放在一起，对改善学生的语素意识也有极好的帮助。

值得注意的是，学生编故事时不一定很周密，教师的引导就很重要了，先是引导学生突出第一次编故事时没明确说出的部件"总"，后来又通过总结点出"总"与"聪"的关联。

只有那些经过比较精致复杂的或较深层次的认知分析的产物，才容易得到贮存，信息保存随着加工的深度而变化。② 学生拆分汉字进行联想的过程就是一种精致的深度加工的过程，经历这样的过程之后汉字不容易遗忘。

多元方式——探索秘密通道

多感官教学是有效的阅读障碍干预方法，可用于读写训练。（√）

阅读障碍学生不是不能学，只是需要特别的方式。多感官教学被证明是一个有效的干预阅读障碍的方式，能很好地体现多元方式对阅读障碍学

---

① 卢雪飞，王玉玲，张旭. 小学低段语音意识缺陷型阅读障碍儿童干预研究[J]. 现代特殊教育（基教版），2019(8)：71.

② 施良方. 学习论[M]. 北京：人民教育出版社，2001：260.

生学习的重要性。

北京师范大学心理学院刘翔平教授曾在讲座中说，自己的侄子怎么都记不住汉字，他偶然发现侄子对麻将的摸牌辨字的能力特别强，于是尝试把汉字刻在木头上，果然孩子就记住了。可能有些人觉得这只是一个故事，但对阅读障碍学生来说，这是非常现实的问题，他们按照常人的练习方式难以记住汉字，他们必须找到能让自己印象深刻的"秘密"的感官通道。

《地球上的星星》给了我们很好的示范（见图 19-7）。老师让伊夏在沙子上写字，在伊夏的胳膊上写字请他辨别，这是利用触觉通路；用彩色画笔大写字母，这是利用视觉通路，利用伊夏对绘画和色彩的敏感。更需要我们注意的是：多感觉不是简单地拼凑在一起，而是基于学生的需要，将教学目的与节奏进行合理的结合。

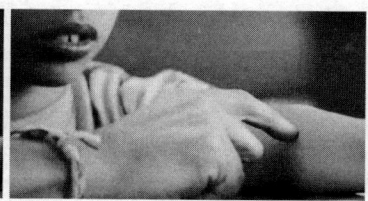

图 19-7　《地球上的星星》教学片段

在教学的最初阶段，老师一边读出字母一边写，让伊夏观察并在沙子上仿写。这时将字形与字音建立一个关联，将视觉、触觉、听觉感知到的信息整合在一起。

在练习阶段，不只是把汉字写在本子上，还可以写在学生的胳膊上，让学生闭着眼睛猜测写的是什么。把眼睛闭起来在头脑中表征字形，有助于将字母长久地记忆。汉语拼音可以采用这种方法学习。但这种方式对汉字来说有一定的挑战，因为汉字字形复杂、数量众多。可以挑选字形简单的汉字、限定于当天学习内容中，减小难度。

如果在练习的过程中，让学生在自己的胳膊上写字，就可以适用于所有汉字了。例如，中央电视台曾报道某名阅读障碍学生经常在手上、胳膊上写字，说刻得越疼，记得越牢。这就是他自发探索出来的一种利用触觉记忆汉字的策略。

　　记住字母后就可以书写了。为什么让伊夏用彩笔书写呢？彩色可以强化视觉印象。学生平时总是遗忘的汉字或者某个部件也可以用彩笔书写，加强记忆。为什么用画笔写在画纸上呢？因为伊夏最大的乐趣就是绘画，绘画能带给他极强的愉悦感。用画笔书写时，这些字母似乎变成了他擅长绘制的图画。这样一种愉悦的情绪关联仿佛让伊夏和他曾经无比恐惧痛恨的字母握手言和，化敌为友。并且，伊夏存在书写困难，在本子上写比较困难，画笔相对较大，伊夏可以毫无阻碍地把字写出来，甚至可以想写多大写多大。

　　"可以通过多感官通道帮助学生记忆汉字"这个原则容易记住，但不容易做到的是，教师要克制自己的一厢情愿，为学生制订个性化的学习方式。学生哪个感官通道记忆效果最好，需要观察评量，而且要采用他本人最喜欢的方式。

　　多数学生喜欢在沙子上书写，一方面能刺激触觉，另一方面也很解压。学校资源教师的沙盘成了他们放松心情、悦享汉字的最佳场所。但我也见过有的学生排斥触碰沙子，更喜欢动态中学习汉字。比如用身体的某个部位动态书写汉字，我们比较熟悉的是用手指在空中书写("书空")，好动的学生喜欢用更大的动作，比如用脚、用头、用屁股写。他们一边运动一边书写，玩得很开心。用身体书写时看不到书写成果，需要用头脑去想象，这个过程强化了心理表征。有的学生喜欢用橡皮泥捏汉字，有的喜欢画汉字，有的喜欢用玩具拼摆汉字……

　　有经验的老师会注意到，一些阅读障碍学生记忆汉字非常困难，但是记忆图形却很容易，这正是阅读障碍学生识字困难中语言特异困难的表现。说明他们的记字困难不是视觉的问题，而是语言的问题。

　　不少阅读障碍学生喜欢画画，虽然他们中不少人书写困难，控笔能力很弱，但绘画却非常生动。有的学生虽然画得不好，但喜欢随意涂鸦。图19-8是一名小学生在语文书的词语旁边帮助自己记忆配的图。他的绘画能力并不强，有些图形难以区分，比如"牛"和"兔"看起来都是长长的耳朵，

"虎"的空间布局不合理，额头上的"王"字过大，将眼睛挤到了嘴巴的位置，乍一看以为眼睛长反了……虽然他的绘画有很多的问题，但自发的绘画对他记忆汉字依然是有帮助的。因为在画的过程中，他头脑中已经对汉字的字义通过图的方式进行了加工。

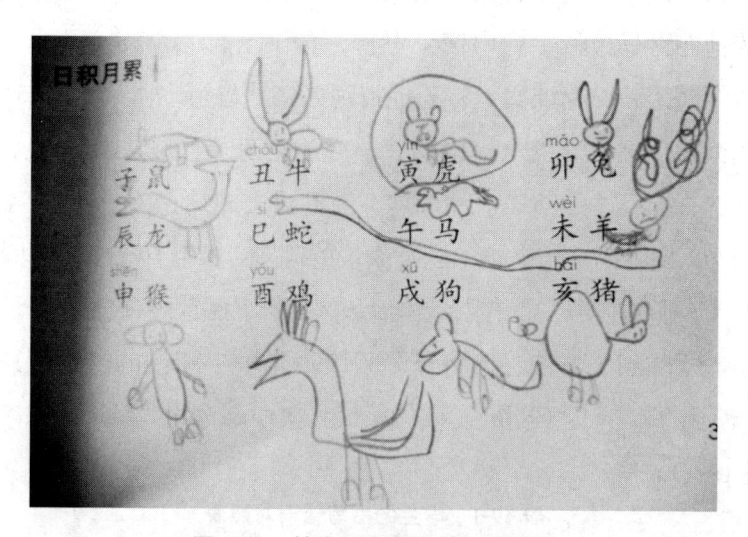

图 19-8　某生语文书上的汉字配图

方法没有最好，只有最适合。教师需要做的是尽可能多地去尝试，带着学生探索出最适合本人的汉字记忆方式。

运用——让汉字变得有生命

记字是基础，识字量积累到一定数量后再组词、阅读，以免同时给学生太多任务而使学生产生挫败感。（×）

不少阅读障碍学生的教师和家长苦恼的是，孩子的识字量相比同班学生少得多，即使孩子到了四五年级，也没有办法自如地读书、写作。因此认为帮助他们的第一步是掌握一定的识字量，积累到一定程度后才能谈到应用。这种看法有一定的道理，但是并不完全正确。汉字在运用中才有生命力，学以致用才能激发学生最深层次的学习兴趣。我们主张汉字的学习不脱离应用。字组成词，词组成句，句组成篇。必须让学生在接触汉字时能感受到汉字的魔力：能带自己进入有趣的阅读世界。

北京市西城区融合教育中心支持教师卢雪飞每次上课会使用字卡，学生在字卡上组词、造句，等积累一定数量后，以学生名字命名的"出版社"陆续"出版"《人生起步一百字》上、中、下册。孩子的识字量增多了，家校配合引导孩子读书。起初每天用妈妈的微信和老师做朗读互动练习，再后来妈妈为他在喜马拉雅平台申请了电台，孩子当起了主播，几乎每天都要在自己的频道朗读一篇课文，有天他特别兴奋地告诉老师："有361个人听过我的朗读啦！"这个学生从拒绝阅读，变成全班最爱读书的学生，课间也要捧着一本书。经过一年的个别训练，他的语文成绩由69分提高到94分。一次公开课，他主动站起来指出同学朗读的问题，并且声情并茂地朗读，赢得所有听课教师的掌声，没有人相信他竟然是一名阅读障碍学生。[①]

支持教师陈甜天曾细心地将一名阅读障碍学生写错的汉字汇总成一句话："冬天到了，是时候滑雪了。"9个生字中，学生写错的汉字共计6个(见表19-1)。

表19-1 学生的书写错误对照表

原字	冬	到	了	是	时	候
学生的错误	尽	别	子	真	的	候

因为学生非常喜欢滑雪这项运动，而且很喜欢画画，陈老师让她为这句话配了图(见图19-9)。当天学生非常兴奋，她原本非常排斥汉字，而这一天却觉得汉字像自己的好朋友。

图19-9 某阅读障碍学生的图画

---

① 来自卢雪飞老师的微课视频。

探索——让学习成为发现之旅

接触过阅读障碍学生的老师知道，有一部分学生很难区分同音字。

并非学生学习了汉字就能自然地组词，尤其是语素意识有问题的学生，很难区分同音语素，一组词就张冠李戴。解决这类问题需要学生加强对汉字义项的理解。加强汉字义项理解不仅可以帮助阅读障碍学生，还可以帮助所有学生区分一些易混淆的汉字。

具体可以借助词典的义项和字源释义来帮助学生分析、加强记忆。

我为一名四年级学生做听写认字测试时，她不认识“屈”字，当我告诉她读音是“qū”时，她脱口而出：是“弯曲”的“曲”吗？给这名学生和另外一名五年级学生做听写测试，发现他们都写不出“屈”字，而且会把“屈指可数”写成“曲指可数”。

怎么区分“屈”与“曲”呢？

查《现代汉语词典(第7版)》可以看到(见图19-10)，两个字的本义都是“弯曲”，都有“使弯曲”的含义。“屈”独有屈服、理亏、委屈、冤枉等含义；“曲”独有弯曲的地方、不公正、无理等含义。这两个字不仅读音相同，而且意义相近，不要说阅读障碍学生，就是普通学生也容易混淆。

屈 qū ❶ 动 弯曲；使弯曲：～指｜～膝｜猫～着后腿，竖着尾巴。❷ 屈服；使屈服：宁死不～｜威武不能～。❸ 理亏：～心｜理～词穷。❹ 动 委屈；冤枉：受～｜叫～｜你可～死我了。❺ (Qū) 名 姓。

曲[1] qū ❶ 弯曲(跟“直”相对)：～线｜～尺｜弯腰～背｜山回水～｜～径通幽。❷ 使弯曲：～肱而枕(肱：胳膊)｜～突徙薪。❸ 弯曲的地方：河～。❹ 不公正；无理：是非～直。❺ (Qū) 名 姓。

图19-10　《现代汉语词典(第7版)》中对“屈”与“曲”的解释

硬记的效果并不好，更好的方式是：借助字源将字形和字义建立紧密的关联，并建立字义之间的关联，形成“字义链”。

首先推荐给学生常用的工具并且告诉工具的特点：说文解字网是最基本的参考工具，但过于简单；《字源》最可信，学术性更强，但需要查阅图书使用不是很方便；字源网虽有时准确性不如《字源》，但配有图片，可网上检索，直观性和便捷性更好；象形字典网虽然准确性相对不足，但有丰富的想象，有时可作为联想记字的参考。

然后和学生一起使用工具进行探索。说文解字网中对"屈"的解释是"无尾"。《字源》认为"屈"是形声字，本义同说文解字网为无尾、短尾，引申为一般意义上的短，再引申义为屈服、冤屈等词义。字源网的解释是屈身露体。象形字典网的解释是离开住所排泄。几种说法都不一样。这种学术界尚有争议的汉字要求教师弄清楚并不现实，而且即使教师很清楚也需要考虑学生的理解水平。所以建议尽量引导学生自主探索，而不是单向灌输。

这两个学生已经四年级和五年级了，我实事求是地告诉他们有些汉字的字源是存在争议的，汉字专家也不能确定哪个是正确的解释。老师也不能确定，我们可以几种情况都了解做出自己的判断。

两个学生了解这些情况后，他们对字源网的说法印象最深，五年级的学生还将字源网和象形字典网的解释进行了合并，理解为屈膝排泄。他开心地说，这样理解一下子就记住了"屈"的各个义项，并借助图形绘制了一个思维导图(见图 19-11)："半蹲"义旁画了一个半蹲的人形正在排泄，从半蹲引出弯曲的含义，画了一个手指表示"屈指"；身体的弯曲也可以表示

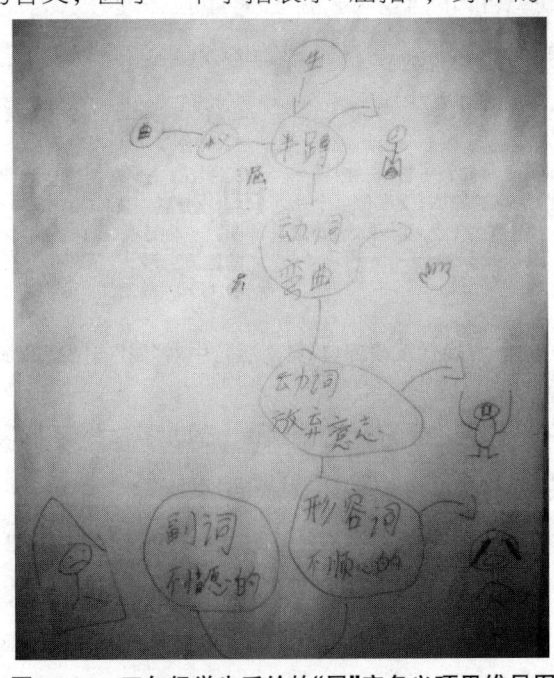

图 19-11　五年级学生手绘的"屈"字各义项思维导图

放弃意志("屈服");放弃意志自然不顺心("委屈"),他画了正在哭泣的人形;如此的境遇当然是不情愿的("屈居"),用下拉的嘴角来表示。

那么,"屈"和"曲"有什么区别呢?五年级学生看着两个字的字源,突然说:"我知道啦!'屈'表示人,'曲'表示物。"他的发现让我们一时兴奋不已,这个区分简单明了,能解释绝大多数相关的词语,比如"曲别针"确实是物,"曲折"确实不能形容人;"屈指可数""屈服""委屈"确实都是描述人的。

但是"曲肱而枕"说的是人啊,为什么不用"屈"呢?结合字源分析,"曲"本义像尺形,强调的是形状,"曲肱而枕"是卧姿,强调的是姿势。

就这样,学生兴趣盎然地投入到自主探索与师生、生生间的讨论互动中,感受到无穷的乐趣,这种感受会驱使他们继续投入汉字学习中。其意义可能比科学地记住汉字字源本身更深远。

学生所采用的这些说法并不科学严谨,后来查阅资料[1]发现还有观点认为《字源》中"屈,无尾"的说法不对,应该是"凡曲而不伸者曰屈","屈"可能与"曲"字同源[2]。不少汉字字源本身尚有争议,如果教师本人具备更深厚学术功底,适时引导学生做更深入的思考无疑更好。同样重要的是,作为教师,在持续学习、逐渐拥有更深厚的学术功底的同时,应该注重激发与保护学生的探索欲望,而不是直接把本人的知识告知学生。要关注学生的特点与需求,关注学习过程的互动与生成。作为家长不必担心自己的专业性不足,最重要的是做到保护孩子汉字学习的兴趣。

要点小结

1. 运用字源,发现汉字规律:要引导学生认识汉字的音、形、义是如何统一在一起的。

2. 进行联想,与经验建立连接:鼓励并且给予支持,帮助阅读障碍学

---

[1] 感谢北京师范大学未来教育学院赵芳媛老师的指导。
[2] 王力. 同源字典[M]. 北京:商务印书馆,1982:452-453.

生探索适合本人的识字策略。

3. 采用多元方式，探索适用于学生本人的秘密学习通道：阅读障碍学生不是不能学，只是需要特别的方式。

4. 引导学生探索，让学习成为发现之旅：汉字在运用中才有生命力，学以致用能激发学生最深层次的学习兴趣。

推荐资源

王宁. 汉字构形十二讲[M]. 北京：商务印书馆，2022.

李学勤. 字源[M]. 天津：天津古籍出版社，2012.

国学大师网：http://www.guoxuedashi.net/

字源网：http://www.fantiz5.com/ziyuan/

象形字典网：http://www.vividict.com/

20　案例：分心的孩子这样教

随处可见的"分心"问题

近年来，似乎有"注意力问题"的孩子越来越多了，有人开玩笑说："十个家长里得有十一个说自己家孩子有注意力问题。"虽然说起来夸张了，但随着生活环境和教养方式的改变，注意力问题确实成为一种真实存在的"城市病"，普遍困扰着教师和家长。

要帮助阅读障碍学生，必须面对"分心"的问题。有的阅读障碍学生本身就合并注意缺陷，无论做任何事（包括阅读）都难以保持专注。也有的阅读障碍学生没有合并注意缺陷，但是阅读时因困难重重难以保持专注。

有的教师和家长觉得孩子虽然容易分心，但大了就好了，不用过于在意；有的则投入了很多的资金与精力，不但不见成效反而情况越来越糟。虽然关于如何培养学生注意力的学习资源越来越丰富，但注意力训练是否能够"迁移"到学业表现上一直是有待深入探索的问题。而且，再好的注意力训练，也需要配合环境的优化。如果只依赖专注力训练，成人与孩子的相处模式没有改变，孩子的成长会受到限制。

遇见分心的化化

在一次帮助学习特殊需要学生的过程中，我遇到了二年级男生化化（化名）。他语文、数学、英语各科成绩都排在全班最后几名。数学教师反映化化上课注意力不集中，计算速度慢、容易出错，应用题问题最大。语文教师也是班主任，反映学生听、说、读、写各方面都存在问题；而且上课经常走神，坐不住，习惯性地摆动身体，有时课上被叫起都不知道老师在问什么。家长反映化化写作业经常写写玩玩，拖延很久。教师和家长常常提醒化化要认真，但结果令人一次次失望：化化总是很认真地答应，但是保持不了多久，就又恢复原样。

多年服务于学习特殊需要学生的经验告诉我，这个学生很有可能不是故意不认真，而是存在特殊的困难。正式评估验证了我的初步判断，化化属于阅读障碍学生，且同时合并注意缺陷多动障碍。这就能解释为什么化化在语文和英语上表现那么吃力，为何化化在数学上应用题问题最突出，为何化化听讲和写作业都难以集中注意力。

我决定先评估化化的识字情况。测试的方式是请化化认读曾经学过的汉字，读出字音并组词。一般学生完成起来会很快，然而给化化评估的过程异常缓慢。经常听一些注意缺陷多动障碍孩子的家长说孩子的磨蹭如何让他们崩溃，这一次我感同身受。

阅读障碍加上注意缺陷，让化化识字过程很容易出错。看到"祝"字，他说："庆，庆祝的庆，不，是国庆节的庆，呀，看错了，是庆祝的祝。"类似地，"披"说成肚皮的皮，"遥"说成摇篮的摇，"傍"说成旁边的旁，"幼"说成年幼的幼，"玲"说成灵巧的灵。同时，抑制能力不足导致他很容易受干扰，如"帐篷"一词，他会先看"帐"说"帐篷的帐"，看"篷"却说"膨胀的膨"。老师提示："是膨胀吗？"他马上意识到错误，改口："帐篷。"

分心还让他很容易联想到无关的事情，并且难以抑制冲动，一定要手舞足蹈、眉飞色舞地说出来。

看到"针"字，他说："针，铁针，还能组成'毒针'，可能会有（停顿），坏人可能会用，是杀人的。因为毒能杀人，毒在一定的时间下，毒解不了的话就'死翘翘'了。"身体剧烈晃动，模仿"死翘翘"的样子。

看到"奔"字，他说："奔，奔跑的奔。我记得还能组成一个直播的名字，'奔跑吧兄弟'，我很喜欢！尤其那个王祖蓝，他特别搞笑，他头，他只有一点点头发，很好笑。他坐滑梯往水里滑，哇……"孩子的语言表述不严谨，"奔跑吧兄弟"是一档电视节目。这里忠实记录了孩子的语言。紧接着他仿佛就是王祖蓝，模仿起滑行时的动作和神态。

看到"锅"字，他说："平底锅的锅，平底锅就是《喜羊羊与灰太狼》里用来打灰太狼的，啪！啪！啪！"一边说一边模拟举平底锅的动作，嘎嘎直乐。

我不得不经常提示他："咱们的时间不多哦，抓紧哦。""不要说无关的内容哦。"每次他都答应得非常认真，但是过不了几分钟就又重复上面的情景。

正向视角

我严肃地对化化说："化化，我们时间很宝贵。你愿不愿意试一下，看到一个字，只说读音、组词，其他的话不说，好吗？"

化化特别认真地点点头，神情严肃地开始读音、组词。然而，不到两行，他又忍不住了。看到"泽"字他说："毛泽东的泽，我们班还有两个姓泽的……"

听到这里，我心里一股火涌上来，第一反应很想说："你不是答应老师了吗？怎么两行不到就又开始说多余的话了啊！"

但我看到他单纯的笑容，暗暗提醒自己他不是故意为之，他确实是很想集中注意力，但是生理原因让他容易分心。

于是，我改口道："化化，你真棒！你看你两行都没走神了啊！你刚刚虽然多说了两句也是和这个字有关系的……"

化化开心地露出两颗小虎牙。

我问他："那你愿意不愿意再试试，继续集中注意力，不说多余的话？"

化化开心而坚定地点头。

在这个过程中，他明显严肃了很多，偶尔也会有点儿想要分心的苗头，我或者及时拦住，或者假装没注意忽略不计，直到读了 12 行他终于忍不住说了一堆无关的话。

我没有批评他，而是热烈地表扬他："化化，你太了不起了！你看，一开始你差不多隔几个字就要走神，后来你能做到两行都没走神，现在已经这么多行了！快数数，咱们多少行没走神啊！"

化化自己数了数，开心地说："哇！我竟然 12 行都没有走神！"

强化与迁移

为了强化这次的进步，也为了帮助化化迁移初步集中注意力的成果，我把这次事件过程分别和家长与班主任做了分享。我特别强调了化化的分心并非主观故意，他确实存在客观困难，然而在这种情况下，化化依然能做到这个程度，可见孩子的决心与毅力，值得大力表扬。

家长和班主任也非常配合，及时给予了鼓励甚至还有小小的奖励。并且和我交流化化在集中注意力方面的进步表现。

第二次评估前，我先对化化说："我听妈妈表扬你写作业集中注意力时间更长了，听班主任李老师说你上课更专注了。是真的吗？"化化开心地点头："当然是真的了！"

我继续说："真为你高兴！上次你在我这儿的表现就特别棒。这次能不能挑战一下，坚持更长时间不走神？"化化认真地点头。

让我们俩都没有想到的是，这一次他竟然坚持了整整一节课。

下课前，我问："化化，你今天分心了吗？"

化化憨憨地摇头。

"你想到了吗？"

化化又摇了摇头："我也没想到我竟然能一节课都不走神！"

"你太棒了！那以后回班里上课也能坚持一整节课不走神吗？"

化化露出小虎牙说："能！"

复盘

这是一个非常有意思的案例，在还没有正式进行训练之前，在评估的过程中，化化已经有了较大的变化。这充分体现了我们评量与干预一体的思路。教师给学生的反馈影响了学生，但并不影响评估的准确性，反而更准确地看到学生的潜力，丰富了对学生的全面认识。关于化化评估和干预的具体情况见第21节、第22节。

这里盘点一下对化化的分心行为改变起关键作用的策略，这些策略不仅适用于注意缺陷多动障碍，也适用于每一个普通学生。而且这些方法教师和家长都可以使用。同时，并不限于改变分心问题，也能用于任何一个好的行为塑造。

基于起点，纵向比较。做一个假设，每天只进步一点点，每天只多坚持1分钟集中专注力，那坚持下来孩子的专注状况一定会越来越好，而且孩子可能感觉这个坚持的过程并不困难。但是教师和家长习惯的做法是直接将学生与合格的标准比较，甚至不少人并不了解孩子的"起点"在哪儿。因为这些标准和孩子的起点相距过远，孩子一开始就没办法成功，或者费了太多的力气才勉强成功，所以难以坚持。等到的结果只能是成人的批评。所以说没有确定起点的横向比较，实际上意味着成人一手"策划"了孩子的失败，结果只能是打击孩子进步的信心。

正向视角，抓住契机。孩子在进步的过程中一定会充满种种"错误"和"不足"。教师和家长习惯帮孩子找到这些问题，以期纠正孩子的行为。换位思考，孩子的感受是"我还不够好"。如果频频得到成人善意的鼓励和提示，对孩子而言也是一遍遍强化"我很差，我不行"。如果反过来，在孩子偶尔一次表现相对较好的时候，抓住这个闪光点，大力肯定他、表扬他，让他注意到正确的行为其实已经做到了，只需要再多重复几次就可以了，进而让孩子感觉原来"好的行为"也没那么难啊。成人一个简单的肯定同时给了孩子自信和示范。

及时强化，塑造行为。教师和家长普遍存在的误区是：孩子的不良行为是因为态度与习惯不好。因此采用批评教育的方式，以期触动学生、端正态度、改变行为。而结果往往是，不少学生刚被批评几天表现特别好，但是越来越松散，之后又恢复常态。教师和家长就会认为这个孩子没常性，既然那几天表现可以很好，就说明学生有能力做到，只是因为态度不端正才频频出问题。我们需要知道孩子确实有能力做到，但没有能力一直做到，无论是习惯造成的，还是先天生理缺陷造成的，他的神经功能或者他的习惯已经让他觉得之前的做法是最舒服的、耗力最小的。比如注意缺陷多动障碍学生能够集中注意力，只是他集中注意力需要耗费的资源要比一般学生多得多。打个比方，集中注意力一节课，普通学生相当于绕操场跑一圈，对注意缺陷多动障碍学生而言则是跑十圈。对他们来说，坚持很辛苦。多数学生坚持不下来并非不想坚持，而是有心无力。教师和家长的认可与鼓励是最强大的力量。不要在推动学生前进之后就马上撤离,而是坚守在学生身边,不断地给予反馈和鼓励。一天天坚持,一步步塑造,直到帮助学生塑造出一个新的专注的习惯。

21　案例：基于学校教育情境的阅读障碍评估

全都是"问题"

化化，男生，小学一年级入学就引起了老师的注意，反应慢，听指令似乎有困难。在进行学习障碍筛查时，语文教师认为学生偶尔有朗读和书写上的问题，没有太多关注；数学教师提出的问题较多，如应用题问题突出，计算时容易犯错、速度慢等。

到二年级，化化朗读和书写上的问题暴露得更加明显。班主任兼语文教师反映，化化语、数、英各科成绩都不好。上课走神、坐不住之外，听、说、读、写各方面均存在问题：口语表达速度较慢，常有停顿，词汇量不丰富；朗读时经常添字、漏字、读错、颠倒或串行，读的句子越长，错误越明显；书写时字的整体框架结构掌握不好，容易将结构写反，经常有细节错误，或写半边字等现象。写作业拖拉，因为作业家长和孩子经常发生冲突，托管班老师反映别的孩子作业最多半小时就能写完，化化却要用几小时，有时还完不成。教师和家长认为化化不笨，就是不认真，让化化加倍练习。不但效果不佳，反而让化化产生了抵触情绪。

家长反映化化说话较晚，八九个月时偶尔说一两个字，两岁四个月才开始说成句的话，后来进步很快。最初为左利手，后来没有干预自己就改成右利手了。骑自行车、滑滑板等大运动能力差。学习状态不稳定，对阅读非常排斥。

通过访谈了解到上面有关化化的信息后，对其学业问题有如下怀疑及线索。

怀疑智力障碍，线索：各科全面落后，发育迟缓。

怀疑阅读障碍，线索：朗读问题突出，英语成绩不理想，口语表达速度慢、说话较晚等。

怀疑书写障碍，线索：书写错误较多，各科成绩不理想（因为各科均需书写）。

怀疑注意力问题，线索：上课走神、坐不住，学习状态不稳定，成绩不良等。

怀疑感觉统合问题，线索：运动能力差、书写与阅读错误多，各科成绩不理想等。

其他可能：数学障碍。

……

看起来几乎全都是问题，似乎不可能同时解决，先解决什么后解决什么呢？

这种情况是我在学校中经常遇到的：一个让老师头疼的孩子往往看起来到处都有问题，让人不知道从何抓起。

遇到这种情况，第一步是弄清楚核心问题是什么，并弄清楚问题背后的原因，对症下药。

数学中的线索

最早报告化化学业困难的是数学教师。那么，是什么导致化化数学成绩不良的呢？

数学教师指出化化应用题的问题较大，于是我找来化化的应用题作业。

下面这页数学作业，"告诉"了我很多有价值的信息（见图21-1）——

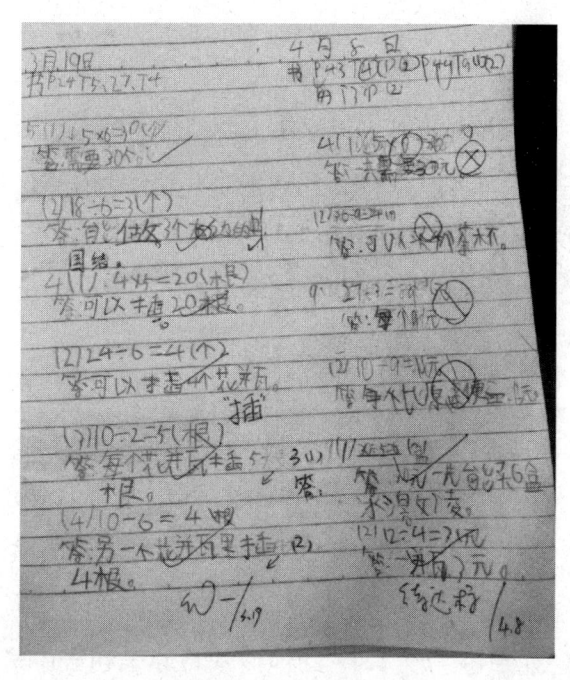

图 21-1　化化的数学作业

　　成绩不稳定。同一页数学作业，左边评价为"优-"，右边就退变为"待达标"。如果学生的作业完全是独立做的，说明学生不是没能力，而是学习状态不稳定，这一点很像注意力问题学生。如果左边是在别人辅助下完成的，可能学生存在某种特异性的困难。

　　书写问题。书写不规范，汉字大小不稳定，有细节错误。数学老师忍不住纠正汉字书写，可见书写困难对数学学科也造成了影响。

　　错误不在计算而在列式。这页都是应用题，化化的计算没有问题，错误都在于列式。列式错误背后的原因可能是认知能力不足，也可能是看不懂应用题。而化化左右差异较大，原因在哪儿呢？这需要询问学生本人。

　　询问化化时他说："因为左边有人给读题，我就能做出来；右边没人读题，看不懂，就做不出来。"这告诉我们什么？可以初步猜测：化化在应用题上的困难主要来自阅读，或者说至少阅读问题对其做应用题影响较大。

朗读中的线索

询问语文老师，老师反映化化朗读时容易出错："读单个的字词都还好，一放到句子中就容易出错，而且句子越长错误越突出。"这会不会说明在文段中，干扰因素更多，因此更容易出错呢？

于是见到化化后，我请他和我一起看作业。其中有一道数学题化化列式错误，我先请化化读题，题目中有这样的语句——

如果平均放在4个筐里，每筐放几个？

化化很着急就开始读，连读4次都有错误，而且自己能够发现错误，甚至有时一句还没读完就发现了。

第1遍读成"如果每筐放4个"。他似乎将原来句子中的汉字进行了重新组合，调整了顺序，语义完全不同了。

他马上意识到自己没有读准确，立刻更正道："如果放4个筐里。"这次丢了几个字。

他又马上意识到朗读错误，自我更正道："如果平均分在4个筐里，每筐放几个？"这一次，全句只出现了一处错误：将"放"读成了"分"。

而他之前"放"字读得都是对的，应该不是因为不认识这个字才读错的。于是，我写出"放"与"分"两个字，请他说出读音，他能准确说出。说明他是认识"放"这个字的。明明认识却依然读错。单个字能够读准，放在句子中却容易读错。

这时再让他朗读，他读成："如果平均放在4个篮里，每篮放几个？"

这次"放"字读对了，之前读对的"筐"字却读错了。可以说是"按下葫芦浮起瓢"，顾得了这头顾不了那头。

一道简单的数学题目，化化每个字都认识，但是错误百出。看得出他非常认真，很想读好，但似乎总有什么在干扰他，他难以抑制住这种干扰。而当他基本读对题目时，开心地说："这道题很简单！"并且正确列出算式，这基本上印证了之前的猜测：化化数学应用题的问题主要来自阅读。而且阅读问题和抑制能力密切相关。

进一步观察

那么，化化的计算是否就不成问题呢？

我找到了化化近期的一张口算题(图 21-2)——

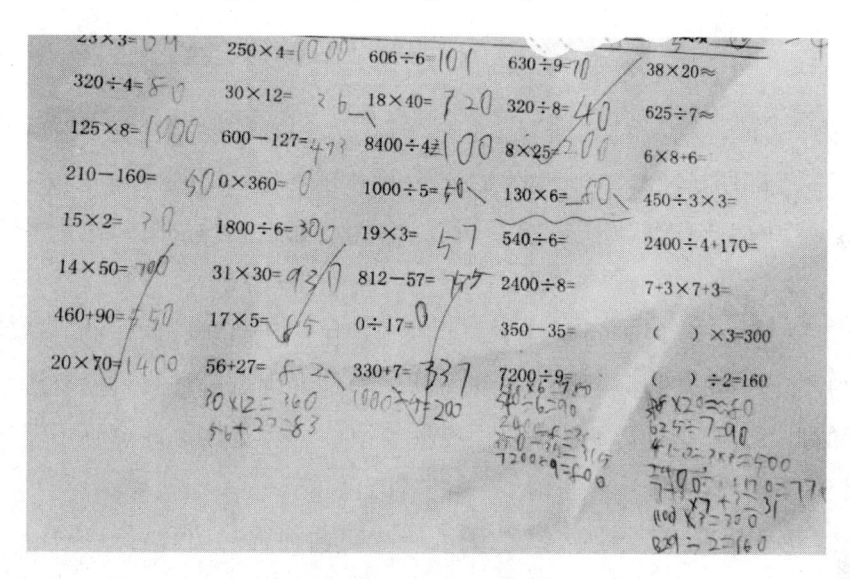

图 21-2 化化的口算题

乍一看，化化的计算也是有问题的，正确率较低，40 道题只答对 16 道。

但不能止步于此，秘密藏在错误的背后，我们需要进行更细致的分析。真正了解一名学生，正如断案一般，需要找到充分的线索，直到找出真相。

教师用红笔写了一个"慢"字并加了惊叹号，可见"慢"的程度之重。再看化化的具体表现，有近 2/5 的题目没来得及写，但化化前面做的题正确率比较高，后面正确率低。这说明什么呢？

说明化化并非完全不会做，只是由于某些原因，速度较慢。这不像是认知落后的学生，更像是注意力问题或者存在某种知觉困难的学生。我眼前似乎能看到这样一幅画面：刚拿到卷子时他进入状态比较慢，刚刚进入状态，老师提示时间快到了。他只能遗憾交卷，自己也不明白为什么每次竭尽全力了还是跟不上大家的速度。访谈学生印证了我的猜测。

再看化化的错误也非常有意思，4道错题中有两道题的错法几乎是完全一样的——

30×12＝36
130×6＝80

第一道题没有注意"30"后面的"0"，第二道题没有注意"130"前面的"1"，且即便是"30×6"，也将结果"180"中的"1"忽略了。

我们一般会称这种现象是"马虎"。"马虎"都是一样的吗？化化马虎的背后又是什么？

再看化化已经做对的题目中，类似的题目化化是能够做对的。这说明化化并非没有掌握类似题目的计算方法。他是在视觉辨别时就没有注意到全部的数字，还是他辨别了但是没有注意到，或者是虽然注意到了但在口算时难以保持住这个信息忘记了？这些都有可能。

为此我做了一个小实验。把最近一次错误连篇的口算题分成几部分，放大字号，每次只需要完成其中一部分，请化化用最快的速度完成。化化的表现又快又好，没有错误。

上述观察让我初步认定：化化计算速度慢，与注意力、工作记忆有一定的关系。尤其是注意力对化化影响最大。他具有又快又好地进行计算的能力，但是注意力稳定性不足，所以难以长时间保持这种能力。同时，他在感觉统合，包括视知觉和精细动作加工上可能存在一定的困难，导致做题与书写时容易出现更多的错误。

这些初步判断是否成立？如果确实如上述判断，应该对他各个学科都有影响。其他学科中是否能够找到类似的线索呢？

视知觉问题

化化视知觉方面的问题在语文学科上也有体现，比如图21-3中左边的字应是"动",他将左右部件颠倒了。他还存在较多的镜像书写的问题,书写时空间布局不合理,这些显示化化可能存在空间方位感知问题。化化书写时常出现细节问题,比如把"呼"的右上部分写成爪字头(见图 21-3 右),给他时间他也难以辨别其与正确汉字的差异,这些提示化化可能存在视觉辨别的问题。

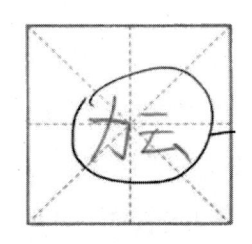

图 21-3　化化听写中的错误

一次朗读时偶然发现一个奇怪的现象,当天的朗读材料不是化化熟悉的宋体,他拿到材料喃喃自语:"这些字很奇怪,我都不认识。"但是他说不认识的字用宋体呈现时他就认识了。这显示化化可能存在视觉恒常性的问题。

有趣的注意力问题

注意缺陷多动障碍的三个特征为多动、冲动、注意缺陷。在给化化做评量时发现他有些坐不住,扭来扭去,手里喜欢玩东西,明显有多动的表现。而且分心和冲动的表现也非常明显。从一个字就能想起一个故事,而且非要说完这个故事不可,不管这个故事和学习任务有没有关系。同时,化化"注意缺陷"的表现也非常明显。他说课上听得很明白,但是一做题就"马虎",出现各种错误;平时生活中也丢三落四,常常因为找作业本花费好长时间。

从他的书写作业也可以发现注意力问题的表现。同样是书写问题,有的和视觉问题联系更紧密,有的则和注意力问题联系更紧密。比如图 21-4 中他把"能""给"两个字都只写了半边。他是会写这两个字的,如果不着急能够写对,但是他太着急了,匆匆忙忙出了错。类似地,还有大量的同音字的书写错误。

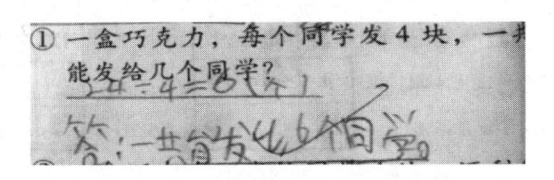

图 21-4　化化数学练习册中的错误

注意缺陷、多动、冲动正是注意缺陷多动障碍的典型表现。于是我怀疑化化可能患有注意缺陷多动障碍，而且这对他各学科和日常生活都造成了较大的影响。然而有意思的是，筛查结果和我的判断不同。

《精神疾病诊断与统计手册(第五版)》收入了目前国内医院最常用的注意缺陷多动障碍筛查表，分为3个维度，其中"注意"共9条问题，如果有6条为"经常"或"总是"，则高度疑似注意缺陷型多动症；"多动"与"冲动"共9条问题，合并计分，如果有6条为"经常"或"总是"，则高度疑似多动冲动型多动症。如果二者都达到6条，则为混合型多动症。

表 21-1　教师与家长 ADHD 筛查情况统计

测试维度	父亲	母亲	英语老师	数学老师	语文老师
注意	5	4	1	4	5
多动与冲动	1	0	0	1	1

结果如表 21-1，没有任何一条达到 6 条的标准。

这是怎么回事呢？在访谈过程中，发现最初的判断是正确的，因为以下原因教师和家长的报告出现了误差——

(1)对筛查内容理解有误。比如"在学习、做事或玩的时候很难保持注意力集中"这一条中的"或"字被误读为"和"。认为孩子在玩游戏时非常投入，所以不存在问题。学习时孩子需要投入的是主动注意，玩或者做自己感兴趣的事时则是被动注意。考察学生注意力时更应该考量他的主动注意。

(2)对孩子的行为理解有误。家长痛苦地说每天督促孩子写作业就像一场战斗，但家长认为这是孩子的习惯问题，并不是量表中所说的"不愿意做持续用脑的事"。

(3)标准不同或观察不够细致。父母认为孩子"把学习和生活必需的东西弄丢"这件事很少发生,事实证明是父母没有关注这个问题或者认为这件事不必重视。教师对"坐不住,手脚动作多或身体扭来扭去"这一条也很容易忽略。我问化化上课会动吗,他说:"会啊,我上课必须动,但我能不被老师发现,我就这样做……"他把手背到后面,但正面看起来是规规矩矩的。难怪老师忽略此条。

(4)学科差异与其他问题。几科老师在"注意"一项的评量结果差距很大。英语老师认为化化基本上没有问题。数学老师认为问题较大,而语文老师认为问题最大。这些判断让我马上想到合并注意缺陷的阅读障碍学生。以听说为主的一、二年级英语课上,他们表现不出太大的异样;但在需要书写与专注力的数学课上,老师已经注意到差距,而语文课上差距最明显。

当家长和教师了解了筛查表条目的含义后,所选条目基本均超过6条。化化实际上属于混合型注意缺陷多动障碍。

标准化评估

初步观察分析后,为化化进行了智力、阅读能力、数学学业成就、视知觉等一系列标准化评估,其结果与观察分析一致。

采用《韦氏儿童智力量表(第四版)》对化化进行评估,结果显示(见表21-2),化化总智商为106,属于正常水平。值得关注的是,言语理解能力百分等级96,处于优秀水平。这说明化化做数学应用题和语文阅读时的错误,不是因为理解有问题,而是字词解码有困难。另外,化化工作记忆得分最低,这也符合学习障碍和注意缺陷多动障碍的特点。

表21-2 韦氏智力测试结果

量表	合成分数	百分等级	置信区间(95%)
言语理解	言语理解指数(VCI):126	96	118~131
知觉推理	知觉推理指数(PRI):96	39	89~104
工作记忆	工作记忆指数(WMI):91	27	86~98
加工速度	加工速度指数(PSI):104	61	94~113
全量表	总智商(FSIQ):106	66	101~111

采用张树东修订的《数学学业成就测验》进行评估，结果显示(见表21-3)，其总分为0.29，并非数学障碍学生。有些项目得分还很高。

表 21-3　数学学业成就测验标准分

正着数数	倒着数数	数点	点数比较	口头比较	书面比较	读数	相对数量	数字线	感知估计	书面计算	书面应用	口头计算	口头应用	数学总分
0.16	1.24	-1.28	0.99	0.09	0.42	0.47	-0.86	1.01	-0.97	-0.88	0.58	0.53	-0.90	0.29

采用《阅读障碍评估工具》进行评估[1][2][3][4]，测试结果显示(见表21-4)，化化的阅读能力总分平均低于同龄儿童1.26个标准差，认知能力中数字快速命名低于同龄儿童5.47个标准差。若智力正常而阅读测验总分以及在至少一个认知任务上的分数低于同年级儿童平均成绩1个标准差以上，可判定为发展性阅读障碍[5]，故可以将化化认定为发展性阅读障碍儿童。但如果依据有些专家提出的阅读能力每一项都需要低于1个标准差以上，化化汉字识别这一项并没有达到。这与非正式评量中推测的化化识字量尚可一致。化化阅读相关认知能力中，数字快速命名能力过低。快速命名并非单一的认知成分，其认知构成至少包括语音加工、发音速度和快速视觉符号识别等多种成分，并涉及注意、感知觉、语义和运动等加工过程[6]。其中，视觉符号识别、注意等与非正式评量中的推测一致。

---

[1] 舒华，李虹，杨志明，等. 小学生汉语阅读能力测验[I]. 2014，未公开出版.

[2] Liu Y, Georgiou G K, Zhang Y, et al. Contribution of cognitive and linguistic skills to word-reading accuracy and fluency in Chinese [J]. International Journal of Educational Research，2017(82)：75—90.

[3] Lei L, Pan J, Liu H, et al. Developmental trajectories of reading development and impairment from ages 3 to 8 years in Chinese children[J]. Journal of Child Psychology and Psychiatry, 2011(2)：212—220.

[4] Li H, Shu H, McBride, et al. Chinese children's character recognition：visual-orthographic，phonological processing, and morphological skills[J]. Journal of Research in Reading, 2012(3)：287—307.

[5] Ho C S, Chan D W, Lee S, et al. Cognitive profiling and preliminary subtyping in Chinese developmental dyslexia[J]. Cognition, 2004(91)：43—75.

[6] 薛锦，舒华. 快速命名对汉语阅读的选择性预测作用[J]. 心理发展与教育，2008(2)：97—101.

表 21-4 《阅读障碍评估工具》评估结果

测试能力	测验任务	标准分
阅读能力	汉字识别测验	−0.85
	词表快速朗读	−1.23
	三分钟阅读理解	−1.69
阅读相关认知能力	数字快速命名	−5.47
	语音意识测验	−0.49
	语素意识测验	−0.51
	正字法意识测试	0.67

采用张树东等人修订的《视知觉发展测验》对化化进行测试，结果显示(见表 21-5)，虽然化化总分在正常区间，但有三项是负值，正好是非正式评量时所怀疑的三点：视觉辨别、空间关系、图形恒常性。

表 21-5 《视知觉发展测验》评估结果

任务	空间位置	视觉辨别	视觉填充	图形恒常性	手眼协调	图形描摹	空间关系	视动整合速度	总分
标准分	0.76	−0.94	0.20	−0.24	0.28	0.08	−0.59	0.18	0.27

确定核心问题

虽然化化看起来到处都是问题，但问题"地位"各有不同。

阅读对语文和数学等各学科都造成较大影响，需要优先关注。

具体来说，阅读又应该聚焦在阅读流畅性和阅读动机的激发上。因为化化识字量尚可，言语理解能力优秀，但阅读流畅性过低，且极度排斥阅读。

造成阅读困难和其他各科学习困难的一个重要原因在于视觉注意力问题，需要重点关注，同时也不能忽视视知觉问题。

综合考量，需要制订一个提升化化阅读流畅性的干预方案，而且这个方案中，提高其视觉注意力是关键，增强阅读动机是入门的钥匙。因此，决定采用以重复阅读为基本模式，兼顾注意力策略、知觉训练、识字策略的综合干预方式。

22 案例：基于学校教育情境的阅读障碍干预

干预方案设计

前一节已经介绍过，化化语、数、英三科学业水平均不理想。如果每个学科都进行干预，时间有限，效果未必好。因此需要逐步突破。各学科中语文学科对其他学科影响较大，阅读又是其中的基础。因此决定第一阶段重点关注阅读。

阅读中化化理解能力是非常强的，识字量较低但还没达到落后1个标准差以上，主要问题集中在阅读流畅性上，同时化化阅读动机问题也很突出，需要考虑。

同样是提高阅读流畅性，给不同学生采用的方法也会有所不同，化化是快速命名型阅读障碍，同时存在快速命名缺陷、注意力和知觉加工等问题，为此，制订了以重复阅读为基本模式，兼顾识字、注意力策略和认知缺陷训练的综合教育干预模式。

在教学各环节的顺序上，不是像一般教学那样先识字后理解，而是反过来，先"分享阅读"，拉近化化与读本之间的距离，激发他的阅读兴趣和动机。而后进行"朗读练习"，提高其阅读流畅性，最后再由化化挑选想要学习的字词进行"识字教学"。在朗读练习和识字教学这两个主要环节中，都关注元认知能力的培养，这一点非常重要。"知觉训练"并不是一个独立的环节，它渗透在教学各个环节中，与教学自然结合。如此让知觉训练更加有趣，更易产生迁移效应(见表22-1)。

表 22-1 综合教学干预模式的流程

教学环节	用时（分钟）	干预依据与意图
分享阅读	13	阅读兴趣与动机激发
朗读练习	10	基于重复阅读的心理语言学层面干预（阅读流畅性）
识字教学	7	识字教学与记字策略
知觉训练	10	与教学自然结合的认知过程干预（元认识、注意力、快速命名、视觉辨别等）

干预材料以学生自选绘本为主。绘本由教师事先准备，请化化本人选择使用哪一本。选择绘本时我主要考虑到这三方面的因素：绘本故事的趣味性、字词难度的适切性、阅读材料的可练习性。需要特别说明的是，教学材料的选择和教学顺序的安排都是针对化化本人特点量身定做的，并非所有学生都需要如此。

教学时间上，每周 2 次，每次 40 分钟。化化的干预结束于期末考试，共进行了 12 次。每次个训课，我都与家长和语文教师进行交流。这一点也非常重要。

评量设计

干预前需要考虑怎样对化化的阅读流畅性进行教学效果评量的前测。

对化化阅读流畅性的评量我考虑到三点：评量目的除了前测后测之外，还要能起到持续监测进步水平的作用，以便及时调整教学方法，因此评量时间不宜过长；评量内容要与个训课的教学内容无关，以更真实地反映学生能力上的进步，避免"练习效应"带来的进步假象；评量内容最好与学校课程相关，以便让个训效果能够迁移到日常学习中。

目前还没有能够同时实现以上三方面目的的工具，为此根据课程本位测量理论，自编了阅读流畅性测试卷。将化化使用的人民教育出版社出版的小学《语文》（二年级下册）教材课文录入电脑，将句子进行编号，根据随机数字表在不同单元随机选出句子排列成测试内容，并严格控制每份试卷中各单元句数与"四会字"数量，以使各份测试卷难度相当。每份测量卷字数为 120 左右，分为学生用和教师记录用两个版本[1]，教师同时记录阅读流畅性指标与错误类型。测试卷共计 40 份，每次测量时随机抽取使用。

为了让评量更可信，还请班中一位朗读水平中等的学生作为对照生。这位对照生只参加评量，不参加干预。干预前连续 5 次对化化和对照生施测作为基线期数据；干预停止 20 天后，再连续施测 5 次，作为维持期数据。干预期每干预一次，就对化化和对照生施测一次，以监控进步情况，并根据进步情况调整教学。

分享阅读

分享阅读时，一些老师习惯用单向提问的方式来考查学生是否理解。这个方法很有效，但也容易产生压迫感。我一般是用探讨交流的口吻问问题。在我们的阅读中，我和化化是平等的阅读伙伴，共同经历有趣的阅读之旅。我有意识使用的策略有：预测内容、挖掘细节、唤醒体验等。

《要是你给小猪开派对》是我们共同阅读的第一本绘本(见图 22-1)。看到封面，我问化化："'派对'是什么意思啊？你参加过什么派对？"化化说就

图 22-1 《要是你给小猪开派对》部分内容[2]

---

[1] 张旭，段莹莹. 课程本位测量对识字困难儿童的个案干预研究[J]. 中国特殊教育，2010(7)：87—91.
[2] 劳拉·努梅罗夫. 要是你给小猪开派对[M]. 费利西娅·邦德，绘. 杨玲玲，彭懿，译. 北京：接力出版社，2020.

像是生日聚会。然后他关注到题目，兴奋地说："给小猪开派对？小猪还要过生日吗？"我说："是啊，真有意思，给小猪开派对需要准备什么呢？"他说："需要把朋友叫过来一起玩，朋友送礼物给他……"我兴奋地听着，赞叹道："这么有意思吗？那咱们看看书里写的有没有你想的这么有趣吧。"

于是我们每人一句地读。看到第五幅图时，我先遮住文字，让化化注意小猪走到了洋娃娃身边，让他猜：小猪这是要做什么呢？没想到化化直接说出了和书一样的内容："他要穿洋娃娃的衣服。"看到第六幅图时，小猪已经穿着洋娃娃的衣服在打电话了，而洋娃娃则光着身子躺在地上。我俩哈哈大笑，我说："你怎么知道的呀，这本书是你编的吧?!"化化非常得意。我让他继续往下猜，小猪打电话要找谁呢……

就这样，我们的阅读并没有固定的顺序和规矩，唯一的规矩就是好玩。无论化化预测得准不准都没有关系。能够与化化生活建立连接的内容我会尽量提示，让化化感觉绘本的内容距离他很近。绘本的图画里藏着很多好玩的细节，都被化化一一挖掘出来，有些细节甚至是我根本没有发现的。化化展示出超强的观察力和敏锐的理解力，这些优势让化化愿意忍受自己磕磕巴巴的朗读，全程保持高度的专注力。

朗读练习

朗读是化化最头疼的事。我采用了两步走办法。

第一步，提供合适的朗读材料。化化很容易分心，看绘本时他的注意力高度集中于五颜六色的图画上，因此，朗读材料是我自己用白纸打印的。化化的视知觉加工尤其是视觉辨别上有困难，我就将字号和字间距放大，做了三个版本(见图22-2)，由他来选择使用最舒适的一个版本。其中正常字号与间距的版本对化化来说难度最大；加大字号与间距的版本朗读难度较小；不仅加大字号与字间距，而且每句都分段的材料对化化来说难度最小。随着化化朗读流畅性的提高，建议化化逐渐挑战难度更高的版本。

打瞌睡的房子

有 一 栋 房 子，
打 瞌 睡 的 房 子，
房 子 里 每 个 人 都 在 睡 觉。

那 栋 房 子 里
有 一 张 床。
温 暖 的 床
在 打 瞌 睡 的 房 子 里，
房 子 里 每 个 人 都 在 睡 觉。

打瞌睡的房子

有一栋房子，打瞌睡的房子，房子里每个人都在睡觉。

那栋房子里有一张床。温暖的床在打瞌睡的房子里，房子里每个人都在睡觉。

那张床上有一位老奶奶，打鼾的老奶奶在温暖的床上，床在打瞌睡的房子里，房子里每个人都在睡觉。

打瞌睡的房子

有一栋房子，打瞌睡的房子，房子里每个人都在睡觉。

那栋房子里有一张床。温暖的床在打瞌睡的房子里，房子里每个人都在睡觉。

那张床上有一位老奶奶，打鼾的老奶奶在温暖的床上，床在打瞌睡的房子里，房子里每个人都在睡觉。

那位老奶奶身上有一个小孩，做梦的小孩在打鼾的老奶奶身上，老奶奶在温暖的床上，床在打瞌睡的房子里，房子里每个人都在睡觉。

图 22-2　不同版式的《打瞌睡的房子》

第二步，支持性朗读练习。重复朗读过程中成人的协助非常重要①。一般做法是成人示范朗读，学生跟读。我在和化化的朗读练习中更多的是每人一句的合作朗读。合并注意缺陷多动障碍的化化更容易被有趣的事物吸引，我理解这一点，想尽各种办法让朗读本身变得有趣。《打瞌睡的房子》结构和语言表达是重复式的，朗读起来容易产生单调乏味之感。我就先指出《打瞌睡的房子》一文的独特之处：重复的句型与叠句结构，像图画中一个人叠在另一个人身上。示范朗读时，我注意读出叠句的节奏与旋律感，有意渲染气氛，在情节转折处有意加强重音与语气。我还邀请化化比赛谁读得更快。这个过程中，化化越来越投入，越来越兴奋，甚至读的过程中会"嘎嘎"地乐出声来，还有一段读完了像老虎一样"嗷"了一声表达他的兴奋之感。

我把化化的朗读录音发给化化的母亲，她非常惊讶，回复道："真的好快呀！从来没有过的速度！如果不是非常专注，这么长的句子是很难做到不失误的。最关键的是他的兴趣还很高，感觉不是为了读书而读书，而是做游戏一样，很开心。"

监控策略

元认知策略。元认知（metacognitive）就是对认知的认知，是关于个人自己认知过程的知识和调节这些过程的能力；元认知策略（metacognitive strategies）是对信息加工流程进行控制的策略，分为计划策略、检查策略和调节策略②。学习者可以通过元认知策略来计划、检验、调节自己的认知活动。

从目前国内发表的一些元认知教学案例来看，主要采用的是直接教授的方法。我没有采用直接教授的方法，而是采用了建构的方式。我并不直接告诉化化元认知的知识和策略，而是抓住他朗读中比较好的时刻，让他体验、思考自己是如何做到的。在这个过程中将无意识的策略显性化为有

---

① Michael Pressley. 有效的读写教学：平衡趋向教学[M]. 曾世杰，译. 台北：心理出版社，2010：158.
② 陈琦，刘儒德. 当代教育心理学（慕课版）（第3版）[M]. 北京：北京师范大学出版社，2021：317—319.

意识的策略。

与通常朗读教学不同的是，相比逐字逐句纠正朗读错误，我更重视抓住学生朗读进步的闪光点。第一节课时，化化朗读错误频出，直到他连续两行没有出现读漏字、加字或串行等注意力不集中现象时，我兴奋地与他展开了如下的对话——

教师：你看，你刚才读了两行没走神呢！很厉害，你是怎么做到的？

化化（想一想）：因为我认真读了。

教师：那你是怎么认真读的呢？

化化：认真读就是认真读了呗。

教师：我注意到你出现错误后，你的动作有些变化……

化化：我用笔指着读。

教师：嗯，这是个好方法。

化化：不光用笔指着读，还可以用尺子或本子挡着、用手指着、用橡皮指着、用眼镜腿指着……

教师：这么多好方法呀，太棒了！我帮你都记下来，做成你的"读书秘籍"好不好？（见图22-3）

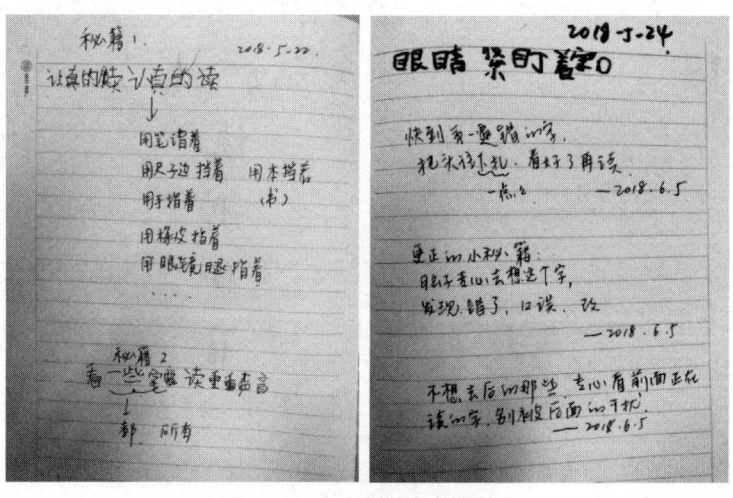

化化：好啊！

图22-3 化化的"读书秘籍"

有一次课上我非常疲惫，对化化说："王老师今天特别累，很可能容易出错。"化化露出可爱的小虎牙说："没关系的，王老师，有我在呢！"果然当天我频繁出错，化化却越读越好，还安慰我说："王老师，我来教你怎么读。你要是感觉快读错的时候，把头往下扎一点点，看好了再读。"这实际上就是在自我监控，并且根据监控调整阅读状态。他还说："读书时，不要想后面的那些，专心看前面的字，别被后面的干扰。"这表明他已经敏锐地意识到阅读时需要抑制干扰，而这一点正是帮助他提升阅读流畅性的关键。

之前他在总结阶段总说自己不知道，而这一天他超水平发挥，一连总结了三个重要策略，而且几乎每一条都针对他本人的核心问题。这一次我深刻地体验到，教学的核心是学生，而不是教师。教师适当地"示弱"，可能反而会给学生"强大"起来的机会。

就在这样不断的练习中，化化的进步越来越大了。

最后一次课后，我问化化："如果王老师以后不教你了，你还能继续进步吗？"他说："能啊，因为我有'秘籍'啊。以前考试时我看一遍不懂就胡写，现在我看一遍不懂，就专心看第二遍、第三遍，我知道我肯定能看懂，看懂了以后再回答。"

差异是先天存在的，消除差异未必现实，而且也未见得必要。重要的是引导学生认识自己，不断探索，找到适合自己的学习策略。对阅读障碍学生来说，一旦拥有自我认识与监控的能力，实际上就是获得了可持续发展的本领。这种能力与自信会迁移到他学习和生活的方方面面，影响他的一生。

汉字教学

识字教学不贪求数量，并不是把绘本中所有化化不认识的字都进行教学，而是由化化选择两三个他最想了解的字进行深入探讨。教学时重点不在于某个字用什么方法记住，而是引导化化自己去观察分析，形成自己的识字策略。其中使用最多的是字源法，同时也允许化化按照自己的理解记忆汉字。在后面的教学中会规律性地检查和复习这些汉字。

《爷爷一定有办法》一课中"裁"这个字化化不认识，教师告诉他是什么字时，请他把这个字拆分成几个部分，开始了如下的交谈——

教师：请你说说你怎么记这个"裁"字？

化化：下面是衣服，上面想象成镰刀。

教师：哦？详细说说。

化化："十"在镰刀上，"衣"在镰刀下，镰刀在中间，变成"裁剪"的"裁"。

教师：你猜到了这个字最初造字的原理哦！看，这是"戈"，一种武器。"十"代表剪掉的东西。（出示相关内容，见图22-4）

图22-4 字源网中"裁"的解释

当天的测试和后几天的测试中，化化都牢牢记住了"裁"这个字。

化化同时存在书写困难，而且听写困难要比识字困难严重得多。在进行阅读流畅性测试时，明明他每个字都读对了，而且很自信地说每个字都非常熟悉，但是听写却会出现各种错误。有一次他将"掉"的右半边写成"桌"。怎么记住这个字呢？他一直没有想法，我就带着他查找字源网，了解到"掉"的右半边"卓"的意思是高，加上提手旁表示高举双手摇动（见图22-5）。化化当时记住了，但是之后接连两次测试他依然会写错。

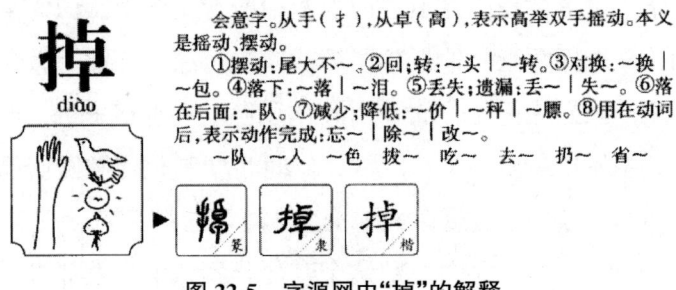

图22-5 字源网中"掉"的解释

我对化化说："咱们现在不去想字源是怎么说的，就看这个字，为什么'掉'这个字要这么写呢？你一边写一边想。"于是，他一边写一边想，突然兴奋地说："我知道啦！'桌'子没腿才会'掉'下来！""桌"中的部件"木"的一撇一捺他看成支撑桌子的两条腿，没有腿的桌子，上面的东西当然要掉下来啦。我们俩都特别兴奋，后来两次测试证明，这种联想帮助化化牢固地记住了这个字。

为什么同样用字源法，"裁"字记住了，"掉"记不住呢？首先，从字源对现在所用汉字的解释力的角度看，"裁"这个字字源本义与现在的字义完全一致，而"掉"的字源本义是摇动，与现在常用的字义关系不大。其次，从学生的角度看，化化工作记忆水平不高，记住较为复杂的信息对他而言并非易事，但记住由他本人创造的记忆就要容易得多。"裁"的记忆方法是他根据自己的理解和联想对部件的意义进行创造的解读，使字形与字义同他自身的经验产生关联，提高了化化对字形的敏感性，形成适合自己的识字策略。

化化有视觉辨别和视觉注意力的问题，有时需要给他放大字号，引导他克服"冲动"，放慢节奏，辨清细节。一次书写"遥"和"摇"时，他将部件"缶"的那一竖写出头了。我将"遥"正确的写法和他的写法同时呈现，让他找差异，他说："这两个字一样啊。"于是我进一步放大细节，让他单独写"缶"字，他依然写出头了，我再拿出正确的"缶"字让他对照，这次他才发现差异并改正。(见图 22-6)

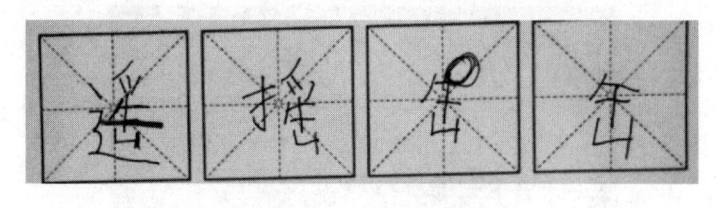

图 22-6　化化的书写

知觉训练

在为化化所做的教学中也充分借鉴了目前已有研究成果，但并没有单独进行知觉训练，而是与教学密切结合，渗透在教学过程的各个环节。

在分享阅读环节，会渗透视觉辨别与注意力训练的内容。《要是你给小猪开派对》中有一页文字内容是"她要玩会儿捉迷藏"，图片则是小猪的朋友们巧妙地藏身的画面(见图22-7)。从右到左，依次有挂在门上伪装成绿色水管的蛇、藏在工具车里的狐狸和兔子、伪装成石头的狗、树杈上的小老鼠等。我让化化找到这些朋友。这其实就是一种视觉搜索训练和一种视觉辨别训练，同时引导化化以一定的顺序快速寻找，也是一种很好的注意力训练。

图22-7 "她要玩会儿捉迷藏"

化化的阅读障碍属于快速命名缺陷型阅读障碍。我让他每学完一个生字都写在一张卡片上(见图22-8)，再随机抽取让化化快速朗读，和之前的自己竞赛速度。这个环节结合了注意力训练、快速命名训练、字词复习等多重任务，一举多得。

图22-8 快速命名训练词卡

神奇的进步

对化化的干预采用绘本进行阅读教学,每周 2 次,连续 6 周,共 12 次。干预效果被周围的人用"神奇"一词来形容。

这种神奇首先表现为阅读流畅性迅速提升。与对照生相比,化化每分钟正确朗读字数从干预前相差近 60 字,缩小到干预期相差 17 字,维持期差距进一步缩小。(见表 22-2、图 22-9)

表 22-2 化化和对照生阅读流畅性数据

次数	基线期 化化	基线期 对照生	干预期 化化	干预期 对照生	维持期 化化	维持期 对照生
1	49	130	88	147	165	154
2	57	133	137	153	114	119
3	59	102	119	141	103	129
4	44	105	127	105	103	148
5	74	112	107	136	166	128
6			135	163		
7			125	166		
8			146	141		
9			120	124		
10			136	164.6		
11			142	135.8		
12			113	125		
平均值	56.6	116.4	124.6	141.8	130.2	135.6

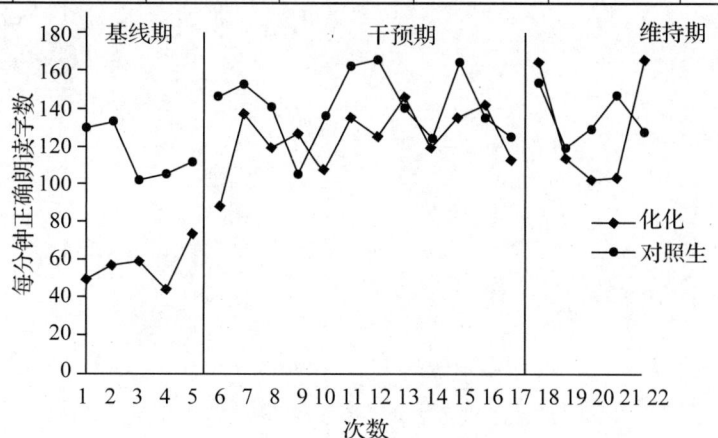

图 22-9 化化和对照生句子阅读流畅性进步监控图

而且，班主任和托管班老师都反映，化化似乎变了一个人，专注力提高了，写作业速度快了。更耐人寻味的是，由于阅读能力和注意力水平提高了，化化的数学成绩也提高了。特别是期末考试进步极其明显。

与效果之大形成鲜明对比的是训练用时之少。同时，化化不仅存在阅读障碍，还合并书写困难、注意力、视知觉等问题，干预难度较大。之所以取得上述的效果，得益于学校教育情境评量与干预的实施。全面深入的评估为有效干预提供了充分的线索，有机综合建构的干预为学生的自我探索与持续成长注入了动力。

这样的教学不是程式化的重复，而是一种个性化的创造性的探究，而且充分发挥了教师本人的优势。教学不是一种苦差事，而是一种有趣的乐事。在这样的教学中，不是只看到学生的阅读障碍，还看到了一个有阅读障碍的完整的学生；不是要将阅读障碍学生完全改变为另外一个人，而是帮助他们进行自我探索，成为更好的自己。

23 案例:"包"字族个训课[①]

教学背景与教学准备

本课的授课对象是一名小学四年级的女生。学生智力水平良好,性格开朗。学生语文成绩不理想,语音意识和语素意识差,识字量低,常混淆同音字,致使学生在阅读和书写上存在大量困难。学生读课文时丢字、串行,作业本上的字经常出现各种各样的细节错误和部件丢失的情况。学生的学业自我效能感偏低,面对识字、阅读等学习任务表现出倦怠、抵抗等情绪。

四年级开学初,对学生识字情况进行测查,测试内容为部编版语文教材二年级上册的会写字,其中58%的字学生无法正确认读,可以看出目前学生连独体字的认读都还存在大量疏漏,远远跟不上同级学生识字的进度。

基于这样的学情,我为学生制订了以"字族"为核心的识字教学内容,帮助学生系统学习独体字和生活中经常使用的高频字,陪伴学生探究汉字音、形、义之间的关系,掌握识字规律,达到高效识字的目的。希望帮助学生积累识字经验,形成识字策略,为学生创设积极的情感体验,享受识字带来的乐趣,提升学生的自信心。

教学前准备了如下工具:识字卡片、思维导图半成品、彩笔和用于查字源的平板电脑。

一、导入

师:我们一起走进这节课的新内容,在学习新的内容之前,请你仔细观察下列字,说说你有什么发现。(呈现学案:抱、泡、苞、炮、饱、刨,

---

[①] 本节作者为北京市西城区复兴门外第一小学教师李玎玲。

见图23-1）

图 23-1 学案

生：我发现这些字都是"包"。

师：都"是"包吗？

生：是这些字中都有"包"。

师：你观察得非常仔细，这些字有着一个共同点，就是都有"包"这个部件。（在学案正中央写下"包"，见图23-2）

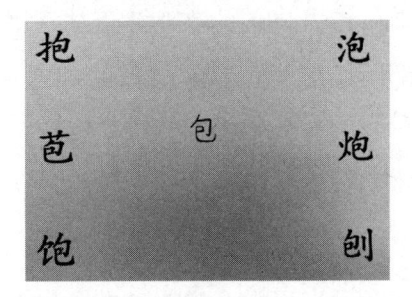

图 23-2 教师在学案中央写下"包"字

【点评：此处可让学生再读一读这些汉字，一方面了解学情，另一方面让她通过朗读直观感受读音相近这个特点。】

二、学习字根"包"

师：那你能说说你是怎么理解"包"这个字的吗？或者你能不能用动作来演示一下？

生：就是包着。用左手包住右手就叫"包"。

师：你举了一个非常生动的例子。那我们一起来看看古人在造字时，

对包字是怎样理解的。你看到了什么？（呈现"包"字的甲骨文，见图23-3）

图 23-3　教师呈现"包"字的甲骨文

生：就是……就是包含着一点什么。

师：请你猜一猜，这个字像什么？

生：像包子，外围是一层皮，里面包着馅儿。

师：你知道我们人小时候在妈妈肚子里边是什么样子吗？

生：嗯……就这样包子一样包裹在肚子里。

师：所以再回过头来看甲骨文的"包"字，就像是一个婴儿被包在了妈妈的肚子里。

生：看着就像个人。

师：其实，聪明的古人一开始创造甲骨文的时候，就已经非常形象、直观地传递了"包"字的本义，即便后来经历了字形的演变，但是，我们仍然能从现在的"包"字的字形中看到"包裹""容纳"的含义在其中。

生：就是就像我们吃的包子一样。

师：你说得很棒，如果你的手是包子皮，那么包子馅是被包子皮紧紧包裹在其中的。

【点评：学生已经两次提到"包子"了，教师应注意把学生的经验和讲授的知识建立连接，而不是仍然按照已有的思路传授。】

生：就是皮包着馅啊！（演示动作：左手紧紧包裹住右手，见图23-4）

图 23-4　学生用左右手演示"包子"

师：现在你理解"包"字的含义了吗？

生：嗯……理解了。

师：特别好，刚才我们观察了这么多个字，每个字都和"包"字密切相关，接下来我们一起走进"包"字族，探索它们的家族基因！

【点评："家族基因"这个比方生动，有吸引力。】

三、学习"抱"字

师：请你仔细观察一下这个字(抱)。右边你认识，左边是什么偏旁？

【点评：应先了解学生对"抱"字了解多少，是否会读，能组哪些词等。】

生：是提手旁。

师：提手旁代表的是身体的哪个部分？

生：手，手臂。

师：是的，没错，那么怎样用手和手臂展现出来"包裹"的状态呢？

(学生思考，不说话。)

师：我们可以用动作演示一下。用手臂完成包裹的动作是什么含义？(边说边做，见图 23-5)

图 23-5　教师用手臂演示"抱"的动作

【点评：用动作来教动词，让学生亲身体验，做法很好！】

(学生伸出手臂包着老师。)

师：你太聪明了，你想到了用手臂把老师包起来。接下来请你再想想，刚才你把手环绕在我身上，这个动作叫什么？

生：叫……拥抱！"包"字加上了提手旁念"抱"，拥抱的"抱"！

师：是的，它念"bào"，说一说你是怎么猜出来的？

【点评："怎么猜出来的"这样的询问很重要，能够引导学生将学习策略外显化。】

生：因为加了一个提手旁。

师：所以，加上提手旁之后表示意思是？

生：用双臂把人包裹起来，就是抱起来。

师：你说得太好了，你能再展示一下吗？

(学生主动拥抱老师，见图23-6。)

图23-6　学生主动"抱"教师

师："抱"字怎么组词？

生：拥抱，抱住。

【点评：此生语素意识不足，教师时刻注意帮助学生将字与词连接起来。】

四、学习"泡"字

师：好，我们继续往下看，这个字(泡)和刚才的字哪里不一样呢？

【点评：应先了解学生对"泡"字了解多少。】

生：它把提手旁换成了三点水。

师：三点水通常表示什么呢？

生：表示水！

师：没错，表示水。我们尝试总结一下，把提手旁换成了三点水之后，要表达什么意思？

生：用水包起来？

师：是的，你很快就想到了！天冷的时候，在浴缸里放满水，人进到浴缸里面，让热水包围着全身……

【点评：教师想到的典型情境利于学生记忆。如果让学生主动想一些情境就更好了，学生主动建构的印象会更深刻。】

生：我明白了，是在泡澡，三点水加上"包"念 pào，泡澡的泡！

师：你觉得，或者你来评价一下这个"泡"字古人造得好不好？

【点评：评价造字这个问题一举多得。让学生从造字法角度认识汉字，拉近学生与汉字的心理距离、增强牢记汉字的自信。】

生：好。

师：为什么呢？好在哪儿？

生：因为三点水加上"包"就用水"包"起来了。

五、归纳形声字

师：用水把人给"包"起来了就是泡澡的泡，用手把人"包"起来了就是"抱"。你看这个造字法特别聪明是吧？

生：是啊。

师：你发现没有，这个"抱"和"包"，这两个字的读音像不像一家人？

【点评："一家人"这个比方形象亲切，利于拉近学生与汉字的距离。】

生：嗯，"抱"和"包"的声母和韵母都一样，只是声调不一样。

师：像"抱"这种字叫"形声字"。你看"抱"字的提手旁，就像你说的跟"手"有关系，"包"又跟它的读音有关系。整体来看，一部分符号表示意义，叫形旁；一部分符号表示读音，叫声旁。这样的字叫形声字。而且，"包"不但表"形"，还表示"包裹"这样的意义。

生：嗯，我明白了！

六、练习：苞、炮、饱

师：我们继续往下看，这个字(苞)多了一个草字头。

生：和植物有关！

师：没错，这字念什么呢？

(学生不说话。)

师：请你想象，春天的时候，天气暖和了，你会看到我们楼下那棵玉兰树上长出了什么？

【点评：贴近学生的生活场景举例，让汉字与学生的日常生活密切相关，做法很好！】

生：小花苞。这是花苞的"苞"吗？

师：没错，你太聪明了，那为什么小花苞的"苞"要这么写呢？

【点评："为什么"这个问法很好，一方面引导学生巩固形声字造字法的特点，另一方面引导学生形成学习策略，并尝试将其外显。】

生：因为，因为花苞里面包着花瓣。

师：再准确一点，花瓣是什么样呢？

生：把它这样包在里面。(双手做出展示花苞的动作，见图 23-7)

图 23-7　学生用手模拟"花苞"的形态

师：真棒！来，我给你拍一下你的小手，它把什么包起来了呀？

生：花瓣。

师：花苞把花瓣给包起来了，那这个字也一样，它是不是用了会意的方法，还有形声的方法。

【点评："花苞把花瓣给包起来了"不准确，应是"花瓣"里包裹着"花心"。会意的方法也不准确，"苞"是形声字，"包"表音兼表义。】

师：你还对哪个字感兴趣？你可以探秘一下。

【点评：把主动权交给学生，这个做法好。】

生：这个。（指着"炮"）

师：你观察观察，它又多了什么？

生：多了火，包住的火？

师：这个字和刚才我们念的这几个字读音不太一样，它念"pào"。你猜猜是哪个"pào"？

生：就是那个大炮的"炮"。

师：大炮。为什么大炮需要有火？

生：因为没有火，炮弹没办法发射出去。

师：所以是什么东西被包住了？

生：是火药。

师：火药被包裹起来做成了"炮弹"，发射出去。除了火炮还有什么？春节的时候，家家户户以前会放什么？

生：鞭炮。

师：噢，那为什么鞭炮也是这个炮呢？

【点评："炮弹"和"鞭炮"中的"炮"在词典中属于不同的义项，二者是同形语素。让学生思考不同语素之间的关联可以帮助学生记忆一串语素，对语素意识问题的阅读障碍学生来说，是一个很好的做法。】

生：因为鞭炮里边也包着火药，你也得用火才能把它点着。

师：真好。你太厉害了，这几个字我们都学到了，你想一想它（饱）是什么旁？

【点评：教学思路应先让学生说一说是否认识"饱"字，如果认识，可以让学生给教师讲解。因为教师非常了解学生，知道学生肯定不认识就直接

按照预设进行了教学。但即使知道学生不认识，也可以让学生主导性更强一些，可以让她猜测汉字的读音和意义。】

生：饭字旁。

师："饭"怎么写？

生：忘记了。

师：没关系，我来帮你写下来。我们通过观察字形可以发现什么？

生："饭"的偏旁和它（"饱"）一样。

师："饭"和"饱"两个字都有这个偏旁（"饣"），可以猜测这个偏旁和什么有关？

生：跟食物有关系。

师：非常棒！所以这个偏旁（"饣"）是饭字旁吗？

生：是食字旁。

师：接下来我们可以从两个角度想，一个是意思，一个是读音。什么东西和食物有关，然后又被包裹住了？

生：嗯……

师：我们吃饭，饭吃到哪儿？你把饭给包在肚子里以后，你感觉怎么样？你看我中午吃完饭觉得裤子好紧，为什么？因为我肚子被——

生：被吃的装满了。

师：啊，被食物填满了，所以我怎么样了？

生：很饱。

师：对，吃饱了。你能说一说你是怎么一点点理解这个字的吗？

生：左边的偏旁是代表饭，就是我们吃的东西，肚子把食物给包住了，所以感觉吃饱了，这个字就是吃饱的"饱"。

师：很棒啊，你发现了没有，学字是非常有意思的。

七、自由识字（含声旁知识引导）

师：你还想了解哪个字？

生：嗯，这个字是什么？（指着"刨"）

师：哇，这次你在挑战难度更高的一个字。它代表着一种工具。

师：你看，这里有一个块木头（展示图23-8），树皮和里面的木芯紧紧地包裹在一起，可我只想要里面光滑的木芯，所以我要借助这种工具。猜猜用它可以做什么？

图23-8　教师展示木桩的图片

生：可以打磨粗糙的树皮。

师：是的，用它打磨、抛光，你见过这样的劳作形式吗？（展示图23-9）

图23-9　教师展示刨木头的图片

生：我家里有。这个工具是铁做的。

师：你家里还有呢！那你知道它叫什么吗？（展示图23-10）

第四章　怎么帮助阅读障碍学生（二）——有针对性的干预　　263

图 23-10　教师展示刨子的图片

生：我不知道。

师：没关系，那我们一起来观察一下，这种工具需要怎样使用？

生：把它紧紧地贴在木头上。

师：你观察得很细致，的确是这样。在使用过程中，这种工具要紧紧地"包"住木头的表面，这样锋利的刀片才能将粗糙的树皮给刮下来。接下来，请你根据你刚才的识字经验，猜猜它的读音会是什么？

生：不知道。

师：再看看这张图片？图片中的人在做什么？（展示图 23-11）

图 23-11　教师展示抱木头的图片

生：抱木头。

师：如果把人换成刚才的工具呢？

生：也在"bào"木头？

师：是的，你的猜想是正确的。这个字(刨)念"bào"，这种工具叫"刨子"。

生："刨"的读音和"抱"一样。

师：现在你发现没有，这几个字(包、饱、炮、刨)的读音有什么地方特别像？它们有一个共同的地方。

生：音调很像？

师：是音调像吗？你可以写写这几个字的拼音。

(学生书写"bāo""bǎo""pào""bào"。)

师：好，你来找它们共同的地方吧。

生："ao"一样。

师：对，这个"ao"是什么呢？是声母还是韵母？

生：韵母。

师：这些字的韵母都是什么？

生：都有"ao"。

师：对的，"ao"是韵母。这一家读音的"基因"被你找到了！它们的韵母都是"ao"。

师：你回家就可以和你爷爷聊一聊，怎样用这个叫"刨子"的工具来把这段木头削成想要的形状。

生：好！

师：你看这只狗在干吗呢？

生：刨地啊。

师：对，它在刨地呢，它怎么刨的？

生：它用爪子呢。

师：这个爪子就像是人使用那个工具一样在那"刨"呢，所以这个字的另外一个音是"páo"。"刨"是个多音字。

【点评：帮助学生在同形语素区辨的同时建立多音字字义之间的关联。】

八、组词与小结

师：最后我们开一场家族字认亲大会，你来给每一个字组词，看看它的家人分别都是哪些字。

【点评："认亲大会"这个说法很好，学生乐于投入。】

生：好！

生：饱可以组词"吃饱"。

师：吃饱的"饱"是什么旁？

生：用饭填饱肚子，所以是食字旁。

师：哇，我们找到了，再继续往下看看。

生：炮，可以组很多词语，火炮、大炮。

师：炮的偏旁是？

生：火字旁。因为需要用火才能发射。

生：刨，可以组词刨地，需要用到金属的工具，所以是立刀旁。

师：你很棒，自己就说出来它的偏旁了。再看看后面的字！

生：苞，花苞。

师：再想想，还可以怎么组词？

生：香苞！

师：香苞，芳香的花苞！很棒的一个词语。赶快写下来。

【点评：教师很愿意充分理解学生这个初衷是好的，但是最好让学生多表达。她想说的是"香包""箱包"，还是老师理解的"芳香的花苞"呢？可能学生混淆了同音语素，但是教师没给学生表达的机会。】

生：泡可以组很多词，泡水、吹泡泡、泡菜。

师：都是和水有关，所以偏旁是三点水。

生：抱，拥抱、怀抱。它的偏旁是提手旁。

师：今天我们找到了"包"家族的暗号，它们的暗号分别是什么呢？

生：韵母都是"ao"，而且都有"包"。

师：字形中部首都是"包"，读音中韵母都是"ao"。它们不同的是偏旁，不同的偏旁代表着不同的含义，在"包"基本含义的基础上，与各自不同的偏旁相组合，就诞生了有趣的"包"字族。

【点评：教师的总结简单易懂。】

生：我觉得我今天记住了很多，而且会比以前记得更牢固！

师：那就太棒了，今后我们一起探索更多的识字奥秘。

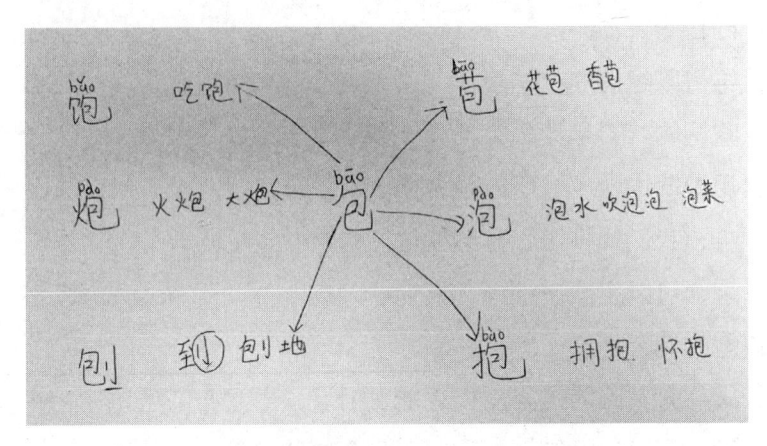

图 23-12　学生最终完成的"包"字族思维导图

教学点评

学生识字量极低，对记忆汉字充满恐惧。而这一节识字课学习过程轻松愉悦，离开教室时，学生兴奋地说："我觉得今天特别有成就感，学习了好多汉字啊！而且，我觉得我能记得更牢一些。"在后来的记忆效果检测中，学生能够通过联想的方式，将"包"字族绘制成思维导图，同时很好地解释每个字的含义。就如学生所言，"想起了一个字，后面一串字就紧跟着冒了出来！"

之所以让学生如此兴奋，产生如此好的教学效果，归功于以下几点。

(1)课程内容上，同一个字族放在一起学习，了解字源与造字规律，提高了学习效率。

(2)教学过程上，师生互动、建构生成，而不是教师单向的传授。注重学生的体验，将学生当作学习的主体，注意贴近学生的日常生活举例，注重将学生当作体验的主人公。

(3)教学目标上，不仅仅是教会学生记住某些汉字，而是帮助学生探索适合本人的识字教学策略，并且巧妙地提升学生的正字法和语素意识。

这场教学也给了我们一些教学改进方面的提示。

(1)识字资源建设。教师为了将散落在语文书各处的"包"字族搜集在一起，花费了很多的时间。如果能有一个供资源教师使用的识字资源库，能够方便资源教师提取任何偏旁部首，并且能够对这些汉字的字源一目了然，将节省大量精力。这样的资源库北京市西城区融合教育中心学习特殊需要教研组已初步建成，并将基于其研发课程。

(2)重视生成性。教师已经非常重视教学过程中与学生的互动了，但是本课仍有一个缺憾——缺少学情的调查。教师没有在教学汉字之前进行测试：学生认识这些字吗？认识到什么程度？而这种测试是很容易做到的，让学生识读、组词就可以了。个训课与全班教学相比，最突出的优势就是更便于以学生为本，让学生的需求主导教学，而不是完全执行教师预定的计划。

(3)精选教学内容。对于识字量极低的学生，优先教授高频字。像本课花费了较多时间学习"刨"，而这个字在学生日常生活中使用的概率又很低，不太恰当。除非教师是有意识地用学生肯定不会的字测试学生，看其是否掌握形声字的知识并迁移运用，且能够让学生感受到成就感。

本课依然是一节高效的好课。资源教师可以借鉴，家长个别辅导也可以借鉴，学科教师在进行识字复习时也可以使用本课的一些策略。

附录　微论坛：学区、学校层面如何进行学习特殊需要支持体系建设[①]

张旭博士

很高兴今天能和西单小学尹校长、奋斗小学马主任、北京小学广内分校王主任、启喑学校高主任相聚西城区教育科研月活动，一起交流咱们西城区建构融合教育支持体系的经验体会。

我们知道，从20世纪80年代在普通学校推行残疾儿童随班就读至今，我国的融合教育已经走过了大约40年，经历了从关注入学率到关注质量提升，从初期那种现实的、无奈的选择到今天对教育公平理念主动追求的过程。

今天我们普通学校的教师面对的学生差异日益复杂，针对这种情况，北京市融合教育聚焦普通学校有学习特殊需要的学生。西城区在这方面的理论和实践探索始终走在前列，形成了"大融合"教育观，强调关注班级中不同学生的认知差异。融合教育在普通学校的最终目标应该是为所有儿童提供高质量的、适合不同儿童学习特点的、没有歧视的教育。

这种大融合教育观是基于理想化的哲学思考与人权理念，也与当前"双减"提出的减轻学生课业负担、提高教学质量的目标不谋而合。这些先进的理念和我们追求的教育目标要付诸实施还面临诸多挑战，需要相当系统的支持性措施。今天有幸请到各位——西城区"大融合"教育实践的先行者和

[①] 本文合作者为张旭、高华、马立梅、王莉萍、尹宝霞，系2021年北京市西城区教育科研月"学习特殊需要学生的理解与支持"微论坛文稿，视频可见于 https://live.yanxiu.com/lv2/program/6327723159114342504/detail。

亲历者，分享一路走来的经验与挑战。

第一模块　各校/学区突出经验

张旭博士

我知道，建立学区融合教育资源中心是北京市融合教育内涵发展过程中的新探索。

从 2017 年起，西单小学就成为西城区金融街学区的融合教育资源中心，负责学习特殊需要学生的支持服务等一系列工作，是推进融合教育的重要专业力量，对于优化咱们学区的专业资源布局、落实专业支持体系产生了积极作用。先请尹校长从学区资源中心的角度分享一下你们的经验。

尹宝霞副校长

大家好，我是北京市西城区西单小学副校长尹宝霞。学区资源中心相对来说是一种新的支持力量，是从无到有的探索。作为西城区目前唯一一个以学习特殊需要为专题的学区资源中心，我们深感责任重大。因为"学习特殊需要"是一个非常复杂和具有前沿性的领域，既缺乏可以直接依托的资源，也难以照搬他人经验。能够一步步走到今天，除了充分整合一切能整合的资源之外，我们一直坚持立足教师成长，做了一些创新的尝试。

对我们工作起到积极作用的有两个"结合"：依托西城区融合教育中心学习特殊需要教研组，将学生服务与教师培训紧密结合；将学区资源中心与学校融合教育工作紧密结合。

首先，创建立体多维的学习特殊需要学生支持服务体系。这一点在前面学习特殊需要教研组建设中已有说明，就不重复了。

其次，教师是为学习特殊需要学生提供支持的核心力量，因此，我们建构了"普特联合"的教师成长支持机制。在人力有限的情况下，我们充分利用每一次服务学生的机会，把学习特殊需要学生当作促进教师专业成长的宝贵资源，让特殊教育与普通教学进行优势整合。比如在对学生进行评量与干预的同时，进行巡回指导教师培训，进行跨校通用教学设计教研，进行学习特殊需要教研组兼职教研员的示范培训等。

另外，注重学校学区双发展。作为学区资源中心，如何处理本校与学区之间的关系？一方面我们的工作为学区做出了贡献，另一方面学校也借学区之力受益良多。

在开展学区工作的同时，我们在校内搭建融合教育的支持体系，成立了西单小学心育工作室。几年来，面向全体教师开展了宣导工作；推荐教师进入北京市特殊教育评估与训练教研组学习，先后推荐 11 名教师进入西城区学习特殊需要教研组学习；以个案研究的方式"做中学"，带动各学科教师学习。我校教师成长迅速，有 4 位教师成为区学习特殊需要教研组兼职教研员或骨干教师，并已有 5 位老师在语文、数学、心理三个不同学科做了区级微课与讲座。

学区资源中心近几年的工作中，我们看到特殊需要视角下教师成长的巨大潜力。我们深深感受到教师的成长不是简单的"1＋1＝2"，而是在充分吸收学习各领域知识后的充分整合，是基于特定情境的创造性应用。

我们的探索刚刚起步，希望借助科研月这个平台能够与同行进行广泛交流。

张旭博士

感谢尹校长，让我们了解到学区融合教育资源中心在推动区域和本校融合教育工作上所做的诸多努力。我也知道，西城区早在 2016 年就成立了学习特殊需要教研组，奋斗小学是最早加入这个教研组的学校，经过 5 年的实践、研究，在学校层面为学习特殊需要学生提供支持服务，积累了丰富的经验，请马主任给我们谈谈奋斗小学的融合之路。

马立梅主任

参会的老师们，大家好！我是北京市西城区奋斗小学融合教育主管马立梅。

奋斗小学一校三址，目前是拥有 97 个教学班、近 3700 名学生的大校，学习特殊需要学生的数量较多。经过几年的探索与实践，已经初步形成了融合教育全员参与推进、助力教师专业发展的良好态势。今天我想从以下四方面与大家分享：高度重视教师成长，整合多方资源，形成预防机制，营造融合教育文化。

下面我结合实例与大家进行交流。

第一，高度重视教师成长。奋斗小学有幸成为最早参加西城区融合教育中心学习特殊需要教研组的学校之一。我校赵莉莉老师是本教研组的一名成员，她在教研组学习后意识到本班一名学生小 A 不同寻常，日常虽聪明伶俐，但是在识字、阅读和书写上有较大困难。区教研员与指导专家初步判断他为较严重的阅读和书写障碍，后经高校专业评量给予确认。阅读障碍和书写障碍是内隐性障碍，在专业的视角下，通常在二三年级时才容易被发现，甚至有些人终生都不知道自己在学习中遇到的困扰是阅读障碍造成的。而小 A 同学在一年级就被及时发现，充分体现了教师的专业敏锐度与教师培训的作用。

第二，整合多方资源。在区融合教育中心的支持下，奋斗小学借助医院、高校、特教机构等社会资源对学生进行专项服务与教师和家长的培训，并与特教学校启喑实验学校成为了结对校。小 A 确认了阅读和书写障碍后，我们为学生搭建了支持体系：(1)由教研组成员赵莉莉老师和其他学科教师提供高效全班教学；(2)由驻点支持教师卢雪飞提供有针对性的小组训练与个别干预；(3)通过区教研组通识培训、个案咨询与巡回指导等形式，为两位教师和其他学科教师提供专业支持。同时，教师又与家长紧密沟通，改善了家庭教育环境，提升了家长的融合教育素养。

第三，形成预防机制。奋斗小学参加了西城区学习问题筛查项目，并将其方法用于日常工作：学科教师通过月观察进行初筛，支持教师进行评估，最后借助各方资源进行正式评量。并且从新一年级起，形成全面筛查的惯例，避免了由于教师专业性不足导致不能及早发现问题。

第四，营造融合教育文化。从领导到一线教师，都能认识到差异是普遍存在的，形成一种更为先进的教育公平观，为学生提供适宜的教育教学方式。利用课后服务的时间，让学科教师加入学习特殊需要学生的辅导和服务中来。

经过一年的干预，小 A 语文期末综合练习从一年级的 69 分，提高到二年级的 94 分。他从最不爱读书的学生变成了课间都要捧着书读的小书迷。在一次区公开课上，他主动站起来朗读，不仅准确，而且声情并茂，赢得听课教师自发的掌声。可以说，短短的一年时间，小 A 从"山重水复疑无路"，到"柳暗花明又一村"。融合教育多方合力，给孩子的学习生活带去了温暖和希望。

奋斗小学的融合之路，让我们体会到，学校发展融合教育不仅仅是让普通学生与特殊需要学生共处一个教室，更要建构一个包容的学校，一个能够尊重、平等对待、有力支持每一名学生的学校。这期间需要"六支持"：领导支持、教师支持、专家支持、学生支持、家长支持以及社会资源支持，而其中最为关键的是学校能够培养出一批具有融合专业性的教师。

张旭博士

感谢马主任。奋斗小学的经验让我们认识到，真正的融合教育其实也意味着更加优质的教育，融合教育落实的一个关键点在于教师的专业成长。有请北京小学广内分校王主任分享他们的经验。

王莉萍主任

各位专家、老师，大家好，我是北京小学广内分校融合教育主管干部王莉萍。

我们学校在 2017 年 4 月参加了西城区融合教育中心"学生学习问题筛查"项目。学校领导高度重视，桑校长专门召开全体教师会，解读学习问题筛查的意义，说："只有了解特殊学生的需求，才能真正解决他们的学习问题，如果特殊需要学生的学习问题都能解决，那么普通学生的学习问题就更容易解决了。"

在筛查之前，有些老师只是看到这是一个额外的工作任务，并不清楚这次筛查将为老师们的普通班级教学带来怎样的影响。有融合教育中心、专家的指导，还有启喑学校的 4 位支持教师的协助，我们学校的老师在筛查过程中具体、深入地观察学生学习的过程，分析学生的学习特点，从而深刻地理解了"学生"与"学习"。有了这样的历练，老师们再去看学生的时候，就会自然地带着更加专业的视角，看学生在阅读上、书写上以及数学等学科方面的表现。所以说筛查不仅仅对特殊需要学生有帮助，对教师本人的专业发展也意义重大，全班学生也随之受益。

毕颖男老师对此深有体会，接下来这段视频，就是中央电视台新闻频道在采访西城区学习特殊需要教研组时的一个片段，我们一起来看视频。

扫码观看视频

在专家引导和学校领导的大力支持下，毕老师曾经大胆地将用于学习特殊需要学生身上的策略用于全班，结果这节课上，不仅这名学习特殊需要学生的专注力从一节课 10 分钟提升到 40 分钟，其他学生的专注力和发言质量也都显著提高。毕老师还尝试过为学习特殊需要学生进行作业调整与考试调整，比如让书写障碍学生以录音的方式"说"作文，为阅读障碍学生调整试卷字号与间距，为学生读题，延长考试时间等。学生本人与家长惊讶地看到：阅读障碍学生既不笨也不懒，他们只是有特殊需要。

可以说，关注学习特殊需要学生的融合教育课堂，带来了普通学校课堂的深刻变革。满足学习特殊需要的融合教育，本质上其实就是在改变传统课程标准化的、封闭式的，以及忽视学生异质性的"一刀切"式的教育教学方式。通过特殊需要的视角，我们有机会去反思如何实现教育的公平与高质量。

"双减"的目的不仅仅是减负，更是提质，它的本质就是要求教师能够深刻认识学生的特点与需求，认识学习规律，精准施教。

我们在学习特殊需要学生身上所做的尝试与"双减"的倡导不谋而合。有了对特殊需要学生减量增质的尝试，老师们面对普通学生的"双减"实践更多了一份从容与自信。

张旭博士

谢谢王主任，北京小学广内分校所做的工作、老师们的努力和对孩子的关爱让我们感动，也让我们深刻感受到，随着义务教育中学生多样性和差异性的增大，我国延续多年的义务教育面貌会不可避免地发生结构性的变化。融合教育强调的是将特殊教育带入普通班，而非仅将特殊学生带入普通班。

融合教育教师的成长也是特教教师素养和普教教师素养、特教课程与普教课程、学习特殊需要学生和普通学生等多元化特点之间持续对话、深度融合的过程。

从特殊教师的视角来看，走向融合的意义又是什么呢？下面有请启喑学校的高主任。

高华主任

大家好！我是北京启喑实验学校融合教育主管高华。刚才两位领导都提到的启喑是一所特殊教育学校，目前是从小学到高中十三年一贯制的聋校，我校从西城区融合教育中心成立之日起就被西城区教委认定为融合教育的实践基地。

随着西城区融合教育的深入推进，特殊教育和普通教育深度融合，使我校教师有机会走入普通学校，接触到学习特殊需要这一全新领域。在协助普通学校工作的同时，也促进了我们自身的专业发展。

转型为普通学校学习特殊需要专业支持教师，聋校教师有优势，也有挑战。优势是：我们既具有特殊教育的素养，同时我们的教学知识体系和普校基本一致。挑战是：融合教育情境的特点是复杂而多元的，有学习特殊需要的学生往往伴随各种综合问题：注意力问题，情绪行为问题，心理问题……需要支持教师在充分了解学生特点的基础上，进行弹性而专业的教育支持，这对长期只从事单一聋校教学的我校教师而言是有挑战的。

面对挑战，我们学校先后加入西城区学习特殊需要教研组的教师共计25人，有5人成为兼职教研员或骨干教师。我校卢雪飞老师是一位全职支持教师，是西城区第一位为阅读障碍学生提供个训课的教师。她在奋斗小学工作的两年中，学生进步明显，她的工作得到奋斗小学的领导、老师、家长的肯定。卢老师的进步和成长迅速，支持工作结束后她回到聋校，同事都觉得她似乎变了一个人，用她自己的话说，是融合教育滋养了她，在普通学校的学习、工作经历，让她的特教教学生涯也焕发了生机。

我校陈甜天老师是西城区第一批全职支持教师，她在多年的融合教育工作中成长为专家型教师，不仅给启喑教师，而且能给全区的教师提供专业支持。

5年来，我校担任过融合教育全职和兼职的支持教师共计12人，先后为9所中小学开展融合教育支持服务，服务对象以随班就读聋生和学习特殊需要学生为主，学生均有不同程度的进步。支持服务内容包括学生的筛查、评量、干预，以及教师和家长的咨询与指导工作，其中，仅2016～2017学年就协助普校完成了近4000名学生的学习问题筛查。

融合教育让特殊教育与普通教育有机会实现深度融合。通过实践我们发现，融合教育不仅让特殊教育能够在普通学校发挥专业作用，而且为我们打开了全新的领域，反过来还能促进我们更深入地认识本校的学生：我们发现聋生并非仅仅存在听力障碍，他们有的人可能也合并阅读障碍等问题。我校也从中积累了融合教育背景下特殊教育学校教师转型的积极经验，可谓收获良多。

张旭博士

谢谢高主任，让我们了解到普特结合的魅力。从几位的介绍中，我很钦佩西城区教育同人敢于尝试、踏实前进的工作风格，也很荣幸能一直参与其中。一路走来，我们也体会到融合教育要全面、深入、健康发展，必须建立基于学生发展特点的专业支持系统，形成持续、有效的多方协作支持模式。

行百里者半九十，要实现融合教育的最终目标——在自然的、一般的教育环境中为所有人提供公平有质量的教育，后续的深化融合之路还任重而道远。也有请各位就我们今后融合教育工作需要取得的突破和期待说说您的看法。

第二模块　各校/学区在融合教育实践中面临的挑战与期待

马立梅主任

学习上有特殊需要的学生人数并不少，而且有逐年增加的趋势。奋斗小学的领导和教师也非常支持融合教育工作。但是由于各种原因，学校没有条件配备全职资源教师。大量的工作依赖于启喑学校的支持教师和任课教师额外的劳动。要使特殊需要学生的支持服务工作常态化、可推广，学校专业人员配备是最基本的条件。

我们期待未来每所有融合教育的学校都能拥有全职资源教师的编制，并能得到专业培训。

王莉萍主任

我同意马主任的说法，同时，我们还期待未来能在考试与作业方面，给予更多政策上的支持。据研究，学习障碍学生比例高达10％，也就说几乎每个班都有可能会遇到，但他们还没有列为我国特殊教育的服务对象。相应地，在进行考试调整的时候，有的老师存在顾虑。我们也切实地感受到学生是有差异的，如何在"双减"政策的指导下，针对学习特殊需要学生优化评价体系，是目前面临的一个挑战。

我们期待能够将学习特殊需要学生纳入特殊教育服务对象，并出台考试合理、便利等支持政策。

高华主任

近年来，普通学校需要我们提供融合教育支持服务的学生越来越多，但是仅凭我们自身力量难以应对这么多教育需求，同时我们自身也需要持续地深入学习。这是我们面临的最大挑战。我们在切身感受到特殊教育与普通教育深入融合带来的巨大收益的同时，也非常期待未来能够建立融合教育常态化发展路径和实践机制。

尹宝霞副校长

我们深深感受到流程形式易搭，专业人员难觅。完善的支持体系建设需要能够承担区级咨询、巡回、支持任务的专业教师，这样一名教师的培训需要大量的人力、物力，以及时间的投入。西城区已经进行了不少积极的探索，我们已经受益良多。希望还能得到进一步的政策支持，以有计划地培养一支稳定的专业队伍。比如将融合教育兼职教研员制度化，制定激励保障政策；将特殊教育学校支持教师制度进一步完善；等等。

张旭博士

非常感谢各位今天的分享。我们借助科研月这个平台，大家从学校/学区层面，就学习特殊需要学生支持体系创设和教师成长方面做了深入的研讨和交流。

经过5年的探索，我们看到，西城区的融合教育已经从理论构想，发展为初步建立以学习特殊需要学生发展为中心的、从宏观到微观的专业支持系统。在建构融合教育包容性文化、满足学生多样化需求的多层级融合教育专业服务和配套评估体系，以及特殊需要学生发展的学校推进和教学服务团队专业发展模式上，都走在了全国的前列。

恰逢"双减"政策实施之年，西城区融合教育实践契合了"双减"政策提出的减轻学生学业负担、提高课堂教学质量、提高不同特点学生对教育的满意度等要求,为"双减"目标的落地提供了非常有价值的参考。相信在我们共同的努力下,在老师们付出的心血与智慧中,西城区的融合教育之路会越走越远,越走越好。谢谢大家。